Alex John



UGHAN

# TI ON

# BOOKLET

HABLA INGLÉS CON FLUIDEZ

Vaughan
SYSTEMS

**Autor:** Richard Vaughan

**Edición y coordinación del proyecto:** Rubén Palomero


C/ Orense 69, 1ª planta
28020 Madrid
Tel.: 91 444 58 44
Fax: 91 444 58 36
www.vaughantienda.com

**ISBN:** 978-84-92879-94-6

Depósito legal: M-23667-2013
Impreso en España / Printed in Spain
Imprenta: Naturprint

# ¿CÓMO DESCARGAR EL AUDIO DEL LIBRO?

**Paso 1.-** Entra en **http://audios.vaughantienda.com** y pulsa en **"REGÍSTRATE"** para crear tu cuenta. Pincha en **"ENTRA"** si ya te registraste.

| REGÍSTRATE | ENTRA |
|---|---|
| SI ES LA PRIMERA VEZ QUE ACCEDES A ESTA WEB | SI DISPONES DE UN USUARIO |

Y PODRÁS DESCARGARTE EL AUDIO CON EL CÓDIGO QUE HAS ENCONTRADO EN TU LIBRO

**Paso 2.-** Introduce la clave: **1360VAUGHAN274785**
Pulsa **"Agregar código"**.

Los audios serán descargados en un archivo **Zip**. Por favor, asegúrate de que dispones de un software capaz de descomprimir este formato. Una vez descargado, descomprime el archivo en tu carpeta preferida y disfruta de los audios usando tu reproductor favorito.

Introduce un nuevo código aquí | Agregar código

**Paso 3.-** Aparecerá un mensaje diciendo que el audio se ha cargado y verás una imagen del libro que has introducido (cada vez que entres en la web con tus credenciales aparecerán todos los libros de los que hayas metido el código de descarga).
Pasa el ratón sobre el libro, de manera que aparezca un recuadro naranja con dos iconos. Pincha sobre el altavoz para descargar el audio en tu dispositivo (comprimido en un zip); pincha sobre el libro para ver detalles del libro.

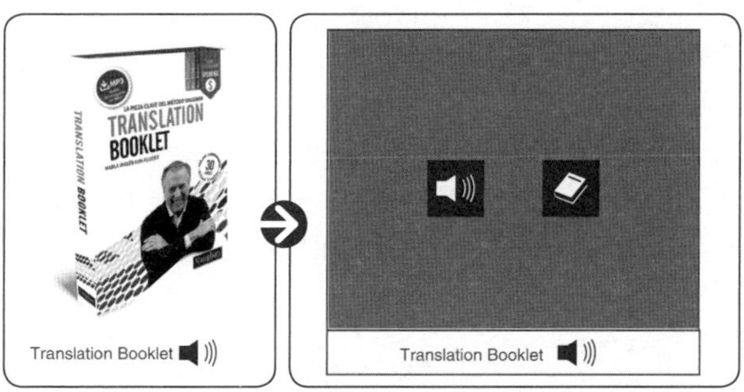


Para cualquier duda puedes consultarnos en **vaughantienda@grupovaughan.com**

# PRÓLOGO CONMEMORATIVO 30 AÑOS

Estimado amigo,

Es con mucho placer y mucha ilusión que te ofrezco, por primera vez en la historia de Vaughan Systems, todos los famosos Translation Booklets reunidos bajo un mismo techo... en un solo libro de bolsillo. Jamás en la historia del mundo se ha reunido tanto músculo gramatical y lingüístico en una sola obra.

Los Translation Booklets 1 y 2 constituyeron el primer libro que publiqué en España, allá por el año 1982. Desde entonces ellos, junto con sus hermanos menores (los libros 3 hasta 8), han ayudado a innumerables alumnos de nuestras aulas, así como a muchos alumnos autodidácticos desde sus casas, a efectuar mejoras realmente impresionantes en su inglés. Podría llenar dos páginas más solamente con las anécdotas que han surgido del uso de estos libros, desde el famoso empresario que dejaba destrozado cada libro que le dábamos por el uso y el abuso a que los sometía, hasta el ama de casa que logró saberse dos libros enteros de memoria, recitando las columnas en inglés ante el asombro mío y de otros colegas de Vaughan.

Son ocho libros ahora reunidos en uno... **6.000 frases** de uso diario en español y en inglés, cada una de las cuales te reta directa y explícitamente a demostrar tu agilidad verbal con la estructura y el vocabulario del inglés. No recuerdo ningún otro material o publicación de Vaughan que tanto manejo y hasta manoseo ha suscitado entre nuestros alumnos y público comprador.

Son 6.000 frases que cubren todo el espectro necesario del idioma para que puedas andar por el mundo con absoluta desenvoltura. Para dominarlas, es preciso, por supuesto, dedicarles muchas horas de estudio y, sobre todo, muchas horas de repetición en voz alta. Para ello, ofrecemos un enlace para la descarga del audio desde Internet. Así podrás leer y escuchar al mismo tiempo, centrando tu atención en la correcta pronunciación y entonación de las frases.

Pero aspectos técnicos aparte, he constatado, año tras año, que los verdaderos milagros autodidácticos que se han conseguido a través de Vaughan Systems han sido gracias más a los Translation Booklets de siempre que a ningún otro libro o material. Por lo tanto, te insto de todo corazón a intentar sacar todo el provecho posible de estas páginas y del audio que las acompaña. Estas listas son mis hijos y les quiero mucho. Trátalos con cariño y permíteles intentar el milagro contigo también.

Un saludo cordial,

Richard Vaughan

# ¿CÓMO HAY QUE USAR ESTE LIBRO Y SU AUDIO?

Aquí os presento mi recomendación:
1. **Escucha u oye el audio al menos cinco veces** en casa o en el coche. Digo "oye" porque la audición indirecta es tan eficaz o aún más que la escucha consciente y directa. El dejar simplemente que el inglés fluya a tu alrededor, sin concentrarse demasiado, acaba abriendo el oído a los sonidos del idioma. De esta forma podrás ir discriminando mejor los matices auditivos de las oraciones. Intenta repetir cada frase y después de la locución en inglés.

2. Toma una lista y tapa la columna derecha en inglés con una hoja de papel. Sobre dicha hoja **traduce cada frase en español al inglés**, comprobando a medida que bajas por la lista. Lleva una puntuación de aciertos o errores para volver a hacerla con la intención de batir tu nota anterior. Después pasa a la lista siguiente.

3. **Reta a tus familiares a una competición con cada lista**, confiando en que tu orgullo te agudice la mente y te ayude a asimilar las formas y las estructuras.
Es importante recordar que uno no domina un segundo idioma hasta que no sea capaz de reproducir sus estructuras con agilidad y espontaneidad. Si eres capaz de ver la frase en español y decirla en voz alta con total agilidad y precisión... y sin pestañear... entonces es probable que debas avanzar hasta el siguiente nivel. Si no posees esta precisión y agilidad oral, entonces no debes menospreciar el libro que ya tienes. El 90% del lenguaje que producimos en el día a día se basa en las

estructuras de los Translation Booklets de nivel para principiantes e intermedio. Si tu dominio es tal que te resulta una pérdida de tiempo estudiar este libro, entonces lo más probable es que tu nivel de inglés se asemeje bastante al mío, y que no necesites continuar aprendiendo.

De vez en cuando algún estudiante, al hojear este libro, nos dice "Esto me lo sé todo, ¿tenéis un libro de un nivel más alto?" Ante esto, solemos abrir el libro aparentemente fácil y lo ponemos a prueba, produciendo una frase bastante sencilla en español y pidiéndole al cliente que nos la reproduzca oralmente en inglés. Nueve de cada 10 veces, le salen los colores al cliente. Queda en evidencia que no tiene bien atado en absoluto lo más básico.

No dejes que esto te ocurra. Recuerda que **el dominio de un idioma incluye ineludiblemente una agilidad estupenda con las estructuras más básicas**, y Translation Booklets de Vaughan Systems son la herramienta idónea para consolidar no solo estas estructuras más básicas, sino todas las demás también.

Good luck!

# Índice

# Translation booklet 1

NIVEL PRINCIPIANTE

# Translation list 1

| | | |
|---|---|---|
| 1 | Está en la mesa. | It's on the table. |
| 2 | Él es profesor. | He's a teacher. |
| 3 | Ella es alta. | She's tall. |
| 4 | No sé. | I don't know. |
| 5 | No está aquí. | It's not here. |
| 6 | Soy de España. | I'm from Spain. |
| 7 | ¿De dónde eres? | Where are you from? |
| 8 | ¿Dónde estás? | Where are you? |
| 9 | ¿Quién eres? | Who are you? |
| 10 | ¿Qué es esto? | What's this? |
| 11 | Eso no es para mí. | That's not for me. |
| 12 | Este no es mi libro. | This isn't my book. |
| 13 | Él no es mi hermano. | He's not my brother. |
| 14 | ¿Está él con su hermana? | Is he with his sister? |
| 15 | El lápiz está debajo de la mesa. | The pencil is under the table. |
| 16 | ¿Dónde está? | Where is it? |

| | | |
|---|---|---|
| **17** | No está allí. | It's not there. |
| **18** | Él es inglés. | He's English. |
| **19** | Es de Inglaterra. | He's from England. |
| **20** | ¿De dónde es ella? | Where's she from? |
| **21** | Ella es de Estados Unidos. | She's from the United States. |
| **22** | ¿Cuál es tu nombre? | What's your name? |
| **23** | ¿Es este tu bolígrafo? | Is this your pen? |
| **24** | Mi bolígrafo es rojo, no azul. | My pen is red, not blue. |
| **25** | Él está delante de mí. | He's in front of me. |

## NOTAS / NOTES

# Translation list 2

| | | |
|---|---|---|
| 1 | ¿Está ella detrás de ti? | Is she behind you? |
| 2 | Aquel es mi único teléfono. | That's my only telephone. |
| 3 | ¿Qué es lo que está en la mesa? | What's on the table? |
| 4 | ¿Quién está con él? | Who's with him? |
| 5 | ¿Quién es ella? | Who's she? |
| 6 | ¿Cómo está usted? | How are you? |
| 7 | ¿Qué tal? | How are you doing? |
| 8 | Aquel no es para ella. | That's not for her. |
| 9 | ¿Qué es lo que está en la caja? | What's in the box? |
| 10 | ¿Cuál es tu opinión? | What's your opinion? |
| 11 | Eres muy bajo. | You're very short. |
| 12 | ¿Dónde está París? | Where's Paris? |
| 13 | No estoy contento. | I'm not happy. |
| 14 | ¿Estás listo? | Are you ready? |
| 15 | Es muy importante. | It's very important. |
| 16 | Esto no es interesante. | This isn't interesting. |

| | | |
|---|---|---|
| **17** | Él no está en mi lista. | He's not on my list. |
| **18** | Ella es muy agradable. | She's very nice / pleasant. |
| **19** | ¿Qué día es hoy? | What day is (it) today? |
| **20** | ¿Cómo está él? | How is he (doing)? |
| **21** | ¿Es esa tu respuesta? | Is that your answer? |
| **22** | ¿Está al lado de la puerta? | Is it next to the door? |
| **23** | ¿Dónde está entonces? | Where is it then? |
| **24** | Soy la única persona aquí. | I'm the only person here. |
| **25** | Ella no es mi secretaria. | She's not my secretary. |

NOTAS / NOTES

# Translation list 3

| | | |
|---|---|---|
| 1 | No sé. | I don't know. |
| 2 | ¿Dónde está? | Where is it? |
| 3 | ¿Dónde está ella? | Where is she? |
| 4 | ¿Qué es aquello? | What's that? |
| 5 | ¿Dónde está la ventana? | Where's the window? |
| 6 | ¿Es ese tu perro? | Is that your dog? |
| 7 | Estoy detrás de ti. | I'm behind you. |
| 8 | Es fácil. | It's easy. |
| 9 | ¿Está él aquí? | Is he here? |
| 10 | No es difícil. | It's not difficult. |
| 11 | ¿De dónde es él? | Where's he from? |
| 12 | ¿Es de la ciudad? | Is he from the city? |
| 13 | Es de un pueblo pequeño. | He's from a small town. |
| 14 | No es de una ciudad grande. | He's not from a big city. |
| 15 | Ella está delante de mí. | She's in front of me. |
| 16 | ¿Qué es esto? | What's this? |

| | | |
|---|---|---|
| **17** | ¿De qué color es? | What colour is it? |
| **18** | ¿Es para mí? | Is it for me? |
| **19** | ¿Quién está allí? | Who's there? |
| **20** | ¿Quién es esa persona? | Who's that person? |
| **21** | ¿Quién está delante de ella? | Who's in front of her? |
| **22** | Es mi problema. | It's my problem. |
| **23** | Ese es tu problema. | That's your problem. |
| **24** | Esta es la solución. | This is the solution. |
| **25** | Es un coche azul. | It's a blue car. |

NOTAS / NOTES

# Translation list 4

| | | |
|---|---|---|
| 1 | Es una casa grande. | It's a big house. |
| 2 | Es una lección difícil. | It's a difficult lesson. |
| 3 | Este es un informe importante. | This is an important report. |
| 4 | Aquello es un teléfono verde. | That's a green telephone. |
| 5 | ¿Dónde está el coche rojo? | Where's the red car? |
| 6 | ¿Qué es lo que está en el coche? | What's in the car? |
| 7 | ¿Es esta tu respuesta? | Is this your answer? |
| 8 | ¿Cuál es tu pregunta? | What's your question? |
| 9 | La pregunta es muy fácil. | The question is very easy. |
| 10 | ¿Quién es el profesor? | Who's the teacher? |
| 11 | ¿Eres tú el alumno? | Are you the student? |
| 12 | ¿Dónde está tu cuaderno? | Where's your notebook? |
| 13 | Tu nombre no está en esta lista. | Your name's not on this list. |
| 14 | ¿Dónde está entonces? | Where is it then? |
| 15 | No lo sé. | I don't know. |
| 16 | ¿Qué tal estás? | How are you doing? |

| | | |
|---|---|---|
| 17 | Bien, gracias. | Fine, thank you. |
| 18 | Usted es el presidente. | You're the president. |
| 19 | Él está en aquella habitación. | He's in that room. |
| 20 | ¿Dónde está la carta? | Where's the letter? |
| 21 | Está en el suelo. | It's on the floor. |
| 22 | No está en la pared. | It's not on the wall. |
| 23 | ¿Qué es? | What is it? |
| 24 | ¿Es una radio? | Is it a radio? |
| 25 | ¿Dónde está? | Where is it? |

NOTAS / NOTES

# Translation list 5

| | | |
|---|---|---|
| 1 | Ella está conmigo. | She's with me. |
| 2 | El calendario no está en la pared. | The calendar's not on the wall. |
| 3 | ¿Dónde está entonces? | Where is it then? |
| 4 | Está allí. | It's over there. |
| 5 | ¿Cuál es tu nombre? | What's your name? |
| 6 | ¿Cuál es su nombre? (de él) | What's his name? |
| 7 | ¿Cuál es mi apellido? | What's my last name / surname? |
| 8 | ¿Cuál es su dirección? (de ella) | What's her address? |
| 9 | Su casa es muy grande. (de él) | His house is very big. |
| 10 | Su hermano es muy alto. (de ella) | Her brother is very tall. |
| 11 | Tu padre es muy joven. | Your father is very young. |
| 12 | Esta es su última oportunidad. (de él) | This is his last chance. |
| 13 | ¿Cómo está su madre? (de ella) | How's her mother? |
| 14 | ¿Dónde está su coche? (de él) | Where's his car? |
| 15 | El avión pequeño es inglés. | The small plane is English. |
| 16 | El hombre alto es francés. | The tall man is French. |

| | | |
|---|---|---|
| **17** | Su mujer es española. | His wife is Spanish. |
| **18** | Ella es de Madrid. | She's from Madrid. |
| **19** | ¿De dónde es él? | Where's he from? |
| **20** | Es de París. | He's from Paris. |
| **21** | ¿Dónde está su casa? (de él) | Where's his house? |
| **22** | Está cerca de París. | It's near Paris. |
| **23** | ¿Está su mujer contenta en Francia? | Is his wife happy in France? |
| **24** | Creo que sí. | I think so. |
| **25** | No lo sé. | I don't know. |

NOTAS / NOTES

# Translation list 6

| | | |
|---|---|---|
| 1 | ¿Es grande París? | Is Paris big? |
| 2 | ¿Está lejos de aquí? | Is it far from here? |
| 3 | ¿Es interesante su trabajo? (de él) | Is his job interesting? |
| 4 | ¿Es difícil? | Is it difficult? |
| 5 | ¿Es un trabajo importante? | Is it an important job? |
| 6 | ¿Es importante su empresa? | Is his company important? |
| 7 | ¿Es grande? | Is it big? |
| 8 | ¿Dónde está? | Where is it? |
| 9 | ¿Está cerca de su casa? (de él) | Is it near his house? |
| 10 | Esto es un libro. | This is a book. |
| 11 | No es mi libro. | It's not my book. |
| 12 | Es muy caro. | It's very expensive. |
| 13 | El Rin es un río largo. | The Rhine is a long river. |
| 14 | El Miño es un río corto. | The Miño is a short river. |
| 15 | Aquel es un informe corto. | That's a short report. |
| 16 | Estoy contento con el resultado. | I'm happy with the result. |

| | | |
|---|---|---|
| **17** | ¿Está ella contigo? | Is she with you? |
| **18** | ¿Con quién está? | Who's she with? |
| **19** | ¿De dónde es? | Where's she from? |
| **20** | No soy tu jefe. | I'm not your boss. |
| **21** | Ella no es su mujer. (de él) | She's not his wife. |
| **22** | No eres su marido. | You're not her husband. |
| **23** | Él no es mi hermano. | He's not my brother. |
| **24** | Esta no es mi dirección. | This isn't my address. |
| **25** | Mi dirección no está en tu lista. | My address isn't on your list. |

NOTAS / NOTES

# Translation list 7

| | | |
|---|---|---|
| 1 | Ese hombre es bueno. | That man is good. |
| 2 | Es un buen hombre. | He's a good man. |
| 3 | Ese perro es malo. | That dog is bad. |
| 4 | Es un perro malo. | It's a bad dog. |
| 5 | Es un avión viejo. | It's an old plane. |
| 6 | Ella es una chica joven. | She's a young girl. |
| 7 | Este es un juego fácil. | This is an easy game. |
| 8 | Soy una persona difícil. | I'm a difficult person. |
| 9 | Él es un director importante. | He's an important director. |
| 10 | El libro es pesado. | The book is heavy. |
| 11 | La historia es interesante. | The story is interesting. |
| 12 | La revista es aburrida. | The magazine is boring. |
| 13 | La película no es larga. | The movie's not long. |
| 14 | Ese no es su periódico. (de ella) | That's not her newspaper. |
| 15 | ¿Qué es eso? | What's that? |
| 16 | ¿Dónde está el perro pequeño? | Where's the small dog? |

| | | |
|---|---|---|
| **17** | Esa es una buena pregunta. | That's a good question. |
| **18** | ¿Es para ti? | Is it for you? |
| **19** | ¿Es esta la última página? | Is this the last page? |
| **20** | ¿Qué perro es grande, este o aquel? | Which dog is big, this one or that one? |
| **21** | ¿Quién está en ese camión? | Who's in that truck / lorry? |
| **22** | ¿Está el libro en tu bolsillo? | Is the book in your pocket? |
| **23** | Esa no es la respuesta correcta. | That's not the right answer. |
| **24** | Este es un juego difícil. | This is a difficult game. |
| **25** | Estoy contigo. | I'm with you. |

NOTAS / NOTES

# Translation list 8

| | | |
|---|---|---|
| 1 | ¿Qué libro es fácil, este o aquel? | Which book is easy, this one or that one? |
| 2 | ¿Es esa tu decisión final? | Is that your final decision? |
| 3 | ¿Cómo está usted? | How do you do? |
| 4 | Esa no es la única alternativa. | That isn't the only alternative. |
| 5 | ¿Quién está allí? | Who's there? |
| 6 | ¿Quién es mi profesor? | Who's my teacher? |
| 7 | Es para ella. | It's for her. |
| 8 | Es para él. | It's for him. |
| 9 | ¿Para quién es esto? | Who's this for? |
| 10 | ¿Para quién es? | Who's it for? |
| 11 | ¿Es aquello para mí? | Is that for me? |
| 12 | Él es una persona importante. | He's an important person. |
| 13 | Él es de Inglaterra. | He's from England. |
| 14 | Él está aquí ahora. | He's here now. |
| 15 | Él está con tu hermana. | He's with your sister. |
| 16 | Esto es para él. | This is for him. |

| | | |
|---|---|---|
| **17** | ¿Cuál es su nombre? (de ella) | What's her name? |
| **18** | ¿Cuál es su dirección? (de ella) | What's her address? |
| **19** | ¿Quién es su hermano? (de ella) | Who's her brother? |
| **20** | ¿Quién está con ella ahora? | Who's with her now? |
| **21** | ¿Dónde está ella ahora? | Where is she now? |
| **22** | ¿Cómo está su padre? (de ella) | How's her father? |
| **23** | Tu problema no es importante. | Your problem isn't important. |
| **24** | ¿De dónde es él? | Where's he from? |
| **25** | ¿Para quién es esta carta? | Who's this letter for? |

## NOTAS / NOTES

# Translation list 9

| | | |
|---|---|---|
| **1** | Están aquí. | They're here. |
| **2** | ¿Dónde están? | Where are they? |
| **3** | ¿Están en el suelo? | Are they on the floor? |
| **4** | ¿Son para ti o para mí? | Are they for you or for me? |
| **5** | Estamos con ellos. | We're with them. |
| **6** | ¿Quiénes son? | Who are they? |
| **7** | No estamos contentos. | We're not happy. |
| **8** | No son mis cintas. | They're not my tapes. |
| **9** | Esas flores no son bonitas. | Those flowers aren't pretty. |
| **10** | Sus camisas no están limpias. (de él) | His shirts aren't clean. |
| **11** | Los coches rojos están detrás de mí. | The red cars are behind me. |
| **12** | Sus ojos son azules. (de ella) | Her eyes are blue. |
| **13** | ¿Dónde están los niños? | Where are the children? |
| **14** | ¿Están en casa? | Are they at home? |
| **15** | ¿Están en la escuela? | Are they at school? |
| **16** | ¿Dónde están? | Where are they? |

| | | |
|---|---|---|
| **17** | No lo sé. | I don't know. |
| **18** | ¿Cómo están? | How are they? |
| **19** | ¿Cuáles son los problemas? | What are the problems? |
| **20** | ¿Cuál es tu problema? | What's your problem? |
| **21** | Aquellos son tus cuadernos. | Those are your notebooks. |
| **22** | Estas lámparas son caras. | These lamps are expensive. |
| **23** | Mis notas son buenas. | My grades / marks are good. |
| **24** | Sus orejas son grandes. (de él) | His ears are big. |
| **25** | Sus hijos son altos. (de ella) | Her children are tall. |

## NOTAS / NOTES

# Translation list 10

| | | |
|---|---|---|
| 1 | Estos números son erróneos. | These numbers are wrong. |
| 2 | Tus respuestas son correctas. | Your answers are right / correct. |
| 3 | ¿Quiénes son aquellas personas? | Who are those people? |
| 4 | ¿Son difíciles estos ejercicios? | Are these exercises difficult? |
| 5 | ¿Qué son estos? | What are these? |
| 6 | ¿Qué son? | What are they? |
| 7 | Somos de EE.UU. | We're from the USA. |
| 8 | ¿De dónde sois? | Where are you from? |
| 9 | ¿De dónde son? | Where are they from? |
| 10 | Estamos delante de ellos. | We're in front of them. |
| 11 | Ellas están al lado de nosotros. | They're next to us. |
| 12 | Las ventanas están abiertas. | The windows are open. |
| 13 | Los días son largos ahora. | The days are long now. |
| 14 | Aquellas son las máquinas nuevas. | Those are the new machines. |
| 15 | ¿Cuáles son tus planes? | What are your plans? |
| 16 | ¿Son fáciles o difíciles? | Are they easy or difficult? |

| | | |
|---|---|---|
| 17 | ¿Dónde están nuestros nombres? | Where are our names? |
| 18 | Somos amigos. | We're friends. |
| 19 | Son buenos. | They're good. |
| 20 | Estos son caros. | These are expensive. |
| 21 | ¿Son caros aquellos también? | Are those expensive too? |
| 22 | Esas manzanas son malas. | Those apples are bad. |
| 23 | Nuestros coches no son pequeños. | Our cars aren't small. |
| 24 | Las respuestas están bien. | The answers are correct. |
| 25 | Estáis locos. | You're crazy. |

## NOTAS / NOTES

# Translation list 11

| | | |
|---|---|---|
| 1 | Aquellos sobres son míos. | Those envelopes are mine. |
| 2 | Este cuadro es tuyo. | This picture is yours. |
| 3 | Estas peras son de ella. | These pears are hers. |
| 4 | ¿Dónde están los de él? | Where are his? |
| 5 | Su casa está cerca de aquí. (de ellos) | Their house is near here. |
| 6 | Sus problemas no son míos. (de ellos) | Their problems aren't mine. |
| 7 | ¿Cuáles son sus nombres? | What are their names? |
| 8 | ¿Dónde están sus cartas? (de ella) | Where are her letters? |
| 9 | ¿Son estos sus libros? (de ellas) | Are these their books? |
| 10 | ¿Dónde están sus padres? (de él) | Where are his parents? |
| 11 | ¿Quiénes son sus padres? (de ellos) | Who are their parents? |
| 12 | ¿Son tuyos estos? | Are these yours? |
| 13 | ¿De quién son? | Whose are they? |
| 14 | No son míos. | They're not mine. |
| 15 | ¿Son nuestros? | Are they ours? |
| 16 | No sé. | I don't know. |

| | | |
|---|---|---|
| **17** | ¿Dónde están los de él? | Where are his? |
| **18** | Están conmigo. | They're with me. |
| **19** | ¿Dónde están los nuestros? | Where are ours? |
| **20** | Están allí. | They're over there. |
| **21** | ¿De quién son esas fotos? | Whose pictures are those? |
| **22** | ¿Son vuestras? | Are they yours? |
| **23** | ¿De quién son entonces? | Whose are they then? |
| **24** | Son mías. | They're mine. |
| **25** | ¿Dónde están sus carnés? (de ellos) | Where are their ID cards? |

## NOTAS / NOTES

# Translation list 12

| | | |
|---|---|---|
| 1 | Estas son sus monedas. (de ellas) | These are their coins. |
| 2 | Él está aquí. | He's here. |
| 3 | Son muy cortos. | They're very short. |
| 4 | Mi padre es muy alto. | My father is very tall. |
| 5 | El mío no es alto. | Mine isn't tall. |
| 6 | Mis hijos son jóvenes. | My children are young. |
| 7 | Los míos son jóvenes también. | Mine are young too. |
| 8 | Los de él no son jóvenes. | His aren't young. |
| 9 | Están en casa ahora. | They're at home now. |
| 10 | ¿Dónde está su casa? (de ellos) | Where's their house? |
| 11 | Está lejos de aquí. | It's far from here. |
| 12 | Es una casa grande. | It's a big house. |
| 13 | La de ella es grande también. | Hers is big too. |
| 14 | La nuestra es muy pequeña. | Ours is very small. |
| 15 | ¿Es grande vuestra casa? | Is your house big? |
| 16 | No, no lo es. | No, it's not. |

| | | |
|---|---|---|
| **17** | Son para mí. | They're for me. |
| **18** | Es para nosotros. | It's for us. |
| **19** | Estamos con ellos. | We're with them. |
| **20** | No están contigo. | They're not with you. |
| **21** | Ella está al lado de él. | She's next to him. |
| **22** | Esto es para ella. | This is for her. |
| **23** | Estoy con ellos. | I'm with them. |
| **24** | Están conmigo. | They're with me. |
| **25** | Los caballos allí no son blancos. | The horses over there aren't white. |

NOTAS / NOTES

# Translation list 13

| | | |
|---|---|---|
| 1 | Este es tu problema, no el mío. | This is your problem, not mine. |
| 2 | ¿De quién es este sobre? | Whose envelope is this? |
| 3 | ¿Dónde están? | Where are they? |
| 4 | ¿Dónde está? | Where is it? |
| 5 | ¿Qué es esto? | What's this? |
| 6 | ¿Qué son estos? | What are these? |
| 7 | ¿Qué es? | What is it? |
| 8 | No lo sé. | I don't know. |
| 9 | ¿Cuáles son sus nombres? | What are their names? |
| 10 | ¿Dónde están sus padres? (de él) | Where are his parents? |
| 11 | ¿Dónde está su padre? (de ellos) | Where's their father? |
| 12 | El mío está al lado del de ella. | Mine is next to hers. |
| 13 | ¿Dónde están los nuestros? | Where are ours? |
| 14 | ¿Son de él estas revistas? | Are these magazines his? |
| 15 | El barco está en el puerto. | The ship's in the port. |
| 16 | ¿Estás seguro? | Are you sure? |

| | | |
|---|---|---|
| **17** | No, no estoy seguro. | No, I'm not sure. |
| **18** | Su padre es mi hermano. (de ella) | Her father's my brother. |
| **19** | ¿De quién son estos mecheros? | Whose lighters are these? |
| **20** | Son de ella. | They're hers. |
| **21** | Esta es su única oportunidad. (de él) | This is his only chance. |
| **22** | Estos son de ellos, no de él. | These are theirs, not his. |
| **23** | Aquellos no son los únicos problemas. | Those aren't the only problems. |
| **24** | Él es médico. | He's a doctor. |
| **25** | ¿Cuándo es la fiesta? | When's the party? |

NOTAS / NOTES

# Translation list 14

| | | |
|---|---|---|
| 1 | ¿Qué tal están? | How are they doing? |
| 2 | Es una manzana. | It's an apple. |
| 3 | Él es artista. | He's an artist. |
| 4 | La universidad está cerca de aquí. | The university's near here. |
| 5 | Son abogados. | They're lawyers. |
| 6 | Su trabajo es fácil. (de ellos) | Their job is easy. |
| 7 | Los días son largos en verano. | The days are long in the summer. |
| 8 | Ella es una actriz muy guapa. | She's a very pretty actress. |
| 9 | Él es un actor muy guapo. | He's a very handsome actor. |
| 10 | Es una ciudad muy hermosa. | It's a very beautiful city. |
| 11 | Es un folleto muy interesante. | It's a very interesting brochure. |
| 12 | Son informes muy importantes. | They're very important reports. |
| 13 | Esta es una clase muy aburrida. | This is a very boring class. |
| 14 | No es necesario. | It's not necessary. |
| 15 | Mi mujer está con mis hijos. | My wife's with my children. |
| 16 | ¿Por qué eres profesor? | Why are you a teacher? |

| | | |
|---|---|---|
| **17** | ¿Por qué es difícil? | Why is it difficult? |
| **18** | El mundo es grande. | The world is big. |
| **19** | Europa es un continente. | Europe is a continent. |
| **20** | Estos son para ellos, no para ella. | These are for them, not for her. |
| **21** | Son las dos de la tarde. | It's two p.m. |
| **22** | ¿Qué clase de reloj es ese? (de pulsera) | What kind of watch is that? |
| **23** | Están debajo del escritorio. | They're under the desk. |
| **24** | ¿Por qué están allí? | Why are they there? |
| **25** | ¿Por qué es tuyo? | Why is it yours? |

## NOTAS / NOTES

# Translation list 15

| | | |
|---|---|---|
| 1 | Él es carpintero. | He's a carpenter. |
| 2 | Están aquí porque son mis padres. | They're here because they're my parents. |
| 3 | ¿De dónde son? | Where are they from? |
| 4 | ¿Eres de allí también? | Are you from there too? |
| 5 | ¿Qué hora es? | What time is it? |
| 6 | Es una naranja, no una pera. | It's an orange, not a pear. |
| 7 | ¿Es esta la respuesta? | Is this the answer? |
| 8 | Ella es muy inteligente. | She's very intelligent. |
| 9 | ¿Es tu hermana? | Is she your sister? |
| 10 | Esta es la última página. | This is the last page. |
| 11 | ¿Qué tal estás? | How are you doing? |
| 12 | Bien, gracias. | Fine, thank you. |
| 13 | ¿De qué color son esas paredes? | What colour are those walls? |
| 14 | Aquel es mío. | That one's mine. |
| 15 | Estos son tuyos. | These are yours. |
| 16 | Este es bonito. | This one's pretty. |

| | | |
|---|---|---|
| 17 | Ese es feo. | That one's ugly. |
| 18 | Este es para ellos. | This one's for them. |
| 19 | El que está en la mesa es mío. | The one on the table is mine. |
| 20 | El verde es de ella. | The green one's hers. |
| 21 | Los azules son de ellos. | The blue ones are theirs. |
| 22 | ¿Cuál es el tuyo, este o aquel? | Which one's yours, this one or that one? |
| 23 | La que está allí es de él. | The one over there is his. |
| 24 | ¿Cuáles son los de ellos? | Which ones are theirs? |
| 25 | ¿Cuál es amarillo? | Which one is yellow? |

NOTAS / NOTES

# Translation list 16

| | | |
|---|---|---|
| **1** | ¿Cuándo es? | When is it? |
| **2** | ¿Cuándo son las reuniones? | When are the meetings? |
| **3** | Estoy cansado. | I'm tired. |
| **4** | No están en esa habitación. | They're not in that room. |
| **5** | ¿Quiénes son ustedes? | Who are you? |
| **6** | ¿Cómo está usted? | How do you do? |
| **7** | ¿Qué es eso? | What's that? |
| **8** | ¿Quién es su jefe? (de ellos) | Who's their boss? |
| **9** | Estos son sombreros. | These are hats. |
| **10** | La caja no está cerrada. | The box isn't closed. |
| **11** | Estas palabras no son inglesas. | These words aren't English. |
| **12** | ¿Está Londres en Alemania? | Is London in Germany? |
| **13** | Los alemanes son muy altos. | (The) Germans are very tall. |
| **14** | Los gatos están debajo del sillón. | (The) cats are under the armchair. |
| **15** | ¿Por qué están vacíos los vasos? | Why are the glasses empty? |
| **16** | Te equivocas, están llenos. | You're wrong; they're full. |

| | | |
|---|---|---|
| **17** | ¿Qué tiempo hace hoy? | What's the weather like today? |
| **18** | Hace frío. | It's cold. |
| **19** | Hace calor. | It's hot. |
| **20** | Está lloviendo. | It's raining. |
| **21** | Está nevando. | It's snowing. |
| **22** | Está nublado. | It's cloudy. |
| **23** | Está oscuro. | It's dark. |
| **24** | Hace buen tiempo. | The weather's nice. |
| **25** | Hace mal tiempo. | The weather's bad. |

## NOTAS / NOTES

# Translation list 17

| | | |
|---|---|---|
| 1 | El que está aquí es mío. | The one here is mine. |
| 2 | Los de ellos son bonitos también. | Theirs are pretty too. |
| 3 | ¿Dónde está el tuyo? | Where's yours? |
| 4 | ¿Quién está en aquella habitación? | Who's in that room? |
| 5 | ¿Es este el de ella? | Is this (one) hers? |
| 6 | El de ellos es como el de él. | Theirs is like his. |
| 7 | Él no es la única persona alta. | He's not the only tall person. |
| 8 | No sé. | I don't know. |
| 9 | ¿Para quién es esto? | Who's this for? |
| 10 | Es para aquella gente. | It's for those people. |
| 11 | ¿Es duro o blando? | Is it hard or soft? |
| 12 | El de él es redondo. | His is round. |
| 13 | Su hija es graciosa. (de ellos) | Their daughter is funny. |
| 14 | Sus preguntas son las mismas. (de él) | His questions are the same. |
| 15 | Es de día. | It's daytime. |
| 16 | Están con ella porque son sus amigos. (de ella) | They're with her because they're her friends. |

| | | |
|---|---|---|
| **17** | El libro de Pepe está aquí. | Pepe's book is here. |
| **18** | Este no es el único. | This isn't the only one. |
| **19** | Los míos están al lado de los de él. | Mine are next to his. |
| **20** | ¿De quién es esta carta? (procedencia) | Who is this letter from? |
| **21** | ¿De quién es esta carta? (pertenencia) | Whose letter is this? |
| **22** | ¿Por qué estás con ellos? | Why are you with them? |
| **23** | Esto no es para ellos, es para ella. | This isn't for them; it's for her. |
| **24** | La casa de Enrique es muy grande. | Enrique's house is very big. |
| **25** | París es famoso por su arte. | Paris is famous for its art. |

NOTAS / NOTES

# Translation list 18

| | | |
|---|---|---|
| 1 | Sus respuestas son correctas. (de él) | His answers are right / correct. |
| 2 | Aquellas playas están lejos de aquí. | Those beaches are far from here. |
| 3 | La primera parte es muy fácil. | The first part is very easy. |
| 4 | ¿Por qué es tan fácil? | Why is it so easy? |
| 5 | ¿Están listos? | Are they ready? |
| 6 | El azul es de ellos. | The blue one is theirs. |
| 7 | Los míos son los que están allí. | Mine are the ones over there. |
| 8 | ¿Es él uno de tus amigos? | Is he one of your friends? |
| 9 | ¿Es amigo tuyo? | Is he a friend of yours? |
| 10 | Es amigo mío. | He's a friend of mine. |
| 11 | Son amigos nuestros. | They're friends of ours. |
| 12 | Ella es una de nuestros amigos. | She's one of our friends. |
| 13 | Soy amigo de ellos. | I'm a friend of theirs. |
| 14 | Ese señor es mi primo. | That man is my cousin. |
| 15 | Soy su agente. (de ella) | I'm her agent. |
| 16 | Su problema (de ellos) es sencillo. | Their problem is simple. |

| | | |
|---|---|---|
| **17** | La mujer de Juan es muy inteligente. | Juan's wife is very intelligent. |
| **18** | Los elefantes son grandes. | Elephants are big. |
| **19** | Los elefantes de Marte son pequeños. | The elephants on Mars are small. |
| **20** | Las mujeres son fuertes. | Women are strong. |
| **21** | Las mujeres de esta casa son altas. | The women in this house are tall. |
| **22** | El hijo de ese señor es famoso. | That gentleman's son is famous. |
| **23** | Hace calor aquí. | It's hot here. |
| **24** | Siempre hace frío en ese cuarto. | It's always cold in that room. |
| **25** | ¿Qué tiempo hace hoy? | What's the weather like today? |

NOTAS / NOTES

# Translation list 19

| | | |
|---|---|---|
| 1 | Los de ellos son fáciles. | Theirs are easy. |
| 2 | ¿De quién son estos papeles? | Whose papers are these? |
| 3 | La explicación del dueño está clara. | The owner's explanation is clear. |
| 4 | ¿Es ese tu problema o mío? | Is that your problem or mine? |
| 5 | El artículo no es interesante. | The article isn't interesting. |
| 6 | El plan del general es brillante. | The general's plan is brilliant. |
| 7 | Este lugar es muy agradable. | This place is very pleasant. |
| 8 | Los pájaros son muy inteligentes. | Birds are very intelligent. |
| 9 | Los pájaros aquí son peligrosos. | The birds here are dangerous. |
| 10 | Su coche no es el azul,<br>sino el verde. (de ellos) | Their car isn't the blue one,<br>but the green one. |
| 11 | El agua está muy caliente. | The water's very hot. |
| 12 | Es un día muy caluroso. | It's a very hot day. |
| 13 | Tengo calor. | I'm hot. |
| 14 | Tienen frío. | They're cold. |
| 15 | Tengo hambre. | I'm hungry. |
| 16 | Ella tiene sed. | She's thirsty. |

| | | |
|---|---|---|
| **17** | ¿Cuál es su respuesta? (de ellos) | What's their answer? |
| **18** | No saben. | They don't know. |
| **19** | ¿Por qué está la gente enfadada? | Why are (the) people angry? |
| **20** | Estoy aquí porque soy el profesor. | I'm here because I'm the teacher. |
| **21** | ¿Está bien? | Is it okay / alright? |
| **22** | Su dinero está en buenas manos. (de ella) | Her money's in good hands. |
| **23** | No son para ellos. | They're not for them. |
| **24** | ¿Cuáles son las verdaderas cifras? | What are the real figures? |
| **25** | ¿Quién es aquel hombre de allí? | Who's that man over there? |

NOTAS / NOTES

# Translation list 20

| | | |
|---|---|---|
| **1** | ¿Qué es? | What is it? |
| **2** | ¿Está al lado de la cocina? | Is it next to the kitchen? |
| **3** | ¿Cuándo es? | When is it? |
| **4** | ¿Qué es aquello? | What's that? |
| **5** | ¿Cuáles son tus intenciones? | What are your intentions? |
| **6** | Son las tres. | It's three o'clock. |
| **7** | ¿Es usted el señor que está enfermo? | Are you the man who's sick / ill? |
| **8** | ¿Es rico él? | Is he rich? |
| **9** | El coche del rico es el rojo. | The rich man's car is the red one. |
| **10** | Los problemas de mi tío son graves. | My uncle's problems are serious. |
| **11** | La luna es redonda, no cuadrada. | The moon's round, not square. |
| **12** | ¿Por qué es tan larga esta lista? | Why is this list so long? |
| **13** | La nariz del payaso es redonda. | The clown's nose is round. |
| **14** | Están cerrados. | They're closed. |
| **15** | El rojo es de Pepe. | The red one is Pepe's. |
| **16** | El mío y el de él son iguales. | Mine and his are the same. |

| | | |
|---|---|---|
| **17** | Los camiones amarillos son de mi tío. | The yellow trucks / lorries are my uncle's. |
| **18** | La sopa de Elena está fría. | Elena's soup is cold. |
| **19** | Sus brazos y piernas están rotos. (de él) | His arms and legs are broken. |
| **20** | Hoy es el cumpleaños de María. | Today's María's birthday. |
| **21** | Ella tiene 26 años. | She's 26 years old. |
| **22** | ¿Dónde están los juguetes de tu hijo? | Where are your son's toys? |
| **23** | ¿Por qué son verdes los ojos de Juan? | Why are Juan's eyes green? |
| **24** | No están listos todavía. | They're not ready yet. |
| **25** | Estoy bien, gracias. | I'm fine, thank you. |

## NOTAS / NOTES

# Translation list 21

| | | |
|---|---|---|
| 1 | Aquel es el mío. | That one's mine. |
| 2 | ¿Es tuyo? | Is it yours? |
| 3 | ¿Dónde están los nuestros? | Where are ours? |
| 4 | ¿Es nuevo? | Is it new? |
| 5 | El de él está bien. | His is okay / fine. |
| 6 | El de ellos es para ella. | Theirs is for her. |
| 7 | Soy yo. | It's me. |
| 8 | Está oscuro. | It's dark. |
| 9 | ¿Quién es? | Who is it? |
| 10 | Aquellos bolígrafos son nuestros. | Those pens are ours. |
| 11 | Este es el de Pepe. | This one is Pepe's. |
| 12 | Somos nosotros. | It's us. |
| 13 | Hace calor. | It's hot. |
| 14 | Los de ellos son los blancos. | Theirs are the white ones. |
| 15 | ¿Cuáles son los vuestros? | Which ones are yours? |
| 16 | Este no es. | This isn't it. |

| | | |
|---|---|---|
| **17** | ¿Dónde están? | Where are they? |
| **18** | ¿Son las dos? | Is it two o'clock? |
| **19** | ¿Por qué está ella contigo? | Why is she with you? |
| **20** | ¿Dónde están sus padres? (de ella) | Where are her parents? |
| **21** | ¿Por qué estamos aquí? | Why are we here? |
| **22** | El nuestro es el mejor. | Ours is the best (one). |
| **23** | ¿De quién es? | Whose is it? |
| **24** | ¿De quién es este bolígrafo? | Whose pen is this? |
| **25** | ¿De quién son estas cartas? | Whose letters are these? |

NOTAS / NOTES

# Translation list 22

| | | |
|---|---|---|
| 1 | ¿Cuál es el problema? | What's the problem? |
| 2 | Los caballos blancos son hermosos. | White horses are beautiful. |
| 3 | Es un círculo. | It's a circle. |
| 4 | Son profesores. | They're teachers. |
| 5 | Ella es ama de casa. | She's a housewife. |
| 6 | El hermano de su marido está aquí. (de ella) | Her husband's brother is here. |
| 7 | ¿Están cansados? | Are they tired? |
| 8 | Estoy perdido. | I'm lost. |
| 9 | Nada es fácil. | Nothing is easy. |
| 10 | Las guitarras españolas son buenas. | Spanish guitars are good. |
| 11 | La gente alta es normalmente delgada. | Tall people are normally slim. |
| 12 | ¿Por qué está sucio? | Why is it dirty? |
| 13 | Sus casas están cerca de la de ella. (de ellos) | Their houses are near hers. |
| 14 | Están lejos de aquí. | They're far from here. |
| 15 | Es muy gracioso. | It's very funny. |
| 16 | ¿Estás seguro de que son nuestros? | Are you sure they're ours? |

| | | |
|---|---|---|
| **17** | Están aquí porque esta es su casa. | They're here because this is their house. |
| **18** | ¿Estás seguro de que es de ella? | Are you sure it's hers? |
| **19** | Por supuesto que sí (lo estoy). | Of course I am. |
| **20** | ¿Estoy en la lista? | Am I on the list? |
| **21** | Los perros son nuestros mejores amigos. | Dogs are our best friends. |
| **22** | La luz está encendida. | The light's on. |
| **23** | Este es el final. | This is the end. |
| **24** | ¿Cuáles son los de ellos? | Which ones are theirs? |
| **25** | ¿Es este su despacho? (de ellos) | Is this their office? |

NOTAS / NOTES

# Translation list 23

| | | |
|---|---|---|
| **1** | Es muy largo, ¿no? | It's very long, isn't it? |
| **2** | ¿No es interesante? | Isn't it interesting? |
| **3** | ¿No es él profesor? | Isn't he a teacher? |
| **4** | Son botones, ¿no? | They're buttons, aren't they? |
| **5** | Este es el informe, ¿no? | This is the report, isn't it? |
| **6** | ¿Por qué es de ellos? | Why is it theirs? |
| **7** | El tuyo es aquel, ¿no? | Yours is that one, isn't it? |
| **8** | ¿No está ella con ellos? | Isn't she with them? |
| **9** | ¿Dónde está ella entonces? | Where is she then? |
| **10** | Somos los mejores, ¿no? | We're the best, aren't we? |
| **11** | ¿No es ese señor el señor Pérez? | Isn't that gentleman Mr Pérez? |
| **12** | Si este es de ellos, entonces ese es nuestro. | If this one's theirs, then that one's ours. |
| **13** | ¿Cuál es el propósito de todo esto? | What's the purpose of all this? |
| **14** | No entiendo. | I don't understand. |
| **15** | ¿No es un gato? | Isn't it a cat? |
| **16** | Esa gente está enfadada. | Those people are angry. |

| | | |
|---|---|---|
| **17** | ¿Cuáles son sus motivos? (de ellos) | What are their reasons? |
| **18** | La salud del viejo era mala. | The old man's health was bad. |
| **19** | Ella es la madre de su amigo. (de él) | She's his friend's mother. |
| **20** | ¿Cómo se llama ella? | What's her name? |
| **21** | Se llama María, ¿no? | Her name's María, isn't it? |
| **22** | Son montañas muy altas. | They're very high mountains. |
| **23** | Ella es una señora muy alta. | She's a very tall lady. |
| **24** | La mujer del soldado está enferma. | The soldier's wife is sick / ill. |
| **25** | Las mujeres de los soldados están aquí. | The soldiers' wives are here. |

NOTAS / NOTES

# Translation list 24

| | | |
|---|---|---|
| 1 | ¿No están rotas las ventanas? | Aren't the windows broken? |
| 2 | ¿No es usted la única persona aquí? | Aren't you the only person here? |
| 3 | ¿No son bonitos sus zapatos? (de ella) | Aren't her shoes pretty? |
| 4 | Los elefantes son grises, ¿no? | Elephants are grey, aren't they? |
| 5 | Esa no es la respuesta que está en el libro. | That's not the answer that's in the book. |
| 6 | ¡Qué libro más interesante! | What an interesting book! |
| 7 | ¡Qué manzanas más buenas! | What good apples! |
| 8 | ¿Qué es? | What is it? |
| 9 | La respuesta del director es la siguiente: | The director's answer is the following: |
| 10 | El dinero de la gente es el dinero del país. | The people's money is the country's money. |
| 11 | ¿No va esto contra las reglas? | Isn't this against the rules? |
| 12 | ¿Dónde está la casa de tus padres? | Where's your parents' house? |
| 13 | Aquellos son míos, ¿no? | Those are mine, aren't they? |
| 14 | ¿Es hora ya? | Is it time now? |
| 15 | ¿Por qué son de ella? | Why are they hers? |
| 16 | Esta porción es suya, ¿no? (de él) | This portion is his, isn't it? |

| | | |
|---|---|---|
| 17 | Esto es aburrido. | This is boring. |
| 18 | ¿Por qué no está él aquí? | Why isn't he here? |
| 19 | ¿Quién no tiene hambre? | Who isn't hungry? |
| 20 | ¿Por qué no están listas las cartas? | Why aren't the letters ready? |
| 21 | Así es la vida. | That's life. |
| 22 | La vida es corta, ¿no? | Life's short, isn't it? |
| 23 | La lluvia es necesaria. | Rain is necessary. |
| 24 | Su cara es muy expresiva. (de ella) | Her face is very expressive. |
| 25 | La catedral es muy impresionante. | The cathedral is very impressive. |

NOTAS / NOTES

# Translation list 25

| | | |
|---|---|---|
| 1 | Los regalos están debajo del árbol. | The presents / gifts are under the tree. |
| 2 | Esos aspectos no son importantes. | Those aspects aren't important. |
| 3 | Él no está aquí, ¿verdad? | He's not here, is he? |
| 4 | No están calientes, ¿verdad? | They're not hot, are they? |
| 5 | Es una chica maravillosa. | She's a wonderful girl. |
| 6 | No es para ellos, ¿verdad? | It's not for them, is it? |
| 7 | Su mapa es bastante útil. (de ellos) | Their map is quite useful. |
| 8 | ¿Quién es? | Who is it? |
| 9 | No es para mí, ¿verdad? | It's not for me, is it? |
| 10 | Esto solo es el comienzo. | This is only the beginning. |
| 11 | ¿Qué carretera es esa? | What highway is that? |
| 12 | Es un río ancho. | It's a wide river. |
| 13 | Es un río bastante ancho. | It's a pretty wide river. |
| 14 | Es bastante ancho. | It's pretty / quite wide. |
| 15 | Él es realmente poderoso. | He's really powerful. |
| 16 | ¿Eres feliz de verdad? | Are you really happy? |

| | | |
|---|---|---|
| **17** | Me alegro. | I'm glad. |
| **18** | ¿Por qué te alegras? | Why are you glad? |
| **19** | Me alegro cuando la gente es feliz. | I'm glad when people are happy. |
| **20** | Las moscas son necesarias. | Flies are necessary. |
| **21** | Estoy aquí porque soy tu jefe. | I'm here because I'm your boss. |
| **22** | ¿Por qué está todo el mundo enfadado? | Why's everybody angry? |
| **23** | ¿Dónde está el dinero del abogado? | Where's the lawyer's money? |
| **24** | Está en un sitio seguro. | It's in a safe place. |
| **25** | Los obreros están en huelga. | The workers are on strike. |

## NOTAS / NOTES

# Translation list 26

| | | |
|---|---|---|
| 1 | ¿Por qué están los obreros en huelga? | Why are the workers on strike? |
| 2 | No soy socio de ese club. | I'm not a member of that club. |
| 3 | Es un club muy exclusivo. | It's a very exclusive club. |
| 4 | Tengo razón. | I'm right. |
| 5 | Estoy equivocado. | I'm wrong. |
| 6 | Casi tienen razón. | They're almost / nearly right. |
| 7 | Las calles están mojadas. | The streets are wet. |
| 8 | Las ciudades grandes son sucias. | Big cities are dirty. |
| 9 | ¿Son de un país europeo? | Are they from a European country? |
| 10 | ¿Cuáles son sus ocupaciones? | What are their occupations / jobs? |
| 11 | La última línea es muy graciosa. | The last line's very funny. |
| 12 | ¿Por qué es siempre difícil? | Why is it always difficult? |
| 13 | Esta clase es un poco extraña. | This class is a little strange. |
| 14 | Tus responsabilidades son las siguientes: | Your responsibilities are the following: |
| 15 | La carta está en el correo. | The letter's in the mail / post. |
| 16 | Estos resultados son un poco mejores. | These results are a little better. |

| | | |
|---|---|---|
| **17** | Las corbatas no son necesarias. | Ties aren't necessary. |
| **18** | Las hermanas de David están locas. | David's sisters are crazy / mad. |
| **19** | El juego es muy divertido. | The game's a lot of fun. |
| **20** | Estoy completamente en contra de tu plan. | I'm completely against your plan. |
| **21** | El de ellos es el que está allí. | Theirs is the one over there. |
| **22** | La temperatura es de 4 grados bajo cero. | The temperature's 4 degrees below zero. |
| **23** | Mi nivel está por encima del de ellos. | My level is above theirs. |
| **24** | Este es el final. | This is the end. |
| **25** | Las cosas nunca están claras. | Things are never clear. |

## NOTAS / NOTES

# Translation list 27

| | | |
|---|---|---|
| 1 | La habitación de mi hermana está allí. | My sister's room is over there. |
| 2 | Esta es la habitación de mis hermanos. | This is my brothers' room. |
| 3 | El café y el té son bebidas populares. | Coffee and tea are popular drinks. |
| 4 | El mío está aquí y el tuyo allí. | Mine is here and yours is over there. |
| 5 | Las páginas están rotas. | The pages are torn. |
| 6 | Su camisa está rota. (de él) | His shirt is torn. |
| 7 | La lavadora está rota. | The washing machine is broken. |
| 8 | El asa está rota. | The handle is broken. |
| 9 | Su ropa es bastante elegante. (de ella) | Her clothes are quite elegant. |
| 10 | Este dolor de cabeza es terrible. | This headache is terrible. |
| 11 | La luz está apagada. | The light's off. |
| 12 | ¿Cuál es el siguiente? | What's the next one? |
| 13 | ¿Cuál es el mío, este o aquel? | Which one's mine, this one or that one? |
| 14 | ¿Cuáles son los de ella? | Which ones are hers? |
| 15 | Es un traje muy elegante. (de hombre) | It's a very elegant suit. |
| 16 | El partido está en la tele ahora. | The game's on TV now. |

| | | |
|---|---|---|
| **17** | La tierra es redonda como una naranja. | The Earth's round like an orange. |
| **18** | El oro y la plata son metales. | Gold and silver are metals. |
| **19** | Los pupitres de los estudiantes son viejos. | The students' desks are old. |
| **20** | La gente joven está loca. | Young people are crazy / mad. |
| **21** | Las olas son muy grandes. | The waves are very big. |
| **22** | Es bastante fácil, ¿no? | It's quite easy, isn't it? |
| **23** | No es tan importante. | It's not that important. |
| **24** | ¿Qué tal? | How are you doing? |
| **25** | Bien, gracias. | Fine, thank you. |

NOTAS / NOTES

# Translation list 28

| | | |
|---|---|---|
| 1 | Aquella gente es alemana. | Those people are German. |
| 2 | Es difícil la primera vez. | It's difficult the first time. |
| 3 | Los nombres no están en orden. | The names aren't in order. |
| 4 | Las madres de los niños están aquí. | The children's mothers are here. |
| 5 | ¿Por qué no es correcta esta cifra? | Why isn't this figure correct? |
| 6 | ¿Qué tiempo hace hoy? | How's the weather today? |
| 7 | La nieve es normal en Suecia. | Snow's normal in Sweden. |
| 8 | Están fuera (en la calle). | They're outside. |
| 9 | Mis hijos están en el colegio. | My kids / children are at school. |
| 10 | Es un sitio maravilloso. | It's a wonderful place. |
| 11 | ¡Qué anillo más hermoso! | What a beautiful ring! |
| 12 | Al menos 7 personas están en la sala de espera. | At least 7 people are in the waiting room. |
| 13 | Mi opinión es importante también. | My opinion's important too. |
| 14 | ¿Es de ellos de verdad? | Is it really theirs? |
| 15 | No es demasiado pequeño, ¿verdad? | It's not too small, is it? |
| 16 | Son ellos los que van con retraso. | They're the ones who are late. |

| | | |
|---|---|---|
| **17** | Somos nosotros. | It's us. |
| **18** | ¿Es para él o para ella? | Is it for him or for her? |
| **19** | Es para los dos. | It's for both of them. |
| **20** | Nos alegramos de que estéis aquí. | We're glad you're here. |
| **21** | ¿Te alegras de que estemos aquí? | Are you glad we're here? |
| **22** | ¿Quién se alegra de que yo esté aquí? | Who's glad I'm here? |
| **23** | El sonido está bien pero no la imagen. | The sound's okay but not the picture. |
| **24** | Sus vidas no son importantes. | Their lives aren't important. |
| **25** | Él está aquí por un motivo, ¿no? | He's here for a reason, isn't he? |

## NOTAS / NOTES

# Translation list 29

| | | |
|---|---|---|
| 1 | Hay un pollo en el horno. | There's a chicken in the oven. |
| 2 | Hay un aeropuerto cerca de aquí. | There's an airport near here. |
| 3 | Hay tres razones. | There are three reasons. |
| 4 | Hay varios casos. | There are several cases. |
| 5 | No hay perros en esta casa. | There aren't any dogs in this house. |
| 6 | Hay algunos problemas. | There are some problems. |
| 7 | No hay problemas. | There aren't any problems. |
| 8 | ¿Está él aquí de verdad? | Is he really here? |
| 9 | ¿Hay un cuadro en la pared? | Is there a picture on the wall? |
| 10 | ¿Hay graves problemas con ello? | Are there any serious problems with it? |
| 11 | ¿Es esta mi última oportunidad? | Is this my last chance? |
| 12 | Hay un señor en el pasillo. | There's a gentleman in the hall / corridor. |
| 13 | ¿Por qué hay una rana en mi despacho? | Why is there a frog in my office? |
| 14 | ¿Hay una respuesta a esta pregunta? | Is there an answer to this question? |
| 15 | No hay leche en esta botella. | There isn't any milk in this bottle. |
| 16 | No hay ratas en mi ciudad. | There aren't any rats in my city. |

| | | |
|---|---|---|
| **17** | ¿Por qué no estás listo todavía? | Why aren't you ready yet? |
| **18** | Hay una gran tormenta en el norte. | There's a big storm in the north. |
| **19** | Hay algunos soldados con él. | There are some soldiers with him. |
| **20** | ¿Hay una forma especial? | Is there a special way? |
| **21** | Hay solamente una forma: la mía. | There's only one way: mine. |
| **22** | ¿Por qué hay sólo una forma? | Why is there only one way? |
| **23** | ¿Por qué es tu forma la única forma? | Why's your way the only way? |
| **24** | Porque siempre tengo razón. | Because I'm always right. |
| **25** | Porque nunca me equivoco. | Because I'm never wrong. |

NOTAS / NOTES

# Translation list 30

| | | |
|---|---|---|
| 1 | ¿Hay una persona para este puesto? | Is there a person for this job? |
| 2 | ¿Está él cualificado para el puesto? | Is he qualified for the job? |
| 3 | Hay una razón para todo. | There's a reason for everything. |
| 4 | Hay algunos anuncios, pero no muchos. | There are some ads, but not many. |
| 5 | Hay veces en las cuales es necesario. | There are times in which it's necessary. |
| 6 | ¿Es necesario ahora? | Is it necessary now? |
| 7 | Hay solo una posibilidad. | There's only one possibility. |
| 8 | Te toca a ti. | It's your turn. |
| 9 | Hay agua en el vaso. | There's (some) water in the glass. |
| 10 | Hay hielo en el congelador. | There's (some) ice in the freezer. |
| 11 | Pero hay un problema con eso. | But there's a problem with that. |
| 12 | ¿Cuál es? | What is it? |
| 13 | Es duro para mí ser sincero. | It's hard for me to be sincere. |
| 14 | Hay una cola bastante larga. | There's a pretty long line / queue. |
| 15 | Hay un líquido extraño en el vaso. | There's a strange liquid in the glass. |
| 16 | Hay un buen programa en la tele. | There's a good show on TV. |

| | | |
|---|---|---|
| **17** | Hay buenos y malos en todas las películas. | There are good guys and bad guys in every movie. |
| **18** | Hay una chica en tu coche. | There's a girl in your car. |
| **19** | Hay una niña allí. | There's a little girl over there. |
| **20** | Hay canciones de todas las épocas. | There are songs from every age. |
| **21** | Hay muchos problemas. | There are a lot of problems. |
| **22** | No hay muchas mujeres aquí. | There aren't many women here. |
| **23** | ¿Hay muchos árboles? | Are there many trees? |
| **24** | Las cifras están bien. | The figures are okay. |
| **25** | Hay mucha gente aquí. | There are a lot of people here. |

NOTAS / NOTES

# Translation booklet 2

NIVEL PRINCIPIANTE

# Translation list 1

| | | |
|---|---|---|
| 1 | Hay sal en la mesa. | There's some salt on the table. |
| 2 | ¿Hay pan en la bolsa? | Is there any bread in the bag? |
| 3 | Hay solo unos cuantos. | There are only a few. |
| 4 | Hay una carretera no lejos. | There's a highway / main road not far away. |
| 5 | Hay días cuando es fácil. | There are days when it's easy. |
| 6 | Hay bancos a lo largo de la orilla del río. | There are benches along the river bank. |
| 7 | Hay unos cajones en mi mesa de trabajo. | There are some drawers in my desk. |
| 8 | No hay mucha gente como él. | There aren't many people like him. |
| 9 | Hay un perro en la puerta (de valla). | There's a dog at the gate. |
| 10 | ¿De quién es el perro? | Whose dog is it? |
| 11 | Es del Sr. Bruno. | It's Mr Bruno's. |
| 12 | Es el señor cuyo hijo es poeta. | He's the man whose son is a poet. |
| 13 | ¿Por qué hay problemas como este? | Why are there problems like this? |
| 14 | Hay uno aquí. | There's one here. |
| 15 | Hay otro allí. | There's another one over there. |
| 16 | Este es mío y el otro es de él. | This one's mine and the other one's his. |

| | | |
|---|---|---|
| **17** | No hay muchos hombres como él. | There aren't many men like him. |
| **18** | Hay muchos niños como ellos. | There are a lot of children like them. |
| **19** | ¿Hay mujeres en tu empresa? | Are there any women in your company? |
| **20** | No hay juguetes en la caja. | There aren't any toys in the box. |
| **21** | Su hija (de ellos) se llama Elsie. | Their daughter's name is Elsie. |
| **22** | Su habitación (de ella) está junto a la de su hermano. | Her room's next to her brother's. |
| **23** | Hay alguien en la puerta. | There's someone at the door. |
| **24** | No hay nadie en la puerta. | There's no one at the door. |
| **25** | Hay tiempo de sobra para eso. | There's plenty of time for that. |

NOTAS / NOTES

# Translation list 2

| | | |
|---|---|---|
| 1 | Hay alguien fuera. | There's someone outside. |
| 2 | ¿Quién es? | Who is it? |
| 3 | Creo que es el Sr. Brown. | I think it's Mr Brown. |
| 4 | ¿Estás seguro de que es él? | Are you sure it's him? |
| 5 | Por supuesto que sí. | Of course I am. |
| 6 | ¿Está con alguien? | Is he with someone? |
| 7 | Hay una mujer alta con él. | There's a tall woman with him. |
| 8 | Hay otra gente también. | There are some other people too. |
| 9 | Hay una foto de él en casa. | There's a picture of him at home. |
| 10 | Hay un tractor en medio. | There's a tractor in the way. |
| 11 | No hay tiempo para eso. | There isn't any time for that. |
| 12 | Solo hay una manera: la mía. | There's only one way: mine. |
| 13 | No hay leones en Noruega. | There aren't any lions in Norway. |
| 14 | Hay unas herramientas en esa caja. | There are some tools in that box. |
| 15 | No hay sistema de calefacción en esta oficina. | There is no heating system in this office. |
| 16 | ¿Por qué hay gente como él? | Why are there people like him? |

| | | |
|---|---|---|
| **17** | Hay mucho dinero para ella. | There's a lot of money for her. |
| **18** | Hay un hombre allí, ¿no? | There's a man there, isn't there? |
| **19** | ¿Hay vino en la estantería? | Is there any wine on the shelf? |
| **20** | El vestido de la mujer es de París. | The woman's dress is from Paris. |
| **21** | ¿Cuáles son sus intenciones? (de él) | What are his intentions? |
| **22** | Hay varias razones, una de las cuales es importante. | There are several reasons, one of which is important. |
| **23** | Hay algo extraño aquí. | There's something strange here. |
| **24** | Hay tiempo, pero no mucho. | There's (some) time, but not much. |
| **25** | Hay anuncios, pero no muchos. | There are (some) ads, but not many. |

NOTAS / NOTES

# Translation list 3

| | | |
|---|---|---|
| 1 | Ve a la puerta. | Go to the door. |
| 2 | Ven a mi lado. | Come and sit / stand next to me. |
| 3 | Hazlo ahora. | Do it now. |
| 4 | Quédate allí. | Stay there. |
| 5 | Estate preparado. | Be prepared. |
| 6 | Para el motor. | Stop the engine. |
| 7 | Empiece ahora mismo. | Start right now. |
| 8 | Dame una oportunidad. | Give me a chance. |
| 9 | Enséñame tu carné. | Show me your ID card. |
| 10 | Cómelo con las manos. | Eat it with your hands. |
| 11 | No lo bebas. | Don't drink it. |
| 12 | No la mires. | Don't look at her. |
| 13 | Búscalas. | Look for them. |
| 14 | Espérame. | Wait for me. |
| 15 | No lo hagas todavía. | Don't do it yet. |
| 16 | Ábrelo con cuidado. | Open it carefully. |

| | | |
|---|---|---|
| 17 | No lo cierres. | Don't close it. |
| 18 | No seas como ellos. | Don't be like them. |
| 19 | Llévalo a la cocina. | Take it to the kitchen. |
| 20 | Tráelo inmediatamente. | Bring it immediately. |
| 21 | Escríbalo con este bolígrafo. | Write it with this pen. |
| 22 | No lo leas aún. | Don't read it yet. |
| 23 | Dígale usted lo siguiente: | Tell him the following: |
| 24 | No les pidas nada. | Don't ask them for anything. |
| 25 | Hazle una pregunta. | Ask him a question. |

## NOTAS / NOTES

# Translation list 4

| | | |
|---|---|---|
| 1 | No hables tanto. | Don't talk so much. |
| 2 | Habla despacio cuando estés conmigo. | Speak slowly when you're with me. |
| 3 | Grábelo con esta máquina. | Record it with this machine. |
| 4 | Escúchame con mucho cuidado. | Listen to me very carefully. |
| 5 | Ten cuidado. | Be careful. |
| 6 | Métalo en la caja allí. | Put it in the box over there. |
| 7 | No ponga sus pies en la mesa. | Don't put your feet on the table. |
| 8 | Cuente hasta diez. | Count to ten. |
| 9 | Lléveme al aeropuerto. | Take me to the airport. |
| 10 | Llévalo con ambas manos. | Carry it with both hands. |
| 11 | No lleves puesta esa corbata. | Don't wear that tie. |
| 12 | Tómate dos aspirinas y acuéstate. | Take two aspirins and go to bed. |
| 13 | No intentes leer en la cama. | Don't try to read in bed. |
| 14 | No tardes. | Don't be late. |
| 15 | No trabajes tanto. | Don't work so much. |
| 16 | Descansa unos minutos. | Rest for a few minutes. |

| | | |
|---|---|---|
| **17** | Léelo primero y después fírmalo. | Read it first and then sign it. |
| **18** | Lávalo y sécalo. | Wash it and dry it. |
| **19** | Siéntate, por favor. | Sit down, please. |
| **20** | Tome asiento, por favor. | Have a seat, please. |
| **21** | Levántese, por favor. | Get up, please. |
| **22** | Estudia la lección con más cuidado. | Study the lesson more carefully. |
| **23** | No andes tan deprisa. | Don't walk so fast. |
| **24** | No te tires al agua. | Don't jump into the water. |
| **25** | Prueba esta comida; es muy buena. | Try this food, it's very good. |

NOTAS / NOTES

# Translation list 5

| | | |
|---|---|---|
| **1** | No juegues con eso. | Don't play with that. |
| **2** | No toques la comida. | Don't touch the food. |
| **3** | Despiértate. | Wake up. |
| **4** | Despiértale. | Wake him up. |
| **5** | Estúdialo con mucho cuidado. | Study it very carefully. |
| **6** | Apréndelo cuanto antes. | Learn it as soon as possible. |
| **7** | Añade esto a la lista. | Add this to the list. |
| **8** | Toque la guitarra un poco. | Play the guitar a little. |
| **9** | Vigílales. | Watch them. |
| **10** | No lo rompas. | Don't break it. |
| **11** | Empiecen ahora. | Begin / start now. |
| **12** | Termínalo cuanto antes. | Finish it as soon as possible. |
| **13** | No lo olvides. | Don't forget (it). |
| **14** | Constrúyelo lo más lejos posible. | Build it as far away as possible. |
| **15** | No los compres. | Don't buy them. |
| **16** | Córtalo lo más corto posible. | Cut it as short as possible. |

| | | |
|---|---|---|
| **17** | Tome una cerveza. | Have a beer. |
| **18** | No te caigas. | Don't fall (down). |
| **19** | Encuéntrales. | Find them. |
| **20** | Consígalo lo antes posible. | Get it as soon as possible. |
| **21** | No se enfade usted. | Don't get angry. |
| **22** | Levántese, por favor. | Get up, please. |
| **23** | Dales una oportunidad. | Give them a chance. |
| **24** | Guárdalo en el estante superior. | Keep it on the top shelf. |
| **25** | Sal de la habitación. | Leave the room. |

NOTAS / NOTES

# Translation list 6

| | | |
|---|---|---|
| 1 | Márchese antes de las tres. | Leave before three o'clock. |
| 2 | No la abandones. | Don't leave her. |
| 3 | Déjamelo a mí. | Leave it to me. |
| 4 | No dejes tus juguetes en la alfombra. | Don't leave your toys on the rug. |
| 5 | No lo pierdas. | Don't lose it. |
| 6 | Déjale hacerlo. | Let him do it. |
| 7 | A ver... | Let me see... |
| 8 | Déjales marcharse. | Let them leave. |
| 9 | Haz un esfuerzo. | Make an effort. |
| 10 | Di solo tu nombre de pila. | Say only your first name. |
| 11 | Diles por qué estás aquí. | Tell them why you're here. |
| 12 | No digas nada. | Don't say anything. |
| 13 | No les digas nada. | Don't tell them anything. |
| 14 | Véndeselo a ese señor. | Sell it to that man. |
| 15 | Mándalo por correo aéreo. | Send it by airmail. |
| 16 | No me lo envíes. | Don't send it to me. |

| | | |
|---|---|---|
| **17** | No duermas en camas blandas. | Don't sleep on soft beds. |
| **18** | Hable inglés o márchese. | Speak English or leave. |
| **19** | No hables tanto. | Don't talk so much. |
| **20** | No gastes tanto dinero. | Don't spend so much money. |
| **21** | Enséñale el alfabeto. | Teach him the alphabet. |
| **22** | Enséñame la foto. | Show me the picture. |
| **23** | Piénsalo. | Think about it. |
| **24** | Contéstales. | Answer them. |
| **25** | Llámame a cualquier hora. | Call me (at) any time. |

NOTAS / NOTES

# Translation list 7

| | | |
|---|---|---|
| 1 | Cancélalo. | Cancel it. |
| 2 | Cámbialo por otro. | Change it for another (one). |
| 3 | No lo limpies con eso. | Don't clean it with that. |
| 4 | No los cubras. | Don't cover them. |
| 5 | No llores tanto. | Don't cry so much. |
| 6 | Disfruta con ello. | Enjoy it. |
| 7 | Explica todo. | Explain everything. |
| 8 | No les mates. | Don't kill them. |
| 9 | No me mientas. | Don't lie to me. |
| 10 | Muévelo al otro lado del cuarto. | Move it to the other side of the room. |
| 11 | Ofréceselo a ellos. | Offer it to them. |
| 12 | Planifica tus acciones con cuidado. | Plan your actions carefully. |
| 13 | Pide el filete bien hecho. | Order the steak well done. |
| 14 | Prepara tu discurso con antelación. | Prepare your speech in advance. |
| 15 | No me empujes. | Don't push me. |
| 16 | No pintes el techo. | Don't paint the ceiling. |

| | | |
|---|---|---|
| **17** | Pásalo a máquina. | Type it. |
| **18** | Que no se te caiga. | Don't drop it. |
| **19** | Compruébalo. | Check it. |
| **20** | No te preocupes. | Don't worry. |
| **21** | Sálvala. | Save her. |
| **22** | Ahorra más dinero. | Save more money. |
| **23** | Quédate donde estás. | Stay where you are. |
| **24** | Utilice este, no aquel. | Use this one, not that one. |
| **25** | No aparques cerca de aquí. | Don't park near here. |

NOTAS / NOTES

# Translation list 8

| | | |
|---|---|---|
| 1 | No fumes delante de ellos. | Don't smoke in front of them. |
| 2 | Pásame la sal. | Pass me the salt. |
| 3 | Cocínalo lentamente. | Cook it slowly. |
| 4 | No saltes la tapia. | Don't jump over the wall. |
| 5 | Ayúdanos. | Help us. |
| 6 | No asistas a la reunión. | Don't attend the meeting. |
| 7 | Despiértanos antes que a ellos. | Wake us up before them. |
| 8 | No pierdas esta oportunidad. | Don't miss this chance. |
| 9 | Espera hasta que sea la hora. | Wait until it's time. |
| 10 | Llega pronto. | Get there early. |
| 11 | No llegues allí antes que yo. | Don't get there before me. |
| 12 | Llévale al médico. | Take him to the doctor. |
| 13 | Búscales. | Look for them. |
| 14 | Dámelo. | Give it to me. |
| 15 | Dáselo a ellos. | Give it to them. |
| 16 | Dánoslos. | Give them to us. |

| | | |
|---|---|---|
| 17 | Dáselo a ella. | Give it to her. |
| 18 | Explícaselo a él. | Explain it to him. |
| 19 | Muéstranoslo. | Show it to us. |
| 20 | Tráemelos. | Bring them to me. |
| 21 | Llévaselos a él. | Take them to him. |
| 22 | Espérame. | Wait for me. |
| 23 | Mírala. | Look at her. |
| 24 | Escúchalo. | Listen to it. |
| 25 | Léemelo. | Read it to me. |

NOTAS / NOTES

# Translation list 9

| | | |
|---|---|---|
| 1 | Están haciendo algo. | They're doing something. |
| 2 | Estoy jugando. | I'm playing. |
| 3 | Estamos descansando. | We're resting. |
| 4 | Estoy comiendo con mis padres. | I'm eating with my parents. |
| 5 | Él me está enseñando su uniforme. | He's showing me his uniform. |
| 6 | Están viniendo ahora. | They're coming now. |
| 7 | Estoy empezando una nueva vida. | I'm starting a new life. |
| 8 | Estamos escuchando la radio. | We're listening to the radio. |
| 9 | Ella me lo está trayendo ahora mismo. | She's bringing it to me right now. |
| 10 | ¿Están mirándome? | Are they looking at me? |
| 11 | ¿Por qué están escribiendo eso? | Why are they writing that? |
| 12 | Estoy grabando un CD. | I'm recording a CD. |
| 13 | Estamos buscando un piso. | We're looking for a flat. |
| 14 | ¿Por qué estáis esperándoles? | Why are you waiting for them? |
| 15 | Creo que ella está hablando alemán. | I think she's speaking German. |
| 16 | ¿Con quién está ella hablando? | Who's she talking to? |

| | | |
|---|---|---|
| 17 | Me lo estoy pasando bien. | I'm having a good time. |
| 18 | ¿Adónde van? | Where are they going? |
| 19 | Él está abriendo la caja con cuidado. | He's opening the box carefully. |
| 20 | Está lloviendo. | It's raining. |
| 21 | No está nevando. | It's not snowing. |
| 22 | Están lavándolo porque está sucio. | They're washing it because it's dirty. |
| 23 | Él me lo está dando porque es mío. | He's giving it to me because it's mine. |
| 24 | Están alojándose en ese hotel. | They're staying at that hotel. |
| 25 | Estás bebiendo mucho. | You're drinking a lot. |

NOTAS / NOTES

# Translation list 10

| | | |
|---|---|---|
| 1 | ¿Por qué me estás haciendo tantas preguntas? | Why are you asking me so many questions? |
| 2 | Ella es la que lleva una blusa. | She's the one (who's) wearing a blouse. |
| 3 | Está empezando a llover. | It's starting to rain. |
| 4 | Estoy sentado en el suelo. | I'm sitting on the floor. |
| 5 | Alguien está durmiendo en mi cama. | Somebody's sleeping in my bed. |
| 6 | ¿Estás leyéndolo? | Are you reading it? |
| 7 | ¿Por qué no estás trabajando? | Why aren't you working? |
| 8 | Estoy secando la vajilla. | I'm drying the dishes. |
| 9 | ¿Qué haces? | What are you doing? |
| 10 | ¿Por qué no estás haciendo nada? | Why aren't you doing anything? |
| 11 | Están corriendo más rápido que yo. | They're running faster than I am. |
| 12 | Me están trayendo regalos. | They're bringing me presents. |
| 13 | Estamos cerrando la tienda. | We're closing the store. |
| 14 | Él está hablando con un acento. | He's speaking with an accent. |
| 15 | Estoy intentando dormir. | I'm trying to sleep. |
| 16 | Están intentando parar el coche. | They're trying to stop the car. |

| | | |
|---|---|---|
| **17** | Estamos dándoles algunos problemas. | We're giving them some problems. |
| **18** | Estoy poniéndolo en tus manos. | I'm putting it in your hands. |
| **19** | Estoy levantándome más tarde que antes. | I'm getting up later than before. |
| **20** | Estás bebiendo demasiado. | You're drinking too much. |
| **21** | ¿Quién está llevando las maletas? | Who's carrying the suitcases? |
| **22** | ¿Con quién estás trabajando ahora? | Who are you working with now? |
| **23** | ¿Por qué estás haciéndome esto? | Why are you doing this to me? |
| **24** | Estoy empezando a enfadarme. | I'm starting to get angry. |
| **25** | Estoy haciendo una lista muy larga. | I'm making a very long list. |

NOTAS / NOTES

# Translation list 11

| | | |
|---|---|---|
| 1 | Están hablando de ti. | They're talking about you. |
| 2 | ¿Por qué estás escuchándoles? | Why are you listening to them? |
| 3 | ¿Con quién estás jugando? | Who are you playing with? |
| 4 | Están despertándoles ahora. | They're waking them up now. |
| 5 | No estoy comprando nada. | I'm not buying anything. |
| 6 | ¿Por qué nos están vigilando? | Why are they watching us? |
| 7 | Estamos viendo la televisión. | We're watching TV. |
| 8 | Estoy empezando a comprenderles. | I'm beginning to understand them. |
| 9 | Se te están olvidando demasiadas cosas. | You're forgetting too many things. |
| 10 | ¿Qué estáis aprendiendo? | What are you learning? |
| 11 | Estamos aprendiendo a conducir. | We're learning how to drive. |
| 12 | ¿Por qué la estás dejando? | Why are you leaving her? |
| 13 | Están marchándose ahora. | They're leaving now. |
| 14 | Ella está perdiendo su voz. | She's losing her voice. |
| 15 | Me estoy cansando de esto. | I'm getting tired of this. |
| 16 | Se están vistiendo ahora. | They're getting dressed now. |

| | | |
|---|---|---|
| 17 | Están comprando todo lo que hay en la tienda. | They're buying everything there is in the store. |
| 18 | ¿Por qué lo estás vendiendo? | Why are you selling it? |
| 19 | ¿Qué dices? | What are you saying? |
| 20 | ¿Qué les estás diciendo? | What are you telling them? |
| 21 | ¿Por qué estás dejándoles escapar? | Why are you letting them escape? |
| 22 | Él se marcha de la empresa. | He's leaving the company. |
| 23 | Me lo quedo porque es mío. | I'm keeping it because it's mine. |
| 24 | Te olvidas de algo importante. | You're forgetting something important. |
| 25 | Estás incumpliendo todas las reglas. | You're breaking all the rules. |

## NOTAS / NOTES

# Translation list 12

| | | |
|---|---|---|
| 1 | El euro está cayendo. | The euro is falling. |
| 2 | Estás gastando demasiado dinero. | You're spending too much money. |
| 3 | ¿Por qué no estás asistiendo a la reunión? | Why aren't you attending the meeting? |
| 4 | Pienso hacerlo mañana. | I'm planning to do it tomorrow. |
| 5 | ¿Cuándo piensas verle? | When are you planning to see him? |
| 6 | Estoy contestando a tus preguntas. | I'm answering your questions. |
| 7 | ¿Por qué estás llamándome ahora? | Why are you calling me now? |
| 8 | Llevan paraguas. | They're carrying umbrellas. |
| 9 | ¿Por qué estás llorando? | Why are you crying? |
| 10 | Están cambiando el color de la bandera. | They're changing the colour of the flag. |
| 11 | ¿Por qué estás explicándomelo? | Why are you explaining it to me? |
| 12 | Nos están tomando el pelo. | They're pulling our leg. |
| 13 | Lo estoy disfrutando mucho. | I'm enjoying it very much. |
| 14 | ¿Por qué estás ofreciéndome esto? | Why are you offering this to me? |
| 15 | Estamos abriendo una nueva tienda. | We're opening a new store. |
| 16 | ¿Por qué me lo estás devolviendo? | Why are you returning it to me? |

| | | |
|---|---|---|
| **17** | ¿Por qué te ríes? | Why are you laughing? |
| **18** | ¿Por qué sonríes? | Why are you smiling? |
| **19** | Estoy reparando el motor. | I'm repairing the engine. |
| **20** | ¿Por qué estás ahorrando tanto? | Why are you saving so much? |
| **21** | ¿Qué haces? | What are you doing? |
| **22** | Él está pintando un cuadro. | He's painting a picture. |
| **23** | ¿Por qué estás gritándoles? | Why are you shouting at them? |
| **24** | ¿A quién estás esperando? | Who are you waiting for? |
| **25** | ¿Por qué estás señalándome a mí? | Why are you pointing at me? |

NOTAS / NOTES

# Translation list 13

| | | |
|---|---|---|
| 1 | Están plantando muchos árboles. | They're planting a lot of trees. |
| 2 | ¿Por qué me estás haciendo preguntas? | Why are you asking me questions? |
| 3 | Me están pidiendo una subida salarial. | They're asking me for a raise. |
| 4 | Estamos comprobando tu expediente. | We're checking your record. |
| 5 | ¿Qué estás cocinando? | What are you cooking? |
| 6 | ¿Por qué estás cruzando la calle? | Why are you crossing the street? |
| 7 | Están bailando juntos. | They're dancing together. |
| 8 | Estoy terminando el trabajo. | I'm finishing the job. |
| 9 | Los precios están subiendo. | Prices are going up. |
| 10 | ¿Por qué la estás ayudando? | Why are you helping her? |
| 11 | Él está fumando más que de costumbre. | He's smoking more than usual. |
| 12 | Están bajando las escaleras. | They're going down the stairs. |
| 13 | ¿Por qué estás lavando los platos? | Why are you washing the dishes? |
| 14 | Estoy mecanografiando el informe. | I'm typing the report. |
| 15 | Él se traslada a Viena, ¿no? | He's moving to Vienna, isn't he? |
| 16 | ¿Por qué estás empujándole? | Why are you pushing him? |

|  |  |  |
|---|---|---|
| 17 | Estoy trabajando en una empresa extranjera. | I'm working for a foreign company. |
| 18 | ¿Quién está llamando a la puerta? | Who's knocking at the door? |
| 19 | ¿Con quién estás hablando? | Who are you talking to? |
| 20 | ¿Qué piensas hacer? | What are you planning to do? |
| 21 | ¿Adónde piensas ir? | Where are you planning to go? |
| 22 | ¿A quién piensas llamar? | Who are you planning to call? |
| 23 | ¿Cuál piensas elegir, este o aquel? | Which one are you planning to choose, this one or that one? |
| 24 | Estamos intentando convencerle. | We're trying to convince him. |
| 25 | Él está intentando evitarnos. | He's trying to avoid us. |

NOTAS / NOTES

# Translation list 14

| | | |
|---|---|---|
| **1** | Estamos consiguiendo beneficios. | We're making profits. |
| **2** | Están sufriendo porque tienen hambre. | They're suffering because they're hungry. |
| **3** | Él tiene 40 años. | He's 40 years old. |
| **4** | Tiene tres hijos. | He has three children. |
| **5** | Él tiene coche. | He has a car. |
| **6** | No tiene teléfono. | He doesn't have a telephone. |
| **7** | No tiene despacho. | He doesn't have an office. |
| **8** | Tiene muchos problemas. | He has a lot of problems. |
| **9** | No tiene a mucha gente en su empresa. | He doesn't have many people in his company. |
| **10** | Tiene mucha paciencia. | He has a lot of patience. |
| **11** | No tiene mucho tiempo. | He doesn't have much time. |
| **12** | Tengo 50 años. | I'm 50 years old. |
| **13** | Tengo problemas como todo el mundo. | I have problems like everyone. |
| **14** | No tengo hijos. | I don't have any children. |
| **15** | No tienen suficiente tiempo. | They don't have enough time. |
| **16** | Tenemos algunos problemas. | We have some problems. |

| | | |
|---|---|---|
| **17** | ¿Tiene él bicicleta? | Does he have a bicycle? |
| **18** | Él no tiene nada. | He doesn't have anything. |
| **19** | ¿Quién tiene el cuaderno? | Who has the notebook? |
| **20** | ¿Tienes tiempo para verme? | Do you have time to see me? |
| **21** | ¿Cuántos hijos tienes? | How many children do you have? |
| **22** | ¿Cuánto tiempo tenemos? | How much time do we have? |
| **23** | ¿Dónde come él? | Where does he have lunch? |
| **24** | ¿A qué hora desayuna él? | What time does he have breakfast? |
| **25** | ¿A qué hora cenas? | What time do you have dinner? |

NOTAS / NOTES

# Translation list 15

| | | |
|---|---|---|
| **1** | ¿Le conoces? | Do you know him? |
| **2** | ¿Juegan con él a menudo? | Do they play with him often? |
| **3** | Me gusta ese tipo de música. | I like that kind of music. |
| **4** | Él es muy trabajador. | He's a hard worker. |
| **5** | Él sabe mucho acerca de ti. | He knows a lot about you. |
| **6** | Ella va allí todos los sábados. | She goes there every Saturday. |
| **7** | ¿Por qué va ella allí? | Why does she go there? |
| **8** | No lo sé. | I don't know. |
| **9** | ¿Qué sabes? | What do you know? |
| **10** | Ella toca el piano muy bien. | She plays the piano very well. |
| **11** | Él ve la televisión todo el día. | He watches TV all day. |
| **12** | Ella se despierta temprano los viernes. | She wakes up early on Fridays. |
| **13** | Él gasta mucho dinero. | He spends a lot of money. |
| **14** | ¿Por qué gasta tanto dinero? | Why does he spend so much money? |
| **15** | Pregúntale. | Ask him. |
| **16** | Él guarda su dinero en ese banco. | He keeps his money in that bank. |

| | | |
|---|---|---|
| **17** | ¿Por qué lo guarda allí? | Why does he keep it there? |
| **18** | Porque le gusta guardarlo allí. | Because he likes to keep it there. |
| **19** | ¿Es tuyo esto? | Is this yours? |
| **20** | Sí, me pertenece a mí. | Yes, it belongs to me. |
| **21** | ¿Cómo sabes que te pertenece? | How do you know it belongs to you? |
| **22** | Porque el mío tiene mi nombre. | Because mine has my name on it. |
| **23** | Él se gana la vida vendiendo coches. | He makes his living selling cars. |
| **24** | ¿Vende muchos coches? | Does he sell a lot of cars? |
| **25** | Creo que sí. | I think so. |

NOTAS / NOTES

# Translation list 16

| | | |
|---|---|---|
| 1 | ¿Él me conoce? | Does he know me? |
| 2 | Te conoce y creo que le caes bien. | He knows you and I think he likes you. |
| 3 | ¿A qué hora llega él al trabajo? | What time does he get to work? |
| 4 | ¿A qué hora deja el trabajo? | What time does he leave work? |
| 5 | ¿Qué hace después del trabajo? | What does he do after work? |
| 6 | ¿A qué hora se levanta por la mañana? | What time does he get up in the morning? |
| 7 | ¿A qué hora sale de casa? | What time does he leave home? |
| 8 | ¿A qué hora desayuna? | What time does he have breakfast? |
| 9 | ¿Cómo va al trabajo? | How does he get to work? |
| 10 | ¿Qué hace en el trabajo? | What does he do at work? |
| 11 | ¿Come contigo? | Does he have lunch with you? |
| 12 | ¿Con quién come? | Who does he have lunch with? |
| 13 | ¿Viaja mucho en su trabajo? | Does he travel a lot in his job? |
| 14 | ¿Gana mucho? | Does he earn a lot? |
| 15 | ¿Cuánto gana al mes? | How much does he earn a month? |
| 16 | ¿A qué hora empieza el trabajo? | What time does he start work? |

| | | |
|---|---|---|
| **17** | ¿A qué hora termina? | What time does he finish? |
| **18** | Él llega al trabajo a las ocho. | He gets to work at eight o'clock. |
| **19** | Él se levanta a las seis y media. | He gets up at six-thirty. |
| **20** | Él deja el trabajo a la una y cuarto. | He leaves work at one-fifteen. |
| **21** | Va a casa después del trabajo. | He goes home after work. |
| **22** | Sale de casa a las siete y veinte. | He leaves home at seven-twenty. |
| **23** | Va al trabajo en coche. | He drives to work. |
| **24** | Desayuna a las siete menos diez. | He has breakfast at ten to seven. |
| **25** | No come conmigo. | He doesn't have lunch with me. |

NOTAS / NOTES

# Translation list 17

| | | |
|---|---|---|
| 1 | Él come solo. | He has lunch alone. |
| 2 | ¿Por qué come solo? | Why does he have lunch alone? |
| 3 | Porque le gusta. | Because he likes to. |
| 4 | Gana muy poco. | He earns very little. |
| 5 | Empieza el trabajo a las ocho y cinco. | He starts work at five past eight. |
| 6 | Termina a la una y cuarto. | He finishes at one-fifteen. |
| 7 | Ella es tu hermana, ¿no? | She's your sister, isn't she? |
| 8 | ¿Es mayor que tú? | Is she older than you? |
| 9 | ¿Está casada? | Is she married? |
| 10 | ¿Tiene hijos? | Does she have any children? |
| 11 | ¿Dónde vive? | Where does she live? |
| 12 | ¿Vive en una casa grande? | Does she live in a big house? |
| 13 | ¿Te llama a menudo? | Does she call you often? |
| 14 | ¿Por qué no te llama? | Why doesn't she call you? |
| 15 | ¿Dónde trabaja? | Where does she work? |
| 16 | ¿Su marido te conoce bien? | Does her husband know you well? |

| | | |
|---|---|---|
| **17** | ¿A qué se dedica él? | What does he do? |
| **18** | ¿Gana mucho? | Does he earn a lot? |
| **19** | ¿Trabaja los sábados? | Does he work on Saturdays? |
| **20** | ¿Cómo le gusta su trabajo? | How does he like his job? |
| **21** | ¿Pasa mucho tiempo con sus hijos? | Does he spend a lot of time with his children? |
| **22** | ¿Vive en un chalet o un piso? | Does he live in a house or a flat? |
| **23** | Ella vive lejos de aquí. | She lives far from here. |
| **24** | Él rompe todo lo que toca. | He breaks everything he touches. |
| **25** | Él toca la guitarra como tú. | He plays the guitar like you do. |

NOTAS / NOTES

# Translation list 18

| | | |
|---|---|---|
| 1 | Él olvida las cosas fácilmente. | He forgets things easily. |
| 2 | Se enfada cuando pierde. | He gets angry when he loses. |
| 3 | ¿Pierde a menudo? | Does he often lose? |
| 4 | Dice lo que piensa. | He says what he thinks. |
| 5 | Cree que estamos locos. | He thinks we're crazy. |
| 6 | ¿Tiene razón? | Is he right? |
| 7 | ¿Quién sabe? | Who knows? |
| 8 | Solo Dios sabe. | God only knows. |
| 9 | ¿Cuántos idiomas habla él? | How many languages does he speak? |
| 10 | ¿Qué dice él cuando te ve? | What does he say when he sees you? |
| 11 | No dice nada. | He doesn't say anything. |
| 12 | Él siempre se cae cuando viene aquí. | He always falls over when he comes here. |
| 13 | ¿Con qué frecuencia viene aquí? | How often does he come here? |
| 14 | Viene con demasiada frecuencia. | He comes too often. |
| 15 | ¿Por qué viene tan frecuentemente? | Why does he come so often? |
| 16 | Porque le gusta. | Because he likes to. |

| | | |
|---|---|---|
| **17** | ¿Os deja trabajar? | Does he let you work? |
| **18** | Por supuesto que nos deja trabajar. | Of course he lets us work. |
| **19** | ¿Os deja descansar de vez en cuando? | Does he let you rest from time to time? |
| **20** | Esa es otra cuestión. | That's another matter. |
| **21** | ¿Se queda aquí cuando hay problemas? | Does he stay here when there are problems? |
| **22** | No le gusta quedarse aquí. | He doesn't like to stay here. |
| **23** | Prefiere mandar a un ayudante. | He prefers to send an assistant. |
| **24** | ¿Os trata bien? | Does he treat you well? |
| **25** | Nos trata como a todo el mundo. | He treats us like everyone else. |

NOTAS / NOTES

# Translation list 19

| | | |
|---|---|---|
| 1 | ¿Quién vive aquí? | Who lives here? |
| 2 | Nadie vive aquí. | No one lives here. |
| 3 | ¿Está la casa vacía? | Is the house empty? |
| 4 | ¿Cuántas plantas tiene? | How many floors does it have? |
| 5 | ¿Cuántos años tiene? | How old is it? |
| 6 | ¿Tiene tejado? | Does it have a roof? |
| 7 | ¿Adónde vas? | Where are you going? |
| 8 | ¿Siempre vas allí? | Do you always go there? |
| 9 | ¿Por qué te gusta ir allí? | Why do you like to go there? |
| 10 | Enséñame tu corbata. | Show me your tie. |
| 11 | ¿Dónde compras tu ropa? | Where do you buy your clothes? |
| 12 | ¿Cuesta mucho una corbata como esa? | Does a tie like that cost a lot? |
| 13 | ¿Cuánto cuesta? | How much does it cost? |
| 14 | ¿Por qué cuesta tanto? | Why does it cost so much? |
| 15 | ¿Por qué compras corbatas como esa? | Why do you buy ties like that (one)? |
| 16 | Porque me gusta. | Because I like to. |

| | | |
|---|---|---|
| **17** | ¿Por qué me haces tantas preguntas? | Why are you asking me so many questions? |
| **18** | Porque quiero. | Because I want to. |
| **19** | ¿Te gusta hacerme preguntas? | Do you like asking me questions? |
| **20** | Él me lleva a casa todos los días. | He takes me home every day. |
| **21** | Ella me trae aquí cada lunes. | She brings me here every Monday. |
| **22** | ¿Por qué hace ella eso? | Why does she do that? |
| **23** | Porque cree que no tengo coche. | Because she thinks I don't have a car. |
| **24** | ¿Por qué habla ella tanto? | Why does she talk so much? |
| **25** | Porque nadie le dice que se calle. | Because nobody tells her to be quiet. |

NOTAS / NOTES

# Translation list 20

| | | |
|---|---|---|
| 1 | ¿Sabe ella que estás casado? | Does she know you're married? |
| 2 | ¿Paras cuando el semáforo está en rojo? | Do you stop when the light's red? |
| 3 | Sé hablar alemán. | I can speak German. |
| 4 | Escriben para una revista francesa. | They write for a French magazine. |
| 5 | ¿Comes mucho? | Do you eat a lot? |
| 6 | Él está gordo porque come demasiado. | He's fat because he eats too much. |
| 7 | ¿Cómo se cierra esta puerta? | How do you close this door? |
| 8 | ¿Normalmente durante cuánto tiempo les esperas? | How long do you normally wait for them? |
| 9 | Él escucha las noticias cada día. | He listens to the news every day. |
| 10 | ¿Es tuyo ese cuadro? | Is that picture yours? |
| 11 | ¿Tiene título? | Does it have a title? |
| 12 | ¿Cuánto cuesta? | How much does it cost? |
| 13 | ¿Qué significa el título? | What does the title mean? |
| 14 | ¿Qué significa esta palabra? | What does this word mean? |
| 15 | ¿Qué quieres decir? | What do you mean? |
| 16 | ¿Sabe todo el mundo dónde estás? | Does everyone know where you are? |

| | | |
|---|---|---|
| **17** | ¿Te hacen preguntas? | Do they ask you questions? |
| **18** | ¿Tienes que contestarlas? | Do you have to answer them? |
| **19** | ¿Cómo funciona? | How does it work? |
| **20** | ¿Cómo trabaja él? | How does he work? |
| **21** | ¿Cómo suena? | How does it sound? |
| **22** | Sé leer y escribir. | I know how to read and write. |
| **23** | ¿Sabe él deletrear correctamente? | Does he know how to spell correctly? |
| **24** | Saben todo acerca de nosotros. | They know everything about us. |
| **25** | Si nunca juegas, nunca ganas. | If you never play, you never win. |

NOTAS / NOTES

# Translation list 21

| | | |
|---|---|---|
| 1 | Asisto a muchas reuniones. | I attend a lot of meetings. |
| 2 | Voy a asistir a una mañana. | I'm going to attend one tomorrow. |
| 3 | ¿Qué vas a hacer? | What are you going to do? |
| 4 | No voy a contestar a eso. | I'm not going to answer that. |
| 5 | Vienen aquí bastante a menudo. | They come here quite often. |
| 6 | Siempre hago un esfuerzo. | I always make an effort. |
| 7 | Pienso darte un trabajo. | I'm planning to give you a job. |
| 8 | ¿Por qué quieres hacer eso? | Why do you want to do that? |
| 9 | No sé todavía. | I don't know yet. |
| 10 | Todavía estoy pensando en ello. | I'm still thinking about it. |
| 11 | No esperes demasiado. | Don't wait too long. |
| 12 | No te preocupes. | Don't worry. |
| 13 | Te preocupas demasiado. | You worry too much. |
| 14 | ¿Por qué te preocupas tanto? | Why do you worry so much? |
| 15 | Él camina como un mono. | He walks like a monkey. |
| 16 | Habla como un loro. | He talks like a parrot. |

| | | |
|---|---|---|
| **17** | Trabaja mucho. | He works hard / a lot. |
| **18** | Le gusta trabajar mucho. | He likes to work hard. |
| **19** | Hace muchos trabajos importantes. | He does a lot of important jobs. |
| **20** | Se pone enfermo cuando me ve. | He gets sick / ill when he sees me. |
| **21** | Pierde el control de sí mismo. | He loses control of himself. |
| **22** | Toma demasiadas medicinas. | He takes too much medicine. |
| **23** | Se le olvidan citas importantes. | He forgets important appointments. |
| **24** | Lee mucho pero aprende muy poco. | He reads a lot but learns very little. |
| **25** | Enseña griego por las noches. | He teaches Greek at night. |

NOTAS / NOTES

# Translation list 22

| | | |
|---|---|---|
| 1 | Él nunca sale con nadie. | He never goes out with anyone. |
| 2 | Se queda en casa los fines de semana. | He stays at home at weekends. |
| 3 | Nunca hace nada salvo leer. | He never does anything but read. |
| 4 | Lleva ropa extraña en casa. | He wears strange clothes at home. |
| 5 | A veces me cuenta un chiste. | Sometimes he tells me a joke. |
| 6 | Pero es una persona callada. | But he's a quiet person. |
| 7 | Habla solo cuando está con amigos. | He talks only when he's with friends. |
| 8 | ¿Eres amigo suyo? | Are you a friend of his? |
| 9 | Creo que lo soy. | I think I am. |
| 10 | ¿Le gusta hablar contigo? | Does he like to talk to you? |
| 11 | A veces sí y a veces no. | Sometimes he does and sometimes he doesn't. |
| 12 | ¿No se quiere casar? | Doesn't he want to get married? |
| 13 | ¿No tiene pasatiempos? | Doesn't he have any hobbies? |
| 14 | ¿No se da cuenta de que la vida es corta? | Doesn't he realize that life is short? |
| 15 | ¿Qué hace cuando está solo? | What does he do when he's alone? |
| 16 | No hace nada. | He doesn't do anything. |

| | | |
|---|---|---|
| **17** | ¿Le visitas alguna vez? | Do you ever visit him? |
| **18** | Nunca quiere ver a nadie. | He never wants to see anyone. |
| **19** | ¡Qué extraño! | How strange! |
| **20** | ¿Viaja en su trabajo? | Does he travel as part of his job? |
| **21** | Creo que sí. | I think so. |
| **22** | ¿Tiene que ver a clientes? | Does he have to see customers? |
| **23** | Tiene que ver a mucha gente. | He has to see a lot of people. |
| **24** | ¿Cómo les habla? | How does he talk to them? |
| **25** | Cuando tiene que hablar, habla. | When he has to talk, he talks. |

NOTAS / NOTES

# Translation list 23

| | | |
|---|---|---|
| 1 | No voy a decirte nada. | I'm not going to tell you anything. |
| 2 | ¿Qué quieres decir? | What do you mean? |
| 3 | Tú sabes lo que quiero decir. | You know what I mean. |
| 4 | ¿Por qué vas a hacer eso? | Why are you going to do that? |
| 5 | Porque hago lo que quiero. | Because I do what I want. |
| 6 | ¿Sabes lo que estás diciendo? | Do you know what you're saying? |
| 7 | Simplemente estoy diciendo la verdad. | I'm simply telling the truth. |
| 8 | Me encuentro mal. | I feel bad. |
| 9 | Es porque comes demasiado. | It's because you eat too much. |
| 10 | ¿Cómo sabes que como demasiado? | How do you know I eat too much? |
| 11 | Tengo mis fuentes de información. | I have my sources of information. |
| 12 | ¿Cuántas espías tienes en la organización? | How many spies do you have in the organization? |
| 13 | Los suficientes como para saber muchas cosas. | Enough to know a lot of things. |
| 14 | ¿Cómo se encuentra ella? | How does she feel? |
| 15 | Creo que está mejorando. | I think she's getting better. |
| 16 | ¿Se acuerda del accidente? | Does she remember the accident? |

| | | |
|---|---|---|
| **17** | No se acuerda de nada. | She doesn't remember anything. |
| **18** | ¿Reconoce a la gente? | Does she recognize people? |
| **19** | ¿Cuándo va a dejar el hospital? | When's she going to leave hospital? |
| **20** | ¿Vais a operarla? | Are you going to operate on her? |
| **21** | ¿Dejáis que su familia la visite? | Do you let her family visit her? |
| **22** | ¿Cuándo lo vas a comprobar? | When are you going to check it? |
| **23** | ¿Qué haces cuando estás aquí? | What do you do when you're here? |
| **24** | ¿Quién tiene parientes en América? | Who has relatives in America? |
| **25** | Tengo un tío en Canadá. | I have an uncle in Canada. |

NOTAS / NOTES

# Translation list 24

| | | |
|---|---|---|
| **1** | ¿Habla él inglés? | Does he speak English? |
| **2** | Es la única lengua que habla. | It's the only language he speaks. |
| **3** | ¿Le conoces bien? | Do you know him well? |
| **4** | Voy a Canadá todos los veranos. | I go to Canada every summer. |
| **5** | ¿Cómo te comunicas con él? | How do you communicate with him? |
| **6** | ¿Qué quieres decir? | What do you mean? |
| **7** | Quiero decir "¿cómo le hablas?" | I mean, "how do you speak to him?" |
| **8** | Le hablo como te hablo a ti ahora. | I speak to him like I'm speaking to you now. |
| **9** | Pero él no habla español. | But he doesn't speak Spanish. |
| **10** | Le hablo en inglés. | I speak to him in English. |
| **11** | Entonces hablas inglés. | Then you speak English. |
| **12** | Por supuesto que sí, ¿tú no? | Of course I do, don't you? |
| **13** | Sé un poco, pero no lo suficiente. | I know a little, but not enough. |
| **14** | ¿No lo suficiente para qué? | Not enough for what? |
| **15** | No lo suficiente para hablar bien. | Not enough to speak well. |
| **16** | Es una lástima. | It's a pity. |

| | | |
|---|---|---|
| 17 | ¿Por qué dices eso? | Why do you say that? |
| 18 | Porque no sabes lo que estás perdiendo. | Because you don't know what you're missing. |
| 19 | Enséñame el idioma. | Teach me the language. |
| 20 | No sé enseñarlo. | I don't know how to teach it. |
| 21 | Entonces ¿cómo voy a aprenderlo? | Then, how am I going to learn it? |
| 22 | Hazlo como lo hago yo. | Do it like I do (it). |
| 23 | ¿Cómo lo haces? | How do you do it? |
| 24 | Leo libros y escucho discos. | I read books and listen to CDs. |
| 25 | Nadie aprende idiomas de esa manera. | Nobody learns languages that way. |

NOTAS / NOTES

# Translation list 25

| | | |
|---|---|---|
| 1 | ¿Quién mecanografía tus cartas? | Who types your letters? |
| 2 | La secretaria del director general. | The general manager's secretary. |
| 3 | Escribe muy bien a máquina. | She types very well. |
| 4 | Es por eso por lo que es la secretaria del director general. | That's why she's the general manager's secretary. |
| 5 | ¿No tienes tu propia secretaria? | Don't you have your own secretary? |
| 6 | No tengo a nadie que me ayude. | I don't have anyone to help me. |
| 7 | ¿Necesitas a alguien? | Do you need anyone? |
| 8 | Por supuesto que sí. | Of course I do. |
| 9 | Entonces pide a alguien. | Then ask for someone. |
| 10 | No es tan fácil. | It's not that easy. |
| 11 | ¿Por qué fuma él tanto? | Why does he smoke so much? |
| 12 | El fumar le relaja. | Smoking relaxes him. |
| 13 | Así que necesita fumar. | So he needs to smoke. |
| 14 | Es una persona muy nerviosa. | He's a very nervy person. |
| 15 | ¿Por qué es tan nervioso? | Why is he so nervy? |
| 16 | Supongo que es porque tiene muchas preocupaciones. | I suppose it's because he worries a lot. |

| | | |
|---|---|---|
| 17 | ¿Y por qué se preocupa tanto? | And why does he worry so much? |
| 18 | Tiene mucha responsabilidad. | He has a lot of responsibility. |
| 19 | ¿Por qué es eso? | Why is that? |
| 20 | Porque mucha gente depende de él. | Because a lot of people depend on him. |
| 21 | No repitas todo lo que digo. | Don't repeat everything I say. |
| 22 | Él ahorra mucho dinero. | He saves a lot of money. |
| 23 | ¿Ahorras tú mucho dinero también? | Do you save a lot of money too? |
| 24 | Gasto todo lo que gano. | I spend everything I earn. |
| 25 | Intento ahorrar pero no puedo. | I try to save but I can't. |

## NOTAS / NOTES

# Translation list 26

| | | |
|---|---|---|
| 1 | ¿Cuánto ahorra tu amigo? | How much does your friend save? |
| 2 | Ahorra el 25 por ciento de su sueldo. | He saves 25 percent of his salary. |
| 3 | ¿Qué hace con el dinero? | What does he do with the money? |
| 4 | Lo usa para comprar regalos. | He uses it to buy presents. |
| 5 | ¿Para quién compra regalos? | Who does he buy presents for? |
| 6 | Para todo el mundo excepto para ti. | For everyone except you. |
| 7 | ¿Por qué no me regala nada? | Why doesn't he give me anything? |
| 8 | Porque haces demasiadas preguntas. | Because you ask too many questions. |
| 9 | ¿Qué quieres? | What do you want? |
| 10 | ¿Cuándo vas a pagarlo? | When are you going to pay for it? |
| 11 | ¿Dónde lo vas a guardar? | Where are you going to keep it? |
| 12 | ¿Cuándo se lo vas a dar a ella? | When are you going to give it to her? |
| 13 | ¿Por qué quieres darle un anillo? | Why do you want to give her a ring? |
| 14 | ¿Sabe que quieres casarte con ella? | Does she know you want to marry her? |
| 15 | ¿Cuántos años tiene ella? | How old is she? |
| 16 | ¿No es un poco joven? | Isn't she a little young? |

| | | |
|---|---|---|
| **17** | Espero que sepas lo que haces. | I hope you know what you're doing. |
| **18** | Me gusta ayudar a la gente. | I like to help people. |
| **19** | Tienes que hacer un esfuerzo. | You have to make an effort. |
| **20** | ¿Por qué tienen que venir aquí? | Why do they have to come here? |
| **21** | El espectáculo va a durar una hora. | The show's going to last an hour. |
| **22** | Le gusta gritar a la gente. | He likes to shout at people. |
| **23** | ¿Es esto lo único que tienes? | Is this the only thing you have? |
| **24** | Él sabe más de lo que tú crees. | He knows more than you think. |
| **25** | Nadie sabe más que yo. | Nobody knows more than I do. |

NOTAS / NOTES

# Translation list 27

| | | |
|---|---|---|
| 1 | Nadie sabe por qué ella se fue. | Nobody knows why she left. |
| 2 | Todo el mundo piensa que va a nevar. | Everybody thinks it's going to snow. |
| 3 | Pienso visitar a Tom pronto. | I'm planning to visit Tom soon. |
| 4 | Febrero es un mes frío. | February's a cold month. |
| 5 | Él tiene problemas de salud. | He has health problems. |
| 6 | ¿Quién no? | Who doesn't? |
| 7 | Yo no tengo problemas de ningún tipo. | I don't have problems of any kind. |
| 8 | Tienes mucha suerte. | You're very lucky. |
| 9 | No es una cuestión de suerte. | It's not a question of luck. |
| 10 | Nunca como demasiado. | I never eat too much. |
| 11 | Siempre como comidas equilibradas. | I always eat balanced meals. |
| 12 | Nunca gasto todo lo que gano. | I never spend everything I earn. |
| 13 | Siempre ahorro un poco cada mes. | I always save a little each month. |
| 14 | No fumo y nunca bebo demasiado. | I don't smoke and I never drink too much. |
| 15 | Me acuesto a una hora normal. | I go to bed at a normal time. |
| 16 | Hago ejercicio todas las mañanas. | I do exercises every morning. |

| | | |
|---|---|---|
| 17 | Bebo muy poco café. | I drink very little coffee. |
| 18 | No dejo que las cosas me preocupen. | I don't let things worry me. |
| 19 | Organizo mi tiempo en el trabajo. | I organise my time at work. |
| 20 | No espero hasta el último momento para hacer algo. | I don't wait until the last minute to do something. |
| 21 | No vivo para trabajar. | I don't live for work. |
| 22 | Paso mucho tiempo con mi familia. | I spend a lot of time with my family. |
| 23 | Tomo vitaminas todos los días. | I take vitamins every day. |
| 24 | No tomo medicinas a no ser que sean absolutamente necesarias. | I don't take medicine unless it's absolutely necessary. |
| 25 | Sigo pensando que tienes mucha suerte. | I still think you're very lucky. |

NOTAS / NOTES

# Translation list 28

| | | |
|---|---|---|
| 1 | Sé que hay una manera de hacerlo. | I know there's a way to do it. |
| 2 | Haz lo que hago. | Do what I do. |
| 3 | ¿Haces alguna vez algo malo? | Do you ever do anything bad? |
| 4 | Nunca hago nada malo. | I never do anything bad. |
| 5 | No me lo creo. | I don't believe it. |
| 6 | Yo nunca creo lo que él dice. | I never believe what he says. |
| 7 | ¿Qué dice? | What does he say? |
| 8 | Dice mentiras. | He tells lies. |
| 9 | ¿Estás seguro de eso? | Are you sure about that? |
| 10 | Siempre digo la verdad. | I always tell the truth. |
| 11 | Le voy a llamar ahora mismo. | I'm going to call him right now. |
| 12 | ¿Por qué necesitas llamarle? | Why do you need to call him? |
| 13 | Necesito su consejo. | I need his advice. |
| 14 | ¿Tienes un problema? | Do you have a problem? |
| 15 | No, pero quiero su consejo de todas formas. | No, but I want his advice anyway. |
| 16 | Dime lo que pasa. | Tell me what the matter is. |

| | | |
|---|---|---|
| **17** | Necesito dinero. | I need some money. |
| **18** | ¿Cuánto necesitas? | How much do you need? |
| **19** | Más de lo que tú tienes. | More than you have. |
| **20** | ¿Quién va a dártelo? | Who's going to give it to you? |
| **21** | No sé todavía. | I don't know yet. |
| **22** | ¿Todavía estás buscando a alguien? | Are you still looking for someone? |
| **23** | No es fácil encontrar dinero. | It's not easy to find money. |
| **24** | ¿Sabe Morgan algo? | Does Morgan know anything? |
| **25** | Ya sabe todo. | He already knows everything. |

NOTAS / NOTES

# Translation list 29

| | | |
|---|---|---|
| 1 | ¿Qué estás haciendo? | What are you doing? |
| 2 | ¿Con qué frecuencia haces eso? | How often do you do that? |
| 3 | ¿Entiendes por qué le estoy buscando? | Do you understand why I'm looking for him? |
| 4 | Siempre le estás buscando. | You're always looking for him. |
| 5 | Es porque siempre necesito encontrarle. | It's because I always need to find him. |
| 6 | ¿Qué es lo que necesita tu hermano? | What does your brother need? |
| 7 | No estoy hablando contigo. | I'm not talking to you. |
| 8 | ¿Qué te pasa? | What's the matter (with you)? |
| 9 | Todo el mundo quiere saber por qué. | Everybody wants to know why. |
| 10 | Es una reacción normal. | It's a normal reaction. |
| 11 | ¿Qué crees que va a pasar? | What do you think is going to happen? |
| 12 | No va a pasar nada. | Nothing's going to happen. |
| 13 | No me des problemas. | Don't give me problems. |
| 14 | ¿Qué quieres decir? | What do you mean? |
| 15 | ¿Por qué me estás mirando? | Why are you looking at me? |
| 16 | ¿Crees que él va a venir? | Do you think he's going to come? |

| | | |
|---|---|---|
| **17** | No sé qué creer. | I don't know what to think. |
| **18** | ¿Por qué no nos lo piden? | Why don't they ask us for it? |
| **19** | Nunca piden cosas a la gente. | They never ask people for things. |
| **20** | Siempre piden vino primero. | They always order wine first. |
| **21** | No tengo nada. | I don't have anything. |
| **22** | Ese es el que se rompe fácilmente. | That's the one that breaks easily. |
| **23** | No funciona. | It doesn't work. |
| **24** | Estas cosas nunca funcionan. | These things never work. |
| **25** | Funcionan si las tratas bien. | They work if you treat them well. |

NOTAS / NOTES

# Translation list 30

| | | |
|---|---|---|
| **1** | ¿A qué hora tienes que estar aquí? | What time do you have to be here? |
| **2** | Siempre tengo que limpiar el suelo. | I always have to clean the floor. |
| **3** | Te pagan bien, ¿no? | They pay you well, don't they? |
| **4** | Pero tengo los peores trabajos. | But I have the worst jobs. |
| **5** | Me gusta conocer a gente como tú. | I like to meet people like you. |
| **6** | Me alegro de que te guste el cuadro. | I'm glad you like the painting. |
| **7** | Me gusta mucho pintar. | I like to paint very much. |
| **8** | Sé que él estudia muy poco. | I know he studies very little. |
| **9** | Pienso pedírselo. | I'm planning to ask him for it. |
| **10** | ¿No funciona bien? | Doesn't it work well? |
| **11** | ¿No te entienden? | Don't they understand you? |
| **12** | ¿No intenta él hacer nada? | Doesn't he try to do anything? |
| **13** | ¿No llueve en tu país? | Doesn't it rain in your country? |
| **14** | Él te conoce, ¿no? | He knows you, doesn't he? |
| **15** | ¿Qué dice el mensaje? | What does the message say? |
| **16** | ¿Te pertenece esto? | Does this belong to you? |

| | | |
|---|---|---|
| **17** | ¿A quién pertenece? | Who does it belong to? |
| **18** | Nunca gano, siempre pierdo. | I never win, I always lose. |
| **19** | Nadie me quiere. | Nobody loves me. |
| **20** | ¿Siempre va él solo? | Does he always go alone? |
| **21** | Eso es lo que le gusta hacer. | That's what he likes to do. |
| **22** | ¿Qué te gusta a ti hacer? | What do you like to do? |
| **23** | Me gusta hacer lo que él hace. | I like to do what he does. |
| **24** | Ten cuidado cuando sales con él. | Be careful when you go out with him. |
| **25** | Trabaja de día y duerme de noche. | He works during the day and sleeps at night. |

NOTAS / NOTES

# Translation booklet 3

NIVEL INTERMEDIO

# Translation list 1

| | | |
|---|---|---|
| **1** | Lo haré cuando pueda. | I'll do it when I can. |
| **2** | Le veré en cuanto pueda. | I'll see him as soon as I can. |
| **3** | ¿Cuándo estarán aquí? | When will they be here? |
| **4** | No tengo ni idea. | I have no idea. |
| **5** | ¿No sabes cuándo vienen? | Don't you know when they're coming? |
| **6** | Vendrán cuando yo les llame. | They'll come when I call them. |
| **7** | ¿Cuándo vas a llamarles? | When are you going to call them? |
| **8** | Les llamaré cuando tenga tiempo. | I'll call them when I have time. |
| **9** | ¿No tienes tiempo ahora? | Don't you have (any) time now? |
| **10** | Por supuesto que sí. | Of course I do. |
| **11** | Entonces, ¿por qué no lo haces? | Then, why don't you do it? |
| **12** | Vale, lo haré. | All right; I'll do it. |
| **13** | Les visitaremos mañana por la mañana. | We'll visit them tomorrow morning. |
| **14** | Él estará aquí un poco más tarde. | He'll be here a bit later. |
| **15** | ¿Por qué no vuelves a llamar? | Why don't you call back? |
| **16** | ¿Me harán muchas preguntas? | Will they ask me a lot of questions? |

| | | |
|---|---|---|
| **17** | Ella vendrá cuando quiera. | She'll come when she wants to. |
| **18** | ¿Cuándo lo recibirán? | When will they receive it? |
| **19** | Probablemente tendrá lugar aquí. | It'll probably take place here. |
| **20** | Las cosas cambiarán algún día. | Things will change someday. |
| **21** | Las cosas tienen que cambiar. | Things have to change. |
| **22** | ¿Cuándo tendrá lugar? | When will it take place? |
| **23** | ¿Cuándo empezará la reunión? | When will the meeting begin? |
| **24** | ¿Cuándo terminará? | When will it be over? |
| **25** | ¿Cuándo terminarás? | When will you be through / be finished? |

NOTAS / NOTES

# Translation list 2

| | | |
|---|---|---|
| 1 | No pasará nada. | Nothing will happen. |
| 2 | ¿Cuánto tiempo estarán aquí? | How long will they be here? |
| 3 | ¿Dónde se alojarán? | Where will they stay? |
| 4 | ¿Quién les recogerá en el aeropuerto? | Who will pick them up at the airport? |
| 5 | ¿Quién les traerá aquí cada día? | Who will bring them here every day? |
| 6 | ¿Adónde les llevaremos el domingo? | Where will we take them on Sunday? |
| 7 | ¿Qué haremos si no les gusta la comida? | What will we do if they don't like the food? |
| 8 | ¿Cuánto dinero necesitarán? | How much money will they need? |
| 9 | No te preocupes; yo lo haré. | Don't worry; I'll do it. |
| 10 | ¿Por qué lo quieres hacer tú? | Why do you want to do it? |
| 11 | Porque soy el único que sabe hacerlo. | Because I'm the only one who knows how to do it. |
| 12 | ¿Sabes hacerlo de verdad? | Do you really know how to do it? |
| 13 | Nadie sabe más que yo. | Nobody knows more than I do / me. |
| 14 | ¿Cuándo vas a hacerlo? | When are you going to do it? |
| 15 | Lo haré cuando me dejen. | I'll do it when they let me. |
| 16 | ¿Cuándo crees que te dejarán? | When do you think they'll let you? |

| | | |
|---|---|---|
| **17** | Me dejarán hacerlo esta noche. | They'll let me do it tonight. |
| **18** | ¿Puedes decirme lo que vas a hacer? | Can you tell me what you're going to do? |
| **19** | Es un secreto que debo guardar. | It's a secret I must keep. |
| **20** | ¿Qué pasará si alguien se entera? | What will happen if someone finds out? |
| **21** | Prefiero no pensar en ello. | I prefer not to think about it. |
| **22** | ¿Qué pasará si te cogen? | What will happen if they catch you? |
| **23** | No me van a coger. | They're not going to catch me. |
| **24** | ¿Qué harás si te ven? | What will you do if they see you? |
| **25** | Deja de hacerme tantas preguntas. | Stop asking me so many questions. |

## NOTAS / NOTES

# Translation list 3

| | | |
|---|---|---|
| 1 | ¿Quién quiere hacerlo primero? | Who wants to go first? |
| 2 | Yo lo haré primero. | I'll go first. |
| 3 | Tú no eres socio de este club. | You're not a member of this club. |
| 4 | ¿Qué haces aquí? | What are you doing here? |
| 5 | Quiero hacerme socio. | I want to become a member. |
| 6 | ¿Conoces todas las reglas? | Do you know all the rules? |
| 7 | Las aprenderé; no te preocupes. | I'll learn them; don't worry. |
| 8 | ¿Estás de acuerdo con nuestras normas? | Do you agree with our rules? |
| 9 | Prometo que las acataré. | I promise that I'll obey them. |
| 10 | Entonces puedes ser socio si eso es lo que quieres. | Then you can be a member if that's what you want. |
| 11 | Tú sabes lo que quiero. | You know what I want. |
| 12 | No sé nada acerca de ti. | I don't know anything about you. |
| 13 | Aprenderás muchas cosas muy pronto. | You'll learn a lot of things very soon. |
| 14 | No hay nada que tú me puedas enseñar. | There's nothing you can teach me. |
| 15 | Tal vez no, pero ya veremos. | Maybe not, but we'll see. |
| 16 | ¿Cuánto tiempo dura la clase? | How long does the class last? |

| | | |
|---|---|---|
| 17 | Dura hasta la hora de comer. | It lasts until lunch time. |
| 18 | ¿Por qué dura tanto tiempo? | Why does it last so long? |
| 19 | Porque las clases de danza siempre duran mucho tiempo. | Because dance classes always last a long time. |
| 20 | ¿Te gusta la clase? | Do you like the class? |
| 21 | Me gusta más que ninguna otra cosa. | I like it more than anything else. |
| 22 | ¿Por qué te gusta tanto? | Why do you like it so much? |
| 23 | Porque soy uno de los mejores. | Because I'm one of the best. |
| 24 | No lo haré. | I won't do it. |
| 25 | No te llevarán si no se lo pides. | They won't take you if you don't ask them. |

## NOTAS / NOTES

# Translation list 4

| | | |
|---|---|---|
| **1** | ¿Puedo estar en tu clase también? | Can I be in your class too? |
| **2** | Por supuesto que sí. | Of course you can. |
| **3** | ¿Qué tengo que hacer? | What do I have to do? |
| **4** | ¿Con quién tengo que hablar? | Who do I have to talk to? |
| **5** | ¿Dónde tengo que ir? | Where do I have to go? |
| **6** | ¿Cuánto tengo que pagar? | How much do I have to pay? |
| **7** | ¿Con qué frecuencia tengo que venir? | How often do I have to come? |
| **8** | ¿Quién será el profesor? | Who'll be the teacher? |
| **9** | ¿Me tratará ella como a los demás? | Will she treat me like the rest? |
| **10** | ¿Qué hará ella si no bailo bien? | What will she do if I don't dance well? |
| **11** | Espero que sea una persona paciente. | I hope she's a patient person. |
| **12** | ¿Crees que me gustará la clase? | Do you think I'll like the class? |
| **13** | Estoy seguro de que te gustará. | I'm sure you'll like it. |
| **14** | ¿Cómo puedes estar tan seguro? | How can you be so sure? |
| **15** | Porque lo sé todo. | Because I know everything. |
| **16** | Espero que tengas razón. | I hope you're right. |

| | | |
|---|---|---|
| **17** | Casi siempre tengo razón. | I'm almost always right. |
| **18** | No llegaré allí hasta la medianoche. | I won't get there until midnight. |
| **19** | No le va a gustar. (a él) | He's not going to like it. |
| **20** | ¿Por qué no le va a gustar? | Why isn't he going to like it? |
| **21** | Nunca le gusta nada. | He never likes anything. |
| **22** | ¿Crees que lo aprobará? | Do you think he'll approve it? |
| **23** | Hará lo que quiera. | He'll do whatever he wants. |
| **24** | ¿Tomará una decisión pronto? | Will he make a decision soon? |
| **25** | Él siempre hace lo que quiere. | He always does what he wants. |

NOTAS / NOTES

# Translation list 5

| | | |
|---|---|---|
| 1 | No lo cancelarán si tú vas. | They won't cancel it if you go. |
| 2 | No iré si le incluyen a él. | I won't go if they include him. |
| 3 | ¿Qué tienes en contra de él? | What do you have against him? |
| 4 | Nada en absoluto. | Nothing at all. |
| 5 | Entonces, ¿por qué no le vas a invitar? | Then, why aren't you going to invite him? |
| 6 | Porque no quiero. | Because I don't want to. |
| 7 | ¿Cuándo estará listo el informe? | When will the report be ready? |
| 8 | Ya está preparado. | It's already ready. |
| 9 | ¿Cuándo lo vas a mandar? | When are you going to send it? |
| 10 | Lo mandaré cuando usted me diga. | I'll send it when you tell me. |
| 11 | Lo puedes mandar cuando quieras. | You can send it whenever you want. |
| 12 | Lo creeré cuando lo vea. | I'll believe it when I see it. |
| 13 | ¿Con qué frecuencia ves cosas así? | How often do you see things like that? |
| 14 | ¿De qué clase de cosas estás hablando? | What kind of things are you talking about? |
| 15 | Esta será nuestra última oportunidad. | This will be our last chance. |
| 16 | ¿Qué harás si no pasa nada? | What will you do if nothing happens? |

| | | |
|---|---|---|
| **17** | Algo tiene que pasar. | Something has to happen. |
| **18** | Siempre pasa algo cuando voy allí. | Something always happens when I go there. |
| **19** | ¿Quién me esperará cuando yo llegue? | Who will meet me when I arrive? |
| **20** | Se casarán este otoño. | They'll get married this fall / autumn. |
| **21** | ¿Por qué no vendrán antes? | Why won't they come sooner? |
| **22** | Iré si vienes conmigo. | I'll go if you come with me. |
| **23** | Lo harán si les ayudas. | They'll do it if you help them. |
| **24** | No me quedaré aquí más tiempo. | I won't stay here any longer. |
| **25** | Me comeré el mío si te comes el tuyo. | I'll eat mine if you eat yours. |

NOTAS / NOTES

# Translation list 6

| | | |
|---|---|---|
| 1 | No te preocupes; lo escribiré bien. | Don't worry; I'll write it properly. |
| 2 | ¿Por qué él no te enseñará su informe? | Why won't he show you his report? |
| 3 | No dejarán de mirarte. | They won't stop looking at you. |
| 4 | ¿Por qué me mirarán tanto? | Why will they look at me so much? |
| 5 | Porque eso es lo que hacen. | Because that's what they do. |
| 6 | No te preocupes; tendré cuidado. | Don't worry; I'll be careful. |
| 7 | Yo lo lavo y tú lo secas. | I'll wash it and you dry it. |
| 8 | ¿Quién será el primero en intentarlo? | Who'll be the first to try? |
| 9 | Pruébalo; te gustará. | Try it; you'll like it. |
| 10 | Sé que no me gustará en absoluto. | I know I won't like it at all. |
| 11 | ¿Por qué no lo pruebas? | Why don't you try it? |
| 12 | Porque no quiero, ¿vale? | Because I don't want to, OK? |
| 13 | Se tarda tres horas en llegar ahí. | It takes three hours to get there. |
| 14 | ¿Cuánto se tarda en volver? | How long does it take to get back? |
| 15 | Se tarda un poco más. | It takes a bit longer. |
| 16 | ¿Por qué se tarda más? | Why does it take longer? |

| | | |
|---|---|---|
| 17 | Porque tienes que conducir despacio. | Because you have to drive slowly. |
| 18 | ¿Hace viento hoy? | Is it windy today? |
| 19 | Todavía no. | Not yet. |
| 20 | Nunca hace viento por la mañana. | It's never windy in the morning. |
| 21 | ¿Cómo lo sabes? | How do you know? |
| 22 | Te lo diré en un minuto. | I'll tell you in a minute. |
| 23 | ¿Me estás esperando a mí? | Are you waiting for me? |
| 24 | Vendrán si les invitas. | They'll come if you invite them. |
| 25 | No lo haré a menos que él esté aquí. | I won't do it unless he's here. |

## NOTAS / NOTES

# Translation list 7

| | | |
|---|---|---|
| 1 | Siempre tengo que hacerlo yo. | I always have to do it. |
| 2 | No tendrán que llamarnos nunca. | They'll never have to call us. |
| 3 | A menudo ella tiene que convencerle. | She often has to convince him. |
| 4 | Tendrás que hacerlo mañana. | You'll have to do it tomorrow. |
| 5 | Todo el mundo tiene que trabajar. | Everyone has to work. |
| 6 | ¿Quién tiene que encender el motor? | Who has to start the engine? |
| 7 | Él sabe lo que tiene que hacer. | He knows what he has to do. |
| 8 | ¿Qué tiene que hacer? | What does he have to do? |
| 9 | ¿Por qué tiene que verla a ella? | Why does he have to see her? |
| 10 | Él tiene que hacer lo que le digo. | He has to do what I tell him. |
| 11 | Él debe de ser rico. | He must be rich. |
| 12 | ¿Por qué crees eso? | Why do you think that? |
| 13 | Porque tiene muchos coches. | Because he has a lot of cars. |
| 14 | Eso no significa que sea rico. | That doesn't mean he's rich. |
| 15 | Si tú lo dices. | If you say so. |
| 16 | Deben de estar en la primera planta. | They must be on the first floor. |

| | | |
|---|---|---|
| 17 | ¿Qué te hace pensar eso? | What makes you think that? |
| 18 | Hay una luz encendida en la ventana. | There's a light on in the window. |
| 19 | Eso no quiere decir que haya alguien allí. | That doesn't mean there's someone there. |
| 20 | Él debe de tener muchos problemas. | He must have a lot of problems. |
| 21 | Él debe de ser una persona agradable. | He must be a pleasant person. |
| 22 | Estas reuniones siempre duran mucho tiempo. | These meetings always last a long time. |
| 23 | Nunca sabes cuánto tiempo van a durar. | You never know how long they're going to last. |
| 24 | Un discurso suele durar una hora. | A speech usually lasts an hour. |
| 25 | Algunos discursos duran mucho menos. | Some speeches last much less. |

## NOTAS / NOTES

# Translation list 8

| | | |
|---|---|---|
| 1 | Esta debe de ser la casa del Papa. | This must be the Pope's house. |
| 2 | Debe de hacer frío fuera. | It must be cold outside. |
| 3 | Siempre hace frío en invierno. | It's always cold in the winter. |
| 4 | Se tarda mucho tiempo en aprender un idioma. | It takes a long time to learn a language. |
| 5 | ¿Por qué se tarda tanto tiempo? | Why does it take so long? |
| 6 | Porque hay que estudiar mucho. | Because you have to study a lot. |
| 7 | ¿A quién le gusta estudiar? | Who likes to study? |
| 8 | A mucha gente le gusta estudiar. | A lot of people like to study. |
| 9 | Debe de ser gente extraña. | They must be strange people. |
| 10 | Son como tú y yo. | They're like you and me. |
| 11 | ¿Puedo hacerte una pregunta? | Can I ask you a question? |
| 12 | Por supuesto que sí. | Of course you can. |
| 13 | ¿Puedes hablar un poco más alto? | Can you speak a little louder? |
| 14 | ¿No me oyes? | Can't you hear me? |
| 15 | Apenas puedo entender lo que dices. | I can barely / hardly understand what you're saying. |
| 16 | Puedes hacer lo que quieras. | You can do whatever you want. |

| | | |
|---|---|---|
| 17 | Él lo puede hacer mejor que yo. | He can do it better than I can. |
| 18 | No puede ser tan difícil. | It can't be that difficult. |
| 19 | Puedo cancelarlo si quieres. | I can cancel it if you want. |
| 20 | Cualquiera puede hacer eso. | Anyone can do that. |
| 21 | ¡Pues yo no lo voy a hacer! | Well, I'm not going to do it! |
| 22 | Le diré dónde ponerlo. (a él) | I'll tell him where to put it. |
| 23 | No correré ese riesgo. | I won't run that risk. |
| 24 | ¿Tienes miedo? | Are you afraid? |
| 25 | No tengo miedo de nada ni de nadie. | I'm not afraid of anything or anyone. |

NOTAS / NOTES

# Translation list 9

| | | |
|---|---|---|
| **1** | Sé más que nadie aquí. | I know more than anyone here. |
| **2** | Esto es un poco más fácil de leer. | This is a bit easier to read. |
| **3** | Él corre más deprisa que yo. | He runs faster than I do / me. |
| **4** | No tengas miedo. | Don't be afraid. |
| **5** | No voy a hacerte nada. | I'm not going to do anything to you. |
| **6** | ¿Por qué me estás mirando así? | Why are you looking at me like that? |
| **7** | ¿No te fías de mí? | Don't you trust me? |
| **8** | ¿No quieres decirme nada? | Don't you want to tell me anything? |
| **9** | ¿Quién no tiene coche? | Who doesn't have a car? |
| **10** | ¿Alguien sabe dónde está Pepe? | Does anyone know where Pepe is? |
| **11** | No saben dónde estoy. | They don't know where I am. |
| **12** | Todo el mundo sabe que no hay nadie allí. | Everyone knows there isn't anyone there. |
| **13** | Nadie me dice nada. | Nobody tells me anything. |
| **14** | No estoy de acuerdo con ellos. | I don't agree with them. |
| **15** | ¿Saben cuál es su opinión? (de ella) | Do they know what her opinion is? |
| **16** | Ella nunca le dice nada a nadie. | She never tells anyone anything. |

| | | |
|---|---|---|
| **17** | ¿Por qué no hablas con ella? | Why don't you talk to her? |
| **18** | Le hablaré cuando la vea. | I'll talk to her when I see her. |
| **19** | ¿Con qué frecuencia la ves? | How often do you see her? |
| **20** | Casi nunca la veo. | I hardly ever see her. |
| **21** | ¿Por qué no estás de acuerdo con él? | Why don't you agree with him? |
| **22** | Nunca estamos de acuerdo en nada. | We never agree on anything. |
| **23** | Él no sabe cuándo es la fiesta. | He doesn't know when the party is. |
| **24** | ¿Por qué llevas camisas como esas? | Why do you wear shirts like that? |
| **25** | No seas como ellos. | Don't be like them. |

## NOTAS / NOTES

# Translation list 10

| | | |
|---|---|---|
| 1 | ¿Nadie sabe dónde está Tom? | Doesn't anyone know where Tom is? |
| 2 | Yo sé lo que (él) hace. | I know what he does. |
| 3 | Sé también por qué lo hace. | I also know why he does it. |
| 4 | ¿Por qué lo hace (él)? | Why does he do it? |
| 5 | ¿Cuándo me lo darán? | When will they give it to me? |
| 6 | ¿Cuándo te darán qué? | When will they give you what? |
| 7 | Dadme lo que me deben. | Give me what they owe me. |
| 8 | ¿Qué te deben? | What do they owe you? |
| 9 | Me deben mucho dinero. | They owe me a lot of money. |
| 10 | Me temo que no te lo van a pagar. | I'm afraid they're not going to pay you. |
| 11 | ¿Qué te hace creer eso? | What makes you think that? |
| 12 | Porque sé que no tienen ni un duro. | Because I know they don't have a penny. |
| 13 | ¿Quién sabe eso además de ti? | Who knows that besides you? |
| 14 | Bastante gente. | Quite a few people. |
| 15 | ¿No se da (ella) cuenta de dónde está? | Doesn't she realise where she is? |
| 16 | ¿Te das cuenta de lo que haces? | Do you realise what you're doing? |

| | | |
|---|---|---|
| 17 | ¿No es esto más fácil que aquello? | Isn't this easier than that? |
| 18 | Ella es más bonita que su hermana. | She's prettier than her sister. |
| 19 | Son más altos que los alemanes. | They're taller than the Germans. |
| 20 | Esto es más complicado. | This is more complicated. |
| 21 | No te preocupes; no tendré miedo. | Don't worry; I won't be afraid. |
| 22 | ¿De qué tienes miedo? | What are you afraid of? |
| 23 | ¿Quién se lo va a pedir? (a ella) | Who's going to ask her for it? |
| 24 | Él tiene miedo de pedírmelo. | He's afraid to ask me for it. |
| 25 | Tienes que tener más cuidado. | You have to be more careful. |

NOTAS / NOTES

# Translation list 11

| | | |
|---|---|---|
| 1 | Haz lo que digo, no lo que hago. | Do what I say, not what I do. |
| 2 | ¿Por qué tengo que hacer lo que dices? | Why do I have to do what you say? |
| 3 | Porque sé lo que está bien. | Because I know what's right. |
| 4 | ¿Por qué no vas allí andando? | Why don't you walk there? |
| 5 | ¿No crees que está un poco lejos? | Don't you think it's a bit far? |
| 6 | Quizás para ti, pero no para mí. | Maybe for you, but not for me. |
| 7 | Tienes mucha práctica. | You've had a lot of practice. |
| 8 | ¿Qué vas a hacer? | What are you going to do? |
| 9 | Voy a aprender a tocar el piano. | I'm going to learn how to play the piano. |
| 10 | ¿Por qué estás interesado en eso? | Why are you interested in that? |
| 11 | Porque la música me interesa. | Because music interests me. |
| 12 | ¿Qué más sabes hacer? | What else do you know how to do? |
| 13 | Déjame en paz. | Leave me alone. |
| 14 | Los precios caerán a finales de año. | Prices will fall at the end of the year. |
| 15 | ¿Por qué crees que caerán? | Why do you think they'll fall? |
| 16 | Porque tienen que caer. | Because they have to fall. |

| | | |
|---|---|---|
| 17 | Nadie está comprando nada. | Nobody's buying anything. |
| 18 | ¿Por qué nadie está comprando nada? | Why isn't anyone buying anything? |
| 19 | Porque nadie tiene dinero. | Because nobody has any money. |
| 20 | Le voy a dar una lección. | I'm going to teach him a lesson. |
| 21 | ¿Qué le vas a hacer? | What are you going to do to him? |
| 22 | Voy a hacer algo que (él) nunca olvidará. | I'm going to do something that he'll never forget. |
| 23 | No me hagas más preguntas. | Don't ask me any more questions. |
| 24 | Me marcharé cuando termine. | I'll leave when I finish. |
| 25 | Se irán cuando yo se lo diga. | They'll leave when I tell them. |

## NOTAS / NOTES

# Translation list 12

| | | |
|---|---|---|
| **1** | ¿Quieres saber lo que yo pienso? | Do you want to know what I think? |
| **2** | Creo que la gente gasta demasiado. | I think people spend too much. |
| **3** | ¿Te incluyes a ti mismo? | Does that include you? |
| **4** | No soy como el resto de vosotros. | I'm not like the rest of you. |
| **5** | Me considero un hombre especial. | I consider myself a special man. |
| **6** | ¿Qué te hace tan especial? | What makes you so special? |
| **7** | ¿Conoces a muchos hombres con alas? | Do you know many men with wings? |
| **8** | ¿Quieres decir que tienes alas? | Do you mean you have wings? |
| **9** | Tengo dos, para ser más exacto. | I have two, to be exact. |
| **10** | ¿Qué haces con ellas? | What do you do with them? |
| **11** | ¿Para qué crees que son las alas? | What do you think wings are for? |
| **12** | Son para volar. | They're for flying. |
| **13** | Pareces más inteligente cada día. | You seem more intelligent every day. |
| **14** | Entonces puedes volar. | Then you can fly. |
| **15** | Así es. | That's right. |
| **16** | No sé qué decir. | I don't know what to say. |

| | | |
|---|---|---|
| 17 | Prométeme que no se lo dirás a nadie. | Promise me you won't tell anyone. |
| 18 | De acuerdo, tienes mi palabra. | All right, you have my word. |
| 19 | Déjame verte volar. | Let me see you fly. |
| 20 | Nunca dejo a nadie verme volar. | I never let anyone see me fly. |
| 21 | ¿Cuánta gente sabe que tienes alas? | How many people know you have wings? |
| 22 | Solo unos pocos lo saben. | Only a few know (about it). |
| 23 | No me fío de la gente como ella. | I don't trust people like her. |
| 24 | ¿Qué tienes en contra de ella? | What do you have against her? |
| 25 | Necesito pensarlo. | I need to think about it. |

## NOTAS / NOTES

# Translation list 13

| | | |
|---|---|---|
| 1 | ¿Por qué no le buscarán? | Why won't they look for him? |
| 2 | No te preocupes; no lo perderé. | Don't worry; I won't lose it. |
| 3 | Nunca volveré a hacer eso. | I'll never do that again. |
| 4 | Él nunca volverá si yo estoy aquí. | He'll never come back if I'm here. |
| 5 | Siempre estaré aquí si me necesitas. | I'll always be here if you need me. |
| 6 | No lloverá hasta la semana que viene. | It won't rain until next week. |
| 7 | ¿Cómo sabes tantas cosas? | How do you know so many things? |
| 8 | Él no hará ese tipo de esfuerzo. | He won't make that kind of effort. |
| 9 | No les diré tu nombre a no ser que me lo pidan. | I won't tell them your name unless they ask me for it. |
| 10 | Nunca hablarás inglés si no estudias. | You'll never speak English if you don't study. |
| 11 | Estoy cansado de estudiar. | I'm tired of studying. |
| 12 | No eres el único. | You're not the only one. |
| 13 | No enseñaré a niños como él. | I won't teach children like him. |
| 14 | Me niego. | I refuse. |
| 15 | Entonces, no puedes trabajar aquí. | Then you can't work here. |
| 16 | ¿Por qué no puedo? | Why can't I? |

| | | |
|---|---|---|
| 17 | Porque la mayoría de los niños son como ese niño. | Because most children are like that child. |
| 18 | Esto no lleva mucho tiempo. | This doesn't take long. |
| 19 | No lo haré para nadie salvo para él. | I won't do it for anyone but him. |
| 20 | Está oscureciendo. | It's getting dark. |
| 21 | Las cosas están poniéndose difíciles. | Things are getting difficult. |
| 22 | Es demasiado duro para mí. | It's too hard for me. |
| 23 | Él no tiene suficiente dinero. | He doesn't have enough money. |
| 24 | Él no es lo suficientemente fuerte. | He's not strong enough. |
| 25 | Basta ya. | That's enough. |

NOTAS / NOTES

# Translation list 14

| | | |
|---|---|---|
| 1 | ¿Qué te pasa? | What's the matter with you? |
| 2 | ¿Por qué (él) no nos lo explica? | Why doesn't he explain it to us? |
| 3 | ¿Por qué siempre tiene que gritar? | Why does he always have to shout? |
| 4 | Estaré de vuelta en un par de días. | I'll be back in a couple of days. |
| 5 | Enseguida vuelvo. | I'll be right back. |
| 6 | Nunca se lo voy a ofrecer. (a ella) | I'm never going to offer it to her. |
| 7 | ¿A qué hora llegarán aquí? | What time will they get here? |
| 8 | No tengo ni idea. | I have no idea. |
| 9 | No saltarán la valla. | They won't jump over the fence. |
| 10 | Es demasiado alta para ellos. | It's too high for them. |
| 11 | Yo no creo que sea lo suficientemente alta. | I don't think it's high enough. |
| 12 | No estoy pidiendo tu opinión. | I'm not asking (for) your opinion. |
| 13 | ¡Lárgate de aquí! | Get out of here! |
| 14 | ¿Cómo puedes hacer una cosa así? | How can you do a thing like that? |
| 15 | Porque no tengo más remedio. | Because I have no choice. |
| 16 | ¿Cuándo vas a elegir? | When are you going to choose? |

| | | |
|---|---|---|
| **17** | Son muy parecidos, ¿no? | They're very similar, aren't they? |
| **18** | Este es de oro. | This one's gold. |
| **19** | Me quedaré con el de plata. | I'll take the silver one. |
| **20** | No lo comprobaré si eso es lo que quieres. | I won't check it if that's what you want. |
| **21** | Tardaré unos tres meses. | It will take me about three months. |
| **22** | Suelo tardar una hora. | It usually takes me an hour. |
| **23** | Usted es un hombre muy valiente. | You're a very brave man. |
| **24** | Se tarda mucho en aprender inglés. | It takes a long time to learn English. |
| **25** | Yo no tardaré mucho; ya verás. | It won't take me long; you'll see. |

NOTAS / NOTES

# Translation list 15

| | | |
|---|---|---|
| 1 | Estuve con ellos ayer. | I was with them yesterday. |
| 2 | ¿Dónde estuviste? | Where were you? |
| 3 | ¿Dónde naciste? | Where were you born? |
| 4 | ¿Qué estabas haciendo a las diez? | What were you doing at ten o'clock? |
| 5 | Yo no estaba haciendo nada. | I wasn't doing anything. |
| 6 | ¿Cuál fue su opinión? (de él) | What was his opinion? |
| 7 | Él no estuvo allí. | He wasn't there. |
| 8 | No estaba lloviendo. | It wasn't raining. |
| 9 | Hubo una reunión aquí. | There was a meeting here. |
| 10 | ¿Hubo una huelga ayer? | Was there a strike yesterday? |
| 11 | Hubo huelgas en todas partes. | There were strikes everywhere. |
| 12 | ¿No hubo una huelga aquí? | Wasn't there a strike here? |
| 13 | Nunca hay huelgas aquí. | There are never any strikes here. |
| 14 | Todo fue igual el año pasado. | Everything was the same last year. |
| 15 | Hubo una mujer aquí ayer, ¿no? | There was a woman here yesterday, wasn't there? |
| 16 | Fue bastante fácil. | It was quite easy. |

| | | |
|---|---|---|
| 17 | Lo siento, pero me tengo que ir. | I'm sorry, but I have to go. |
| 18 | ¿Por qué te tienes que ir? | Why do you have to go? |
| 19 | Tengo cosas que hacer. | I have some things to do. |
| 20 | ¿No quieres venir conmigo? | Don't you want to come with me? |
| 21 | Me gustaría, pero no puedo. | I'd like to, but I can't. |
| 22 | ¿Cuándo volveré a verte? | When will I see you again? |
| 23 | Cuando vuelva mañana por la mañana. | When I come back tomorrow morning. |
| 24 | ¿Me puedes hacer un favor? | Can you do me a favour? |
| 25 | Lo que quieras. | Whatever you want. |

## NOTAS / NOTES

# Translation list 16

| | | |
|---|---|---|
| 1 | Él era un gran líder. | He was a great leader. |
| 2 | El camión estaba en el garaje. | The truck / lorry was in the garage. |
| 3 | ¿Dónde estaba? | Where was it? |
| 4 | Dije que estaba en el garaje. | I said it was in the garage. |
| 5 | ¿Qué dijiste? | What did you say? |
| 6 | ¿No me oyes? | Can't you hear me? |
| 7 | ¿Me estás hablando a mí? | Are you talking to me? |
| 8 | ¿Qué decías? | What were you saying? |
| 9 | Yo no decía nada. | I wasn't saying anything. |
| 10 | ¿Pero no dijiste algo acerca de Tom? | But didn't you say something about Tom? |
| 11 | No dije nada en absoluto. | I didn't say anything at all. |
| 12 | ¿Qué le dijiste? (a él) | What did you tell him? |
| 13 | Se lo conté todo. | I told him everything. |
| 14 | ¿Quién te dijo eso? | Who told you that? |
| 15 | ¿Quién dijo eso? | Who said that? |
| 16 | ¿Fuiste allí? | Did you go there? |

| | | |
|---|---|---|
| **17** | ¿Por qué no viniste aquí? | Why didn't you come here? |
| **18** | ¿Fue alguien contigo? | Did anyone go with you? |
| **19** | ¿Con quién estuviste? | Who were you with? |
| **20** | ¿Viste a los padres de Pepe? | Did you see Pepe's parents? |
| **21** | ¿Qué estaban haciendo cuando les viste? | What were they doing when you saw them? |
| **22** | ¿Sabían que les estabas mirando? | Did they know you were looking at them? |
| **23** | ¿Te vieron? | Did they see you? |
| **24** | ¿Qué hiciste cuando te vieron? | What did you do when they saw you? |
| **25** | Ellos deben de tener mucho dinero. | They must have a lot of money. |

NOTAS / NOTES

# Translation list 17

| | | |
|---|---|---|
| 1 | ¿Quién le vio? | Who saw him? |
| 2 | ¿Quién lo hizo? | Who did it? |
| 3 | ¿Quién le siguió? | Who followed him? |
| 4 | ¿Quién jugó con ello? | Who played with it? |
| 5 | ¿Quién asistió al concierto? | Who attended the concert? |
| 6 | ¿Quién dejó esto aquí? | Who left this here? |
| 7 | ¿Quién rompió la lámpara? | Who broke the lamp? |
| 8 | ¿Quién intentó llamarme anoche? | Who tried to call me last night? |
| 9 | ¿Qué pasó? | What happened? |
| 10 | ¿Cuánta gente estaba allí cuando ocurrió? | How many people were there when it happened? |
| 11 | ¿Por qué no me llamó nadie? | Why didn't anyone call me? |
| 12 | ¿Le mataste tú? | Did you kill him? |
| 13 | ¿La vio tu hermano? | Did your brother see her? |
| 14 | ¿Qué hacía ella cuando él la vio? | What was she doing when he saw her? |
| 15 | ¿Por qué no quieres contestarme? | Why don't you want to answer me? |
| 16 | ¿Por qué dejaste esto aquí? | Why did you leave this here? |

| | | |
|---|---|---|
| **17** | ¿Cuándo la llevaste allí? | When did you take her there? |
| **18** | ¿Quería ir ella contigo? | Did she want to go with you? |
| **19** | ¿Dónde conseguiste esa pistola? | Where did you get that gun? |
| **20** | ¿Por qué no la usaste? | Why didn't you use it? |
| **21** | ¿Sabía él que la tenías? | Did he know you had it? |
| **22** | ¿Qué hizo cuando la vio? | What did he do when he saw it? |
| **23** | ¿Intentó quitártela? | Did he try to take it from you? |
| **24** | ¿Cuál fue tu primera reacción? | What was your first reaction? |
| **25** | ¿Se alegró (él) de verte? | Was he glad to see you? |

NOTAS / NOTES

# Translation list 18

| | | |
|---|---|---|
| 1 | ¿Cuándo viste la pelea? | When did you see the fight? |
| 2 | ¿Cómo empezó? | How did it start? |
| 3 | ¿Qué estabas haciendo cuando empezó? | What were you doing when it started? |
| 4 | ¿Cómo terminó? | How did it end? |
| 5 | ¿Quién ganó la pelea? | Who won the fight? |
| 6 | ¿Qué le pasó al otro hombre? | What happened to the other man? |
| 7 | ¿Le llevaron al hotel? | Did they take him to the hotel? |
| 8 | ¿Por qué le llevaron allí? | Why did they take him there? |
| 9 | ¿Le vio un médico? | Did a doctor see him? |
| 10 | ¿Por qué no intentaste pararle? | Why didn't you try to stop him? |
| 11 | ¿Quién decidió hacer eso? | Who decided to do that? |
| 12 | ¿De quién fue esa idea? | Whose idea was that? |
| 13 | ¿Y después qué pasó? | And then what happened? |
| 14 | ¿De quién era el cuchillo? | Whose knife was it? |
| 15 | ¿Pertenecía a Morgan? | Did it belong to Morgan? |
| 16 | ¿Estás seguro de que él estaba borracho? | Are you sure he was drunk? |

| | | |
|---|---|---|
| **17** | ¿Por qué crees que (él) lo hizo? | Why do you think he did it? |
| **18** | ¿Tenía (él) algo en contra de ella? | Did he have anything against her? |
| **19** | ¿Le tenía él miedo? (a ella) | Was he afraid of her? |
| **20** | ¿Qué hizo (él) con el cuchillo? | What did he do with the knife? |
| **21** | ¿Quién le mató? | Who killed him? |
| **22** | ¿Quién le dio el cuchillo? | Who gave him the knife? |
| **23** | ¿Por qué se lo diste? | Why did you give it to him? |
| **24** | ¿Por qué estaba (él) tan nervioso? | Why was he so nervous? |
| **25** | Muchas gracias por contestar a mis preguntas. | Thank you very much for answering my questions. |

NOTAS / NOTES

# Translation list 19

| | | |
|---|---|---|
| 1 | Nadie le trajo aquí. | Nobody brought him here. |
| 2 | ¿Quién le llevó al zoo? | Who took him to the zoo? |
| 3 | Nadie me lo leyó. | No-one / Nobody read it to me. |
| 4 | Todos pensábamos que estaban aquí. | We all thought they were here. |
| 5 | La mayoría de ellos vinieron con él. | Most of them came with him. |
| 6 | ¿Quién hizo este vestido? | Who made this dress? |
| 7 | Le esperé durante una hora. | I waited for him for an hour. |
| 8 | ¿A quién salvaste? | Who did you save? |
| 9 | ¿Adónde lo mandaron? | Where did they send it? |
| 10 | ¿A quién se lo mandaste? | Who did you send it to? |
| 11 | ¿Por qué no me mandaste una copia? | Why didn't you send me a copy? |
| 12 | ¿Quién lo cubrió? | Who covered it? |
| 13 | Me mintieron. | They lied to me. |
| 14 | Me enteré esta mañana. | I found out this morning. |
| 15 | ¿Quién pintó este techo? | Who painted this ceiling? |
| 16 | ¿Fumaste delante de él? | Did you smoke in front of him? |

| | | |
|---|---|---|
| **17** | ¿Dijo él algo? | Did he say anything? |
| **18** | Me empujaron al agua. | They pushed me into the water. |
| **19** | Me utilizaron. | They used me. |
| **20** | Llegaron aquí tarde. | They got here late. |
| **21** | Llovió todo el día. | It rained all day. |
| **22** | No nevó el invierno pasado. | It didn't snow last winter. |
| **23** | ¿Quién inventó el teléfono? | Who invented the telephone? |
| **24** | ¿Lo inventaste tú? | Did you invent it? |
| **25** | Él empezó a gritarme. | He began to shout at me. |

NOTAS / NOTES

# Translation list 20

| | | |
|---|---|---|
| 1 | ¿Quién robó el cuadro? | Who stole the picture? |
| 2 | ¿Por qué lo robaste? | Why did you steal it? |
| 3 | Cené con ella. | I had dinner with her. |
| 4 | Cenaron fuera. | They had dinner out. |
| 5 | Me lo comí con las manos. | I ate it with my hands. |
| 6 | Lo mecanografié muy despacio. | I typed it very slowly. |
| 7 | Tardé una hora. | It took me an hour. |
| 8 | Terminé una hora más tarde. | I finished an hour later. |
| 9 | Me levanté pronto. | I got up early. |
| 10 | Me vestí en la oscuridad. | I got dressed in the dark. |
| 11 | Desayuné con mi mujer. | I had breakfast with my wife. |
| 12 | Salí de casa a las 7. | I left home at 7 o'clock. |
| 13 | Busqué un taxi. | I looked for a taxi. |
| 14 | Decidí coger un autobús. | I decided to catch a bus. |
| 15 | Llegué tarde a la oficina. | I got to the office late. |
| 16 | Mi jefe me estaba esperando. | My boss was waiting for me. |

| | | |
|---|---|---|
| **17** | Me dio los buenos días. | He said good morning to me. |
| **18** | Volvió a su despacho. | He went back to his office. |
| **19** | Me invitó a comer. | He invited me to lunch. |
| **20** | Pagó la cuenta. | He paid the bill. |
| **21** | Dejó una buena propina. | He left a big tip. |
| **22** | Me habló de mi futuro. | He spoke to me about my future. |
| **23** | Me dio consejos. | He gave me some advice. |
| **24** | Cambió de tema. | He changed the subject. |
| **25** | Se levantó y se fue. | He got up and left. |

NOTAS / NOTES

# Translation list 21

| | | |
|---|---|---|
| 1 | No lo probarán si está caliente. | They won't try it if it's hot. |
| 2 | Hay muy poca gente como él. | There are very few people like him. |
| 3 | Es increíble; no me lo puedo creer. | It's incredible; I can't believe it. |
| 4 | ¿Qué hará él si lo acusamos? | What will he do if we accuse him? |
| 5 | Déjame eso a mí. | Leave that to me. |
| 6 | Sé lo que hago. | I know what I'm doing. |
| 7 | La conocí en un viaje a Londres. | I met her on a trip to London. |
| 8 | ¿Qué hacías en un viaje a Inglaterra? | What were you doing on a trip to England? |
| 9 | Quería mejorar mi inglés. | I wanted to improve my English. |
| 10 | ¿Tuviste éxito? | Did you succeed? |
| 11 | Aprendí muy poco. | I learned very little. |
| 12 | ¡Pero estuviste allí dos meses! | But you were there for two months! |
| 13 | Los pasé con ella. | I spent them with her. |
| 14 | Hablamos español todo el tiempo. | We spoke Spanish the whole time. |
| 15 | ¿Gastaste todo tu dinero? | Did you spend all your money? |
| 16 | Mucho más de lo que tú crees. | Much more than you think. |

| | | |
|---|---|---|
| **17** | Dicen que eres bastante rico. | They say you're quite rich. |
| **18** | No te fíes de todo lo que oyes. | Don't trust everything you hear. |
| **19** | Pero tienen razón, ¿no? | But they're right, aren't they? |
| **20** | Quizás sí, quizás no. | Maybe they are, maybe they aren't. |
| **21** | Alguien dejó algo en alguna parte. | Somebody left something somewhere. |
| **22** | Nadie dejó nada en ninguna parte. | Nobody left anything anywhere. |
| **23** | Se acabó la fiesta. | The party's over. |
| **24** | Las cosas nunca son tan fáciles como parecen. | Things are never as easy as they seem. |
| **25** | Fue tan malo que me marché. | It was so bad that I left. |

## NOTAS / NOTES

# Translation list 22

| | | |
|---|---|---|
| 1 | Él es mucho más alto de lo que crees. | He's a lot taller than you think. |
| 2 | Soy más fuerte que el hombre más fuerte del mundo. | I'm stronger than the strongest man in the world. |
| 3 | Estaban tan buenos que me comí tres. | They were so good that I ate three. |
| 4 | ¿Por qué te comiste tantos? | Why did you eat so many? |
| 5 | Es mucho peor de lo que crees. | It's much worse than you think. |
| 6 | Tendrás que hacer un esfuerzo. | You'll have to make an effort. |
| 7 | Nunca volveré a hacerlo. | I'll never do it again. |
| 8 | Estarás allí, ¿verdad? | You'll be there, won't you? |
| 9 | Duele mucho más de lo que pensaba. | It hurts much more than I thought. |
| 10 | ¿Dónde te duele? | Where does it hurt? |
| 11 | Me duele el hombro. | My shoulder hurts. |
| 12 | Habrá una huelga mañana. | There will be a strike tomorrow. |
| 13 | Habrá por lo menos diez chicas. | There will be at least ten girls. |
| 14 | ¿Cuántas habrá? | How many will there be? |
| 15 | Habrá bastantes. | There will be quite a few. |
| 16 | ¿Qué quieres decir con "bastantes"? | What do you mean by "quite a few"? |

| | | |
|---|---|---|
| **17** | Más de lo que te puedes imaginar. | More than you can imagine. |
| **18** | Cuando llegues allí, dale esto. (a él) | When you get there, give this to him. |
| **19** | No sé por qué ella te gusta tanto. | I don't know why you like her so much. |
| **20** | Hay muchas chicas como ella. | There are a lot of girls like her. |
| **21** | Muy pocas son tan listas como ella. | Very few are as clever as she is. |
| **22** | Eso es lo que busco en las mujeres. | That's what I look for in women. |
| **23** | Hay poca gente tan rica como él. | There are few people as rich as he is / him. |
| **24** | Me gustaría tener otra oportunidad. | I'd like to have another chance. |
| **25** | Tendremos que encontrar otra manera. | We'll have to find another way. |

## NOTAS / NOTES

# Translation list 23

| | | |
|---|---|---|
| 1 | Si alguna vez necesitas algo, llámame. | If you ever need anything, call me. |
| 2 | ¿Intenta él alguna vez influenciarte? | Does he ever try to influence you? |
| 3 | ¿Alguna vez te duele la espalda? | Does your back ever hurt? |
| 4 | Suelen hacerlo ellos mismos. | They usually do it themselves. |
| 5 | Trabajar es bueno para la salud. | Working is good for your health. |
| 6 | ¿Cuánto te debo? | How much do I owe you? |
| 7 | Le debo un favor. | I owe him a favour. |
| 8 | Fue realmente interesante. | It was really interesting. |
| 9 | ¿Cuándo murió él? | When did he die? |
| 10 | ¿Cómo murió? | How did he die? |
| 11 | Murió con las botas puestas. | He died with his boots on. |
| 12 | Creo que se las quitó primero. | I think he took them off first. |
| 13 | ¿Quién te dijo eso? | Who told you that? |
| 14 | No me acuerdo de nada de lo que dije. | I don't remember anything I said. |
| 15 | Recuérdame que les haga una visita. | Remind me to pay them a visit. |
| 16 | No me di cuenta de que estabas aquí. | I didn't realise you were here. |

| | | |
|---|---|---|
| 17 | ¿Quién te mandó? | Who sent you? |
| 18 | ¿Conoces a alguien que viva en Roma? | Do you know anyone who lives in Rome? |
| 19 | Sé quién eres. | I know who you are. |
| 20 | Sé qué hora es. | I know what time it is. |
| 21 | No tengo miedo de la gente como él. | I'm not afraid of people like him. |
| 22 | Asegúrate de que están comiendo. | Make sure they're eating. |
| 23 | Estoy buscando a alguien que no fume. | I'm looking for someone who doesn't smoke. |
| 24 | Él siempre está de acuerdo conmigo. | He always agrees with me. |
| 25 | No se tarda mucho. | It doesn't take long. |

NOTAS / NOTES

# Translation list 24

| | | |
|---|---|---|
| 1 | Voy al trabajo en coche. | I drive to work. |
| 2 | ¿Quién está en la puerta? | Who's at the door? |
| 3 | Te pareces a tu padre. (físicamente) | You look like your father. |
| 4 | Lo probé pero no me gustó. | I tried it but I didn't like it. |
| 5 | ¿Por qué no te gustó? | Why didn't you like it? |
| 6 | Lo que necesito es un buen puro. | What I need is a good cigar. |
| 7 | ¿Dónde nació tu hermano? | Where was your brother born? |
| 8 | Él es mucho mayor que yo. | He's much older than I am. |
| 9 | Él no es tan mayor como tú crees. | He's not as old as you think. |
| 10 | ¿Cuántos años crees que tiene? | How old do you think he is? |
| 11 | Parece tener unos 40 años. | He looks about 40 years old. |
| 12 | Lo siento, pero tuve que hacerlo. | I'm sorry, but I had to do it. |
| 13 | No tuve más remedio. | I had no choice. |
| 14 | Espero que entiendas por qué lo hice. | I hope you understand why I did it. |
| 15 | No fue culpa mía. | It wasn't my fault. |
| 16 | Te dije que lo iba a hacer. | I told you I was going to do it. |

| | | |
|---|---|---|
| **17** | ¿Por qué no intentaste pararme? | Why didn't you try to stop me? |
| **18** | Nadie hizo nada para pararme. | Nobody did anything to stop me. |
| **19** | Perdí el único amigo que tenía. | I lost the only friend I had. |
| **20** | Lo siento mucho. | I'm very sorry. |
| **21** | Le voy a pedir perdón. | I'm going to apologise to him. |
| **22** | Si tiras esa piedra, te castigaré. | If you throw that stone, I'll punish you. |
| **23** | ¿Te crees todo lo que te dicen? | Do you believe everything they tell you? |
| **24** | Solo me creo lo que tú me dices. | I only believe what you tell me. |
| **25** | Eso es lo que me gusta oír. | That's what I like to hear. |

NOTAS / NOTES

# Translation list 25

| | | |
|---|---|---|
| 1 | Era mucho más grande de lo que creí. | It was much bigger than I thought. |
| 2 | ¿Qué estabas haciendo cuando él te vio? | What were you doing when he saw you? |
| 3 | Lo haré yo, si no te importa. | I'll do it if you don't mind. |
| 4 | No me importa en absoluto. | I don't mind at all. |
| 5 | Creo que sí. | I think so. |
| 6 | Creo que no. | I don't think so. |
| 7 | ¿Qué era eso? | What was that? |
| 8 | Creí que lo sabías. | I thought you knew. |
| 9 | Tendrán que tener mucho cuidado. | They'll have to be very careful. |
| 10 | No hubo problemas. | There weren't any problems. |
| 11 | Ocurrió una vez. | It happened once. |
| 12 | Habrá una reunión esta noche. | There will be a meeting tonight. |
| 13 | ¿De qué tratará? | What will it be about? |
| 14 | ¿De qué trata el libro? | What's the book about? |
| 15 | Eres demasiado joven para leerlo. | You're too young to read it. |
| 16 | Puedes hacer lo que quieras. | You can do whatever you want. |

| | | |
|---|---|---|
| 17 | Me da igual. | I don't mind / care. |
| 18 | ¿Qué tal el concierto? | How was the concert? |
| 19 | ¿A quién viste allí? | Who did you see there? |
| 20 | ¿Hubo mucha gente? | Were there a lot of people? |
| 21 | Estaba abarrotado. | It was crowded. |
| 22 | Encantado de conocerla. | Pleased to meet you. |
| 23 | No lo abras hasta que yo te diga. | Don't open it until I tell you. |
| 24 | Todavía estoy esperando una respuesta. | I'm still waiting for an answer. |
| 25 | ¿No te dijeron que yo estaba aquí? | Didn't they tell you I was here? |

NOTAS / NOTES

# Translation list 26

| | | |
|---|---|---|
| 1 | Él estaba bastante borracho. | He was quite drunk. |
| 2 | Él no sabía quién era yo. | He didn't know who I was. |
| 3 | Creyó que éramos fantasmas. | He thought we were ghosts. |
| 4 | Él perdió todo lo que tenía. | He lost everything he had. |
| 5 | ¿Cuánto tenía? | How much did he have? |
| 6 | Lo suficiente para llenar un barril. | Enough to fill a barrel. |
| 7 | No pierdas tiempo. | Don't waste time. |
| 8 | Me encontraba bastante mal ayer. | I felt pretty / quite bad yesterday. |
| 9 | Espero que no hicieras nada malo. | I hope you didn't do anything bad. |
| 10 | Nunca hago cosas malas. | I never do bad things. |
| 11 | Lo probé pero no me gustó. | I tried it but I didn't like it. |
| 12 | No debe de ser muy difícil. | It can't be very difficult. |
| 13 | La llevé a cenar. | I took her out to dinner. |
| 14 | Me llevaron al cementerio. | They took me to the cemetery. |
| 15 | Una vez es suficiente. | Once is enough. |
| 16 | Fue una experiencia maravillosa. | It was a wonderful experience. |

| | | |
|---|---|---|
| **17** | ¿Qué hiciste? | What did you do? |
| **18** | ¿Hubo tormentas? | Were there any storms? |
| **19** | ¿Cómo está Pepe? | How's Pepe? |
| **20** | ¿Cómo es Pepe? (físicamente) | What does Pepe look like? |
| **21** | Es alto, moreno y guapo. | He's tall, dark and handsome. |
| **22** | Es bajo, gordo y feo. | He's short, fat and ugly. |
| **23** | Quizás, pero ¿sabes cuánto gana? | Maybe, but do you know how much he earns? |
| **24** | Mucho más que nosotros, eso sí. | Much more than we do, that's for sure. |
| **25** | Él llevaba unas gafas oscuras. | He was wearing dark glasses. |

NOTAS / NOTES

# Translation list 27

| | | |
|---|---|---|
| 1 | ¿Quién lo pisó? | Who stepped on it? |
| 2 | La planta creció rápidamente. | The plant grew quickly. |
| 3 | ¿Quién la plantó? | Who planted it? |
| 4 | Dormí como un tronco. | I slept like a log. |
| 5 | Corrieron a la farmacia. | They ran to the pharmacy / chemist's. |
| 6 | ¿Por qué le mentiste? | Why did you lie to him? |
| 7 | Viajaron por toda Europa. | They travelled all over Europe. |
| 8 | Perdí el tren. | I missed the train. |
| 9 | Siempre le encantaba bailar. (a él) | He always loved to dance. |
| 10 | Llovió toda la noche. | It rained all night. |
| 11 | Nos dejaron marchar. | They let us leave. |
| 12 | ¿Cuánto tiempo duró? | How long did it last? |
| 13 | Duró al menos dos horas. | It lasted at least 2 hours. |
| 14 | No sé por qué (él) habla tanto. | I don't know why he talks so much. |
| 15 | Lo firmé a pie de página. | I signed it at the bottom. |
| 16 | Batieron el récord. | They broke the record. |

| | | |
|---|---|---|
| **17** | ¿Quién les ayudó? | Who helped them? |
| **18** | No ocurre a menudo. | It doesn't happen often. |
| **19** | Tardaron una hora. | It took them an hour. |
| **20** | ¿Quién hizo la cama? | Who made the bed? |
| **21** | ¿Quién puso la mesa? | Who set / laid the table? |
| **22** | ¿Qué causó el incendio? | What caused the fire? |
| **23** | ¿Cómo empezó? | How did it start? |
| **24** | ¿Quién trajo el agua? | Who brought the water? |
| **25** | ¿Quién llegó aquí el primero? | Who got here first? |

NOTAS / NOTES

# Translation list 28

| | | |
|---|---|---|
| **1** | No querían verle. | They didn't want to see him. |
| **2** | Tenía dolor de cabeza. | I had a headache. |
| **3** | Hubo una gran explosión. | There was a big explosion. |
| **4** | Hubo varias explosiones. | There were several explosions. |
| **5** | Él se escapó por el agujero. | He escaped through the hole. |
| **6** | Ganaron la apuesta. | They won the bet. |
| **7** | Lucharon contra todo el mundo. | They fought against everyone. |
| **8** | Oscureció temprano. | It got dark early. |
| **9** | No me lo dieron. | They didn't give it to me. |
| **10** | El discurso se grabó. | The speech was recorded. |
| **11** | ¿De quién era la flecha? | Whose arrow was it? |
| **12** | Era tuya, ¿verdad? | It was yours, wasn't it? |
| **13** | Me sentía cansado. | I felt tired. |
| **14** | Aquellos años fueron difíciles. | Those years were difficult. |
| **15** | Lo pagué en dólares. | I paid for it in dollars. |
| **16** | No pasó nada. | Nothing happened. |

| | | |
|---|---|---|
| 17 | Me dormí en clase. | I fell asleep in class. |
| 18 | ¿De quién fue la idea? | Whose idea was it? |
| 19 | Él estaba triste. | He was sad. |
| 20 | ¿Dónde lo pusieron? | Where did they put it? |
| 21 | Hubo demasiados. | There were too many. |
| 22 | Nevaba cuando me fui. | It was snowing when I left. |
| 23 | Hacía mucho calor. | It was very hot. |
| 24 | Tenían más hambre que yo. | They were hungrier than I was / me. |
| 25 | Él tenía veinte años cuando yo nací. | He was twenty years old when I was born. |

## NOTAS / NOTES

# Translation list 29

| | | |
|---|---|---|
| 1 | Creo que van a venderlo. | I think they're going to sell it. |
| 2 | Creí que iban a venderlo. | I thought they were going to sell it. |
| 3 | Creí que venías en coche. | I thought you were coming by car. |
| 4 | Lo guardé para ti. | I kept / saved it for you. |
| 5 | ¿Por qué quería (él) hacer eso? | Why did he want to do that? |
| 6 | Significaba mucho para mí. | It meant a lot to me. |
| 7 | La clase fue tan aburrida que me dormí. | The class was so boring that I fell asleep. |
| 8 | No son tan listos como tú. | They're not as smart as you are. |
| 9 | ¿De quién fue esa idea? | Whose idea was that? |
| 10 | No fue culpa mía. | It wasn't my fault. |
| 11 | ¿Qué estaba haciendo (ella) cuando la viste? | What was she doing when you saw her? |
| 12 | ¿Quién intentó robarlo? | Who tried to steal it? |
| 13 | No fue robado. | It wasn't stolen. |
| 14 | ¿Por qué no fui informado de ello? | Why wasn't I informed about it? |
| 15 | Creíamos que no estabas interesado. | We thought you weren't interested. |
| 16 | No volváis a hacer eso nunca. | Don't ever do that again. |

| | | |
|---|---|---|
| **17** | Él no me prestó atención. | He didn't pay (any) attention to me. |
| **18** | Están mucho más contentos que antes. | They're much happier than before. |
| **19** | Todavía me encuentro un poco débil. | I still feel a little weak. |
| **20** | Descuida; ya te pondrás mejor. | Don't worry; you'll get better. |
| **21** | ¿Qué te hace pensar eso? | What makes you think that? |
| **22** | Tengo un presentimiento. | I have a feeling. |
| **23** | Espero que tengas razón. | I hope you're right. |
| **24** | Casi nunca me equivoco. | I'm hardly ever wrong. |
| **25** | No hay tanto como antes. | There's not as much as before. |

## NOTAS / NOTES

# Translation list 30

| | | |
|---|---|---|
| **1** | ¿Cuánto hubo ayer? | How much was there yesterday? |
| **2** | Mucho más de lo que hay hoy. | Much more than there is today. |
| **3** | No lograron cumplir el plazo. | They failed to meet the deadline. |
| **4** | ¿Dónde puedo comprar un periódico? | Where can I buy a newspaper? |
| **5** | ¿Dónde puedo cortarme el pelo? | Where can I get a haircut? |
| **6** | Es tan fácil que incluso un niño pequeño lo puede hacer. | It's so easy that even a small child can do it. |
| **7** | A lo mejor, pero no parece fácil. | Maybe, but it doesn't look easy. |
| **8** | Lo haré si lo haces tú también. | I'll do it if you do it too. |
| **9** | ¿Dónde puedo conseguir papel así? | Where can I get paper like that? |
| **10** | No tengo ni idea. | I have no idea. |
| **11** | Debe de ser fácil trabajar con él. | It must be easy to work with him. |
| **12** | No es tan fácil como crees. | It's not as easy as you think. |
| **13** | Es más fácil que trabajar con ella. | It's easier than working with her. |
| **14** | Nada es tan difícil como eso. | Nothing's as difficult as that. |
| **15** | Estoy de acuerdo. | I agree. |
| **16** | Sácalo del bolsillo de mi camisa. | Take it out of my shirt pocket. |

| | | |
|---|---|---|
| **17** | ¿Qué ibas a decir? | What were you going to say? |
| **18** | ¿Ibas a decir algo? | Were you going to say something? |
| **19** | Creía que ibas a decirme algo. | I thought you were going to tell me something. |
| **20** | ¿Adónde ibas cuando te pararon? | Where were you going when they stopped you? |
| **21** | ¿Cuál fue tu impresión de él? | What was your impression of him? |
| **22** | Era más alto de lo que yo esperaba. | He was taller than I expected. |
| **23** | Él es mucho más alto que tú. | He's much taller than you. |
| **24** | Es bastante más joven también. | He's quite a bit younger too. |
| **25** | Parece más joven de lo que es. | He looks younger than he is. |

NOTAS / NOTES

# Translation booklet 4

NIVEL INTERMEDIO

# Translation list 1

| | | |
|---|---|---|
| 1 | ¿Qué le dijo (a ella) el lobo cuando la vio? | What did the wolf say to her when he saw her? |
| 2 | Le preguntó adónde iba. | He asked her where she was going. |
| 3 | ¿Qué dijo ella? | What did she say? |
| 4 | Ella le dijo que iba a casa de su abuela. | She told him she was going to her grandmother's house. |
| 5 | Y después, ¿qué hizo ella? | And then what did she do? |
| 6 | No me acuerdo del resto del cuento. | I don't remember the rest of the story. |
| 7 | ¿Se la comió el lobo al final? | Did the wolf eat her in the end? |
| 8 | Creo que un cazador la salvó. | I think a hunter saved her. |
| 9 | ¿Y qué le pasó al lobo? | And what happened to the wolf? |
| 10 | El cazador lo mató. | The hunter killed him / it. |
| 11 | Esa no es la versión que yo conozco. | That's not the version I know. |
| 12 | ¿Qué importa? | What difference does it make? |
| 13 | Él no habla tanto como tú. | He doesn't talk as much as you do. |
| 14 | Hablas demasiado. | You talk too much. |
| 15 | No fumes tanto. | Don't smoke so much. |
| 16 | No fumo tanto como tú. | I don't smoke as much as you do. |

| | | |
|---|---|---|
| 17 | Fumas demasiados puros. | You smoke too many cigars. |
| 18 | No fumo tantos como él. | I don't smoke as many as he does. |
| 19 | Fumas tantos que no sé qué hacer. | You smoke so many that I don't know what to do. |
| 20 | ¿No me oyes? | Can't you hear me? |
| 21 | ¿Puedo asistir a la reunión? | Can I attend the meeting? |
| 22 | Así es la vida. | That's life. |
| 23 | No me creo nada de lo que dices. | I don't believe anything you say. |
| 24 | ¿No te fías de mí? | Don't you trust me? |
| 25 | No es que no me fíe de ti... | It's not that I don't trust you... |

## NOTAS / NOTES

# Translation list 2

| | | |
|---|---|---|
| 1 | Entonces, ¿qué es? | Then what is it? |
| 2 | ¿Qué te pasa? | What's the matter with you? |
| 3 | ¿Ya no te caigo bien? | Don't you like me any more? |
| 4 | ¿Ya no quieres verme? | Don't you want to see me any more? |
| 5 | Creí que éramos amigos. | I thought we were friends. |
| 6 | Creí que yo era tu mejor amigo. | I thought I was your best friend. |
| 7 | ¿Por qué no dices algo? | Why don't you say something? |
| 8 | Me gustaría saber lo que piensas. | I'd like to know what you think. |
| 9 | ¿Desde cuándo me odias? | Since when do you hate me? |
| 10 | ¿Qué hice yo para ofenderte? | What did I do to offend you? |
| 11 | Se lo pasaron bien. | They had a good time. |
| 12 | Nos desearon una feliz Navidad. | They wished us a Merry Christmas. |
| 13 | Les deseamos lo mismo. | We wished them the same. |
| 14 | Él parecía estar de buen humor. | He seemed to be in a good mood. |
| 15 | ¿Cómo lo sabes? | How do you know? |
| 16 | Porque me dijo buenos días. | Because he said good morning to me. |

| | | |
|---|---|---|
| 17 | Hubo algunos problemas al principio. | There were some problems at first. |
| 18 | ¿Cómo los resolvisteis? | How did you solve them? |
| 19 | De la forma habitual. | In the usual way. |
| 20 | ¿Cómo era eso? | How was that? |
| 21 | Te lo diré más tarde. | I'll tell you later. |
| 22 | ¿Por qué no puedes decírmelo ahora? | Why can't you tell me now? |
| 23 | Vale, te lo diré. | Okay, I'll tell you. |
| 24 | Gracias por decirme la verdad. | Thank you for telling me the truth. |
| 25 | De nada. | You're welcome / Don't mention it. |

NOTAS / NOTES

# Translation list 3

| | | |
|---|---|---|
| 1 | Explícamelo una vez más. | Explain it to me one more time. |
| 2 | Fue mucho más fácil que la última vez. | It was much easier than the last time. |
| 3 | ¿Cuánto tardaste en hacerlo? | How long did it take you to do it? |
| 4 | Él estaba mejor preparado que yo. | He was better prepared than I was. |
| 5 | Fue debido a un error. | It was due to an error / a mistake. |
| 6 | Él tuvo que subirse al árbol. | He had to climb the tree. |
| 7 | Vino el fontanero para mirarlo. | The plumber came to look at it. |
| 8 | Se estaban quejando de la falta de un plan concreto. | They were complaining about the lack of a specific plan. |
| 9 | Pero vieron esto, ¿no? | But they saw this, didn't they? |
| 10 | ¿Quién estaba con él cuando se cayó? | Who was with him when he fell? |
| 11 | Todo el mundo esperaba un hombre. | Everyone expected a man. |
| 12 | Habrá varias reuniones. | There will be several meetings. |
| 13 | ¿Habrá mucha gente allí? | Will there be many people there? |
| 14 | No necesitamos tu ayuda por ahora. | We don't need your help for now. |
| 15 | Gracias a Dios no me llamaron. | Thank God they didn't call me. |
| 16 | Tendrá lugar en aquella sala. | It'll take place in that room. |

| | | |
|---|---|---|
| **17** | No habrá ninguna clase de fiesta. | There won't be any kind of party. |
| **18** | No me envíes eso más. | Don't send that to me any more. |
| **19** | Todavía hay algunos errores. | There are still some mistakes. |
| **20** | Él trató de matarse. | He tried to kill himself. |
| **21** | Me veo en el espejo. | I can see myself in the mirror. |
| **22** | Se llaman a sí mismos "los forajidos". | They call themselves "the outlaws". |
| **23** | ¿Son de verdad forajidos? | Are they really outlaws? |
| **24** | ¿Quién sabe? | Who knows? |
| **25** | Deben de ser malos. | They must be bad. |

NOTAS / NOTES

# Translation list 4

| | | |
|---|---|---|
| 1 | Les conocí hace mucho tiempo. | I met them a long time ago. |
| 2 | Le recogí en el aeropuerto. | I picked him up at the airport. |
| 3 | Me acosté pero no pude dormirme. | I went to bed but I couldn't get to sleep. |
| 4 | Me desperté pero no me levanté. | I woke up but I didn't get up. |
| 5 | Tendremos que despertarla. | We'll have to wake her up. |
| 6 | ¿Para qué? | What for? |
| 7 | Mételos en las cajas cuadradas. | Put them in / into the square boxes. |
| 8 | No los saques. | Don't take them out. |
| 9 | No los saques de las cajas. | Don't take them out of the boxes. |
| 10 | No sirve para nada; tíralo. | It's useless; throw it away. |
| 11 | No me hace falta. | I don't need it. |
| 12 | No me gusta tirar las cosas. | I don't like to throw things away. |
| 13 | Entonces lo tiraré yo. | Then I'll throw it away. |
| 14 | ¿Se puede? (para entrar) | May I? |
| 15 | Ingresé en la empresa hace diez años. | I joined the company ten years ago. |
| 16 | Ingresé en el ejército porque no pude encontrar otro trabajo. | I joined the army because I couldn't find another job. |

| | | |
|---|---|---|
| **17** | Agradezco tu esfuerzo. | I appreciate your effort. |
| **18** | Encantado de conocerla (a usted). | Pleased to meet you. |
| **19** | ¿Te importa que fume? | Do you mind if I smoke? |
| **20** | No me importa en absoluto. | I don't mind at all. |
| **21** | Da igual. | It doesn't matter. |
| **22** | ¿Por qué no te haces socio del club? | Why don't you join the club? |
| **23** | Me gustaría, pero no puedo. | I'd like to, but I can't. |
| **24** | ¿Qué quieres ser cuando seas mayor? | What do you want to be when you grow up? |
| **25** | Quiero entrar en la Marina. | I want to join the Navy. |

NOTAS / NOTES

# Translation list 5

| | | |
|---|---|---|
| 1 | Trabajas demasiado. | You work too much. |
| 2 | ¿Cuánto costó? | How much did it cost? |
| 3 | Decidí no comprarlo. | I decided not to buy it. |
| 4 | ¿Cuándo lo oíste? | When did you hear it? |
| 5 | Me puse enfermo. | I got sick / fell ill. |
| 6 | Tardé varios días. | It took me several days. |
| 7 | ¿Quién trajo el dinero? | Who brought the money? |
| 8 | Yo. | I did. |
| 9 | Se me olvidó el paraguas. | I forgot my umbrella. |
| 10 | Eso me pasa a mí también. | That happens to me too. |
| 11 | Ellos se parecen. (físicamente) | They look alike. |
| 12 | Me senté en la tarta. | I sat on the cake. |
| 13 | Todos se rieron de mí. | Everyone laughed at me. |
| 14 | Me dormí sobre las 3. | I went to sleep around 3. |
| 15 | Él me lo leyó. | He read it to me. |
| 16 | Crecieron rápidamente. | They grew fast / quickly. |

| | | |
|---|---|---|
| **17** | ¿Cuánto tiempo duró? | How long did it last? |
| **18** | ¿Quién lo vendió? | Who sold it? |
| **19** | Condujeron como profesionales. | They drove like professionals. |
| **20** | Lo escribí pensando en ti. | I wrote it with you in mind. |
| **21** | Eso es muy amable de tu parte. | That's very kind of you. |
| **22** | Espero que lo leas. | I hope you read it. |
| **23** | No dejaré que nadie lo lea. | I won't let anyone read it. |
| **24** | No tienes que hacer eso. | You don't have to do that. |
| **25** | Lo hicimos nosotros mismos. | We did it ourselves. |

NOTAS / NOTES

# Translation list 6

| | | |
|---|---|---|
| 1 | Me enseñaron el alfabeto. | They taught me the alphabet. |
| 2 | Devuélvemelo. | Give it back to me. |
| 3 | ¿Por qué no lo usaste? | Why didn't you use it? |
| 4 | ¿Cuáles fueron sus reacciones? | What were their reactions? |
| 5 | ¿Qué averiguaste? | What did you find out? |
| 6 | Está oscureciendo. | It's getting dark. |
| 7 | No me gustó tu discurso. | I didn't like your speech. |
| 8 | Me enseñaron el cuadro. | They showed me the picture. |
| 9 | No era tan grande como yo creía. | It wasn't as big as I thought. |
| 10 | Giraron en la primera esquina. | They turned at the first corner. |
| 11 | Volvieron a su país. | They went back to their country. |
| 12 | Todos se alegraban. | Everyone was glad. |
| 13 | No convoqué la reunión. | I didn't call the meeting. |
| 14 | Tenían hambre. | They were hungry. |
| 15 | Me lo dieron. | They gave it to me. |
| 16 | No lo perdí. | I didn't lose it. |

| | | |
|---|---|---|
| **17** | Hacía viento. | It was windy. |
| **18** | Hice la cama. | I made the bed. |
| **19** | Hice un esfuerzo. | I made an effort. |
| **20** | Lo hice lo mejor que pude. | I did the best I could. |
| **21** | No lo robé. | I didn't steal it. |
| **22** | Se fueron. | They left. |
| **23** | ¿Qué pasó? | What happened? |
| **24** | ¿Cómo pasó? | How did it happen? |
| **25** | ¿Qué estabas haciendo cuando ocurrió? | What were you doing when it happened? |

## NOTAS / NOTES

# Translation list 7

| | | |
|---|---|---|
| 1 | ¿Con quién tienes que hablar? | Who do you have to talk to? |
| 2 | Me dijeron que tenía que venir aquí. | They told me I had to come here. |
| 3 | No fue culpa mía. | It wasn't my fault. |
| 4 | Nadie sabía que iba a ocurrir. | Nobody knew it was going to happen. |
| 5 | ¿Quieres decir que fue una sorpresa? | Do you mean it was a surprise? |
| 6 | No lo considero importante. | I don't consider it important. |
| 7 | Hay cosas más importantes en la vida. | There are more important things in life. |
| 8 | ¿Le consideras un amigo? | Do you consider him a friend? |
| 9 | ¿Qué más puedo hacer? | What else can I do? |
| 10 | Hago todo lo que puedo. | I do everything I can. |
| 11 | Eso no es suficiente. | That's not enough. |
| 12 | Nadie quería discutir con él. | Nobody wanted to argue with him. |
| 13 | Fue el hombre más difícil que he conocido nunca. | He was the most difficult man I've ever met. |
| 14 | Fueron los primeros en hacerlo. | They were the first ones to do it. |
| 15 | Perdí el control del coche. | I lost control of the car. |
| 16 | Vendimos todo lo que produjimos. | We sold everything we produced. |

| | | |
|---|---|---|
| 17 | Ya no vendemos nada. | We don't sell anything any more. |
| 18 | La llevé a ver a mi tía. | I took her to see my aunt. |
| 19 | Llovía cuando nos fuimos. | It was raining when we left. |
| 20 | El coche no arrancó. | The car didn't start. |
| 21 | Cogimos un taxi. | We caught a cab / taxi. |
| 22 | El conductor del taxi era una mujer. | The taxi driver was a woman. |
| 23 | ¿Era educada? | Was she polite? |
| 24 | La mayoría de los taxistas son educados. | Most taxi drivers are polite. |
| 25 | Dudo que eso sea verdad. | I doubt that's true. |

NOTAS / NOTES

# Translation list 8

| | | |
|---|---|---|
| 1 | Tengo mis dudas. | I have my doubts. |
| 2 | ¿Cuánto te debo? | How much do I owe you? |
| 3 | ¿Cuánto te debe él? | How much does he owe you? |
| 4 | No pierdas tu tiempo. | Don't waste your time. |
| 5 | Eso es una pérdida de tiempo. | That's a waste of time. |
| 6 | Él nunca supo el significado de la vida. | He never knew the meaning of life. |
| 7 | Yo tampoco lo sé. | I don't know either. |
| 8 | Eres un hombre muy afortunado. | You're a very lucky man. |
| 9 | Poca gente tiene lo que tú tienes. | Few people have what you have. |
| 10 | ¿No habrá nada? | Won't there be anything? |
| 11 | ¿No había nada? | Wasn't there anything? |
| 12 | ¿No hay nada? | Isn't there anything? |
| 13 | ¿Quién llama a la puerta? | Who's knocking at the door? |
| 14 | Estate quieto. | Be still. |
| 15 | ¿Qué significa esto? | What does this mean? |
| 16 | Tenemos que calcular la cantidad. | We have to calculate the amount. |

| | | |
|---|---|---|
| 17 | Déjalo aquí para que otra gente lo pueda usar también. | Leave it here so that other people can use it too. |
| 18 | Esa es una idea fantástica. | That's a terrific idea. |
| 19 | No se me ocurrió. | It didn't occur to me. |
| 20 | ¿Por qué no se te ocurrió? | Why didn't it occur to you? |
| 21 | Nunca se me ocurren cosas así. | Things like that never occur to me. |
| 22 | Tendrás que tomar una decisión. | You'll have to make a decision. |
| 23 | ¿No puedes esperar un poco más? | Can't you wait a little longer? |
| 24 | Nunca le gustaba comer fuera. | He never liked to eat out. |
| 25 | ¿Qué propones que hagamos? | What do you propose we do? |

NOTAS / NOTES

# Translation list 9

| | | |
|---|---|---|
| 1 | ¿Cuánto tiempo nos queda? | How much time do we have left? |
| 2 | Nos quedan dos horas. | We have two hours left. |
| 3 | Hay un agujero en tu camisa. | There's a hole in your shirt. |
| 4 | Dividamos el dinero. | Let's divide the money. |
| 5 | Lo quiero todo para mí. | I want it all for me. |
| 6 | No me gusta tratar con gente como tú. | I don't like to deal with people like you. |
| 7 | Puedes hacer lo que quieras. | You can do whatever you want. |
| 8 | Funcionará si lo tratas bien. | It will work if you treat it well. |
| 9 | No sabes hacer nada. | You don't know how to do anything. |
| 10 | ¿Funciona? | Does it work? |
| 11 | Me alegro de saber eso. | I'm glad to know / hear that. |
| 12 | No hay razón para estar preocupado. | There's no reason to be worried. |
| 13 | Deben de tener miedo a volar. | They must be afraid of flying. |
| 14 | Él bebe demasiado. | He drinks too much. |
| 15 | Puedo oír todo lo que hacen. | I can hear everything they do. |
| 16 | No les escuches. | Don't listen to them. |

| | | |
|---|---|---|
| 17 | No lo puedo evitar. | I can't help it. |
| 18 | Debe de ser terrible. | It must be terrible. |
| 19 | Creo que ella le envidia (a él). | I think she envies him. |
| 20 | No vuelvas a decir eso nunca. | Don't ever say that again. |
| 21 | ¿Sigues ayudando a tu hijo? | Are you still helping your son? |
| 22 | ¿Cuál fue la decisión final? | What was the final decision? |
| 23 | ¿Por qué no estuviste allí? | Why weren't you there? |
| 24 | Les dije que ibas a estar allí. | I told them you were going to be there. |
| 25 | Van a pensar que soy un mentiroso. | They're going to think I'm a liar. |

NOTAS / NOTES

# Translation list 10

| | | |
|---|---|---|
| 1 | Pareces una rata ahogada. | You look like a drowned rat. |
| 2 | Descansa un rato; pareces cansado. | Rest for a while; you look tired. |
| 3 | Tómalo o déjalo. | Take it or leave it. |
| 4 | Saltaron el muro. | They jumped over the wall. |
| 5 | ¿Quién les dio permiso para hacer semejante cosa? | Who gave them permission to do such a thing? |
| 6 | Su búsqueda (de ellos) terminó en un fracaso. | Their search ended in failure. |
| 7 | ¿Por qué fracasaron? | Why did they fail? |
| 8 | Algún día tendrán éxito. | Someday they'll succeed. |
| 9 | El éxito no es lo más importante. | Success isn't the most important thing. |
| 10 | Él es un hombre de éxito. | He's a successful man. |
| 11 | Soy un fracasado. | I'm a failure. |
| 12 | ¿Sientes pena de ti mismo? | Do you feel sorry for yourself? |
| 13 | El partido fue muy emocionante. | The game / match was very exciting. |
| 14 | ¿Quién ganó? | Who won? |
| 15 | Empataron. | They tied / drew. |
| 16 | Fue un empate. | It was a tie / draw. |

| | | |
|---|---|---|
| **17** | ¿Quién marcó los goles? | Who scored the goals? |
| **18** | ¿Cuál fue el resultado final? | What was the final score? |
| **19** | Llevé a mi hijo a verlo. | I took my son to see it. |
| **20** | Es un poco joven, ¿no? | He's a bit / little young, isn't he? |
| **21** | Por lo visto, no. | Apparently not. |
| **22** | Parecía disfrutar con el partido. | He seemed to enjoy the game. |
| **23** | ¿A qué hora llegasteis a casa? | What time did you get back home? |
| **24** | Mucho más tarde de lo que esperaba. | Much later than I expected. |
| **25** | ¿Qué dirán cuando se enteren? | What will they say when they find out? |

NOTAS / NOTES

# Translation list 11

| | | |
|---|---|---|
| 1 | Fue un completo fracaso. | It was a complete failure. |
| 2 | ¿De quién fue la culpa? | Whose fault was it? |
| 3 | No fue culpa de nadie. | It wasn't anybody's fault. |
| 4 | Habrá una investigación. | There will be an investigation. |
| 5 | No encontrarás nada. | You won't find anything. |
| 6 | Ya veremos. | We'll see. |
| 7 | ¿Qué planes tienes para el domingo? | What plans do you have for Sunday? |
| 8 | Vamos a ver a unos amigos. | We're going to see some friends. |
| 9 | ¿Les conozco? | Do I know them? |
| 10 | Creo que no. | I don't think so. |
| 11 | ¿Qué tal tu trabajo? | How's your job? |
| 12 | Todo va bien. | Everything's going fine. |
| 13 | Todo va de maravilla. | Everything's going great. |
| 14 | Me alegro de oír eso. | I'm glad to hear that. |
| 15 | Entonces no piensan despedirte. | Then they don't plan to fire you. |
| 16 | Espero que no. | I hope not. |

| | | |
|---|---|---|
| **17** | No me gusta estar cerca de él. | I don't like to be near him. |
| **18** | ¿Huele mal? | Does he smell bad? |
| **19** | No seas gracioso. | Don't be funny. |
| **20** | No pretendo ser gracioso. | I'm not trying to be funny. |
| **21** | Tengo algo importante que decirte. | I have something important to tell you. |
| **22** | Adelante. | Go ahead. |
| **23** | Voy a decirte algo que no te va a gustar. | I'm going to tell you something you're not going to like. |
| **24** | Deja que yo decida eso. | Let me decide that. |
| **25** | Si eso es lo que quieres... | If that's what you want... |

NOTAS / NOTES

# Translation list 12

| | | |
|---|---|---|
| 1 | Tú sabes muy bien lo que quiero. | You know very well what I want. |
| 2 | No tengo ni idea. | I have no idea. |
| 3 | Quiero casarme con tu hija. | I want to marry your daughter. |
| 4 | ¿Quieres qué? | You want what? |
| 5 | Ya me oíste. | You heard me. |
| 6 | Pero ella es mucho más joven que tú. | But she's much younger than you (are). |
| 7 | ¿Me estás llamando viejo? | Are you calling me an old man? |
| 8 | ¿La quieres de verdad? | Do you really love her? |
| 9 | La quiero y ella me quiere a mí. | I love her and she loves me. |
| 10 | Queremos casarnos la próxima semana. | We want to get married next week. |
| 11 | ¿Cuándo empezasteis a salir juntos? | When did you start going out together? |
| 12 | Hace un par de meses. | A couple of months ago. |
| 13 | ¿Dónde conociste a mi hija? | Where did you meet my daughter? |
| 14 | ¿Sabe mi mujer algo de esto? | Does my wife know anything about this? |
| 15 | ¿Quién se lo dijo? | Who told her? |
| 16 | Espero que sepas lo que haces. | I hope you know what you're doing. |

| | | |
|---|---|---|
| 17 | ¡Qué sorpresa tan desagradable! | What an unpleasant surprise! |
| 18 | No esperes tener mi consentimiento. | Don't expect to have my consent. |
| 19 | ¿Por qué no me dijo nada ella? | Why didn't she tell me anything? |
| 20 | Espero que no esté esperando un hijo. | I hope she's not expecting a baby. |
| 21 | ¿Qué sugieres que hagamos? | What do you suggest we do? |
| 22 | Toma tus propias decisiones. | Make your own decisions. |
| 23 | ¿No me vas a dar un consejo? | Aren't you going to give me any advice? |
| 24 | ¿Para qué? | What for? |
| 25 | Al menos felicítanos. | At least congratulate us. |

NOTAS / NOTES

# Translation list 13

| | | |
|---|---|---|
| 1 | Dile que venga. | Tell him to come. |
| 2 | Me gustaría probarlo. | I'd like to try it. |
| 3 | Diles que tengan cuidado. | Tell them to be careful. |
| 4 | Quiero ir con él. | I want to go with him. |
| 5 | Quiero que vayas con él. | I want you to go with him. |
| 6 | No le digas quién soy. | Don't tell him who I am. |
| 7 | No quiero que él sepa nada. | I don't want him to know anything. |
| 8 | Me dijeron que lo buscara. | They told me to look for him. |
| 9 | Nadie te dijo que hicieras nada. | Nobody told you to do anything. |
| 10 | Te dije que volvieras a hacerlo. | I told you to do it again. |
| 11 | ¿Por qué no volviste a hacerlo? | Why didn't you do it again? |
| 12 | ¿Quién te dijo que me llamaras? | Who told you to call me? |
| 13 | Quiero que me mires. | I want you to look at me. |
| 14 | Quiero que sepas una cosa. | I want you to know something. |
| 15 | Quiero que compartas tus juguetes. | I want you to share your toys. |
| 16 | Quiero que seas el juez. | I want you to be the judge. |

| | | |
|---|---|---|
| **17** | Quiero que seas justo. | I want you to be fair. |
| **18** | Dile que se vaya. | Tell him to leave. |
| **19** | Vigílales. | Watch them / Keep an eye on them. |
| **20** | Quieren que perdamos. | They want us to lose. |
| **21** | Queremos que ganéis. | We want you to win. |
| **22** | Quiero que os lo paséis bien. | I want you to have a good time. |
| **23** | Quiero que lo pienses. | I want you to think about it. |
| **24** | No quieren que vengamos. | They don't want us to come. |
| **25** | Quiero que encuentres una solución. | I want you to find a solution. |

NOTAS / NOTES

# Translation list 14

| | | |
|---|---|---|
| 1 | No va a ser fácil. | It's not going to be easy. |
| 2 | Quiero que tengas esto. | I want you to have this. |
| 3 | Es fácil dar órdenes. | It's easy to give orders. |
| 4 | Es difícil llevarlas a cabo. | It's difficult to carry them out. |
| 5 | No te pedí que hicieras nada. | I didn't ask you to do anything. |
| 6 | Te estoy pidiendo que seas mi amigo. | I'm asking you to be my friend. |
| 7 | Diles que no me miren. | Tell them not to look at me. |
| 8 | Pídeles que no fumen. | Ask them not to smoke. |
| 9 | ¿Por qué quieres que yo haga eso? | Why do you want me to do that? |
| 10 | ¿Qué quieres que (yo) haga? | What do you want me to do? |
| 11 | ¿Qué quieres que (yo) diga? | What do you want me to say? |
| 12 | ¿Adónde quieres que (yo) vaya? | Where do you want me to go? |
| 13 | ¿Cuándo quieres que (yo) esté aquí? | When do you want me to be here? |
| 14 | ¿Con quién quieres que (yo) hable? | Who do you want me to speak to? |
| 15 | ¿Con qué frecuencia quieres que (yo) le llame? | How often do you want me to call him? |
| 16 | ¿Cuál quieres que (yo) elija? | Which one do you want me to choose? |

| | | |
|---|---|---|
| 17 | ¿Cuánto tiempo quieres que dure la reunión? | How long do you want the meeting to last? |
| 18 | ¿Cómo quieres que (yo) la convenza? | How do you want me to convince her? |
| 19 | ¿Cómo quieres que (yo) lo haga? | How do you want me to do it? |
| 20 | ¿Adónde quieres que (yo) te lleve? | Where do you want me to take you? |
| 21 | Casi nunca como pan. | I hardly ever eat bread. |
| 22 | Siempre uso ceniceros. | I always use ashtrays. |
| 23 | Raramente viajamos. | We seldom travel. |
| 24 | Nunca están satisfechos. | They're never satisfied. |
| 25 | Divertíos. | Have a good time. |

## NOTAS / NOTES

# Translation list 15

| | | |
|---|---|---|
| 1 | ¿Te gustaría unirte a nosotros? | Would you like to join us? |
| 2 | ¿Qué clase de persona es él? | What kind of person is he? |
| 3 | Agradezco tu interés. | I appreciate your interest. |
| 4 | Hagamos algo. | Let's do something. |
| 5 | ¿Nos vamos? | Shall we go? |
| 6 | Vámonos. | Let's go. |
| 7 | ¿Les ayudo? | Shall I help them? |
| 8 | Esta es tu última oportunidad. | This is your last chance. |
| 9 | Puedes ir adonde quieras. | You can go wherever you want. |
| 10 | Puedes hacer lo que quieras. | You can do whatever you want. |
| 11 | Puedes llamar a quien quieras. | You can call whoever you want. |
| 12 | Te puedes ir cuando quieras. | You can leave whenever you want. |
| 13 | ¿Cuándo les recogerás? | When will you pick them up? |
| 14 | ¿Estarán esperándote? | Will they be waiting for you? |
| 15 | ¿Por qué no llevas mi coche? | Why don't you take my car? |
| 16 | Intentemos ser amigos. | Let's try to be friends. |

| | | |
|---|---|---|
| **17** | Me gustaría regalarte este libro. | I'd like to give you this book. |
| **18** | Eso es muy amable de tu parte. | That's very kind of you. |
| **19** | No dejes que te molesten. | Don't let them bother you. |
| **20** | ¿Te estoy molestando? | Am I bothering you? |
| **21** | Enseguida vuelvo; no te vayas. | I'll be right back; don't go away. |
| **22** | ¿Qué podemos hacer? | What can we do? |
| **23** | Olvídate de ella. | Forget about her. |
| **24** | Me encanta escucharte hablar. | I love listening to you talk. |
| **25** | Me encantaría estar contigo. | I'd love to be with you. |

NOTAS / NOTES

# Translation list 16

| | | |
|---|---|---|
| 1 | ¿Te quieres venir con nosotros? | Do you want to come with us? |
| 2 | Sí, me encantaría. | Yes, I'd love to. |
| 3 | Entonces, ¿a qué estamos esperando? | Then, what are we waiting for? |
| 4 | Esto no tiene nada que ver con aquello. | This has nothing to do with that. |
| 5 | ¿Qué hacemos? | What shall we do? |
| 6 | Las cosas mejorarán. | Things will get better. |
| 7 | Era un discurso tan aburrido que me dormí. | It was such a boring speech that I fell asleep. |
| 8 | No fui el único. | I wasn't the only one. |
| 9 | Déjame que te ayude. | Let me help you. |
| 10 | Me alegro de que ganaras. | I'm glad you won. |
| 11 | Siento que perdieras. | I'm sorry you lost. |
| 12 | Veamos lo que tienes. | Let's see what you have. |
| 13 | Pídeles que caminen más despacio. | Ask them to walk more slowly. |
| 14 | Me temo que vaya a llover. | I'm afraid it's going to rain. |
| 15 | Dile lo que quieras. | Tell him whatever you want. |
| 16 | ¿Por qué quiere él que hagas eso? | Why does he want you to do that? |

| | | |
|---|---|---|
| **17** | Me enteré de ello ayer. | I found out / learned about it yesterday. |
| **18** | No me despiertes demasiado temprano. | Don't wake me up too early. |
| **19** | ¿Enciendo la luz ahora? | Shall I turn on the light now? |
| **20** | Dile que se quede donde está. | Tell him to stay where he is. |
| **21** | Dile que no se mueva. | Tell him not to move. |
| **22** | El mío es mucho mejor que el tuyo. | Mine is much better than yours. |
| **23** | Estoy buscando a alguien que sepa hablar inglés. | I'm looking for someone who knows how to speak English. |
| **24** | Nací en un país de habla inglesa. | I was born in an English-speaking country. |
| **25** | ¿Es el inglés tu lengua materna? | Is English your mother tongue? |

## NOTAS / NOTES

# Translation list 17

| | | |
|---|---|---|
| 1 | ¿Cuándo tomarás una decisión? | When will you make a decision? |
| 2 | Cuando deje de llover. | When it stops raining. |
| 3 | Él dejó la escuela a los 15 años. | He quit school at the age of 15. |
| 4 | Tengo que dejar de fumar. | I have to quit / give up smoking. |
| 5 | ¡Déjame en paz! | Leave me alone! |
| 6 | ¿Tienes algo que decir? | Do you have anything to say? |
| 7 | Poca gente es tan impaciente como tú. | Few people are as impatient as you are. |
| 8 | ¿Cuándo estarán de vuelta? | When will they be back? |
| 9 | ¿Qué hago mientras tanto? | What shall I do in the meantime? |
| 10 | Nunca leo libros gruesos. | I never read thick books. |
| 11 | Siempre utilizo papel fino. | I always use thin paper. |
| 12 | Estás engordando. | You're getting fat / putting on weight. |
| 13 | Estoy intentando adelgazar. | I'm trying to lose weight. |
| 14 | ¿Cuánto pesas? | How much do you weigh? |
| 15 | No tanto como tú. | Not as much as you do. |
| 16 | ¡Qué película más emocionante! | What an exciting movie! |

| | | |
|---|---|---|
| 17 | Es una chica muy sensata. | She's a very sensible girl. |
| 18 | Es una chica muy sensible. | She's a very sensitive girl. |
| 19 | Sé sensato. | Be sensible. |
| 20 | ¿Quién hizo la foto? | Who took the picture? |
| 21 | Las cosas están empeorando. | Things are getting worse. |
| 22 | Él es la peor persona para el puesto. | He's the worst person for the job. |
| 23 | Te dije que no tocaras nada. | I told you not to touch anything. |
| 24 | ¿Por qué no me obedeciste? | Why didn't you obey me? |
| 25 | Siempre me fiaba de él. | I always trusted him. |

## NOTAS / NOTES

# Translation list 18

| | | |
|---|---|---|
| 1 | Nos trajeron aquí para trabajar. | They brought us here to work. |
| 2 | No me di cuenta de que estabas aquí. | I didn't realize you were here. |
| 3 | Ni siquiera John sabía qué hacer. | Not even John knew what to do. |
| 4 | Elige el que quieras. | Choose / Pick whichever one you want. |
| 5 | Él pesa más que yo. | He weighs more than I do. |
| 6 | Esta es la ciudad más sucia del mundo. | This is the dirtiest city in the world. |
| 7 | No hay tanto petróleo aquí como en Arabia Saudita. | There isn't as much oil here as in Saudi Arabia. |
| 8 | No te comportes como él. | Don't behave like him. |
| 9 | No te des por vencido. | Don't give up. |
| 10 | ¿No tuviste una oportunidad? | Didn't you have a chance? |
| 11 | No les hagas caso. | Don't pay any attention to them. |
| 12 | Mantén los ojos abiertos. | Keep your eyes open. |
| 13 | No puedo alcanzarlo. | I can't reach it. |
| 14 | Él no debe de estar en casa. | He must not be at home. |
| 15 | ¿Cómo lo sabes? | How do you know? |
| 16 | No coge el teléfono. | He's not answering the telephone. |

| | | |
|---|---|---|
| **17** | Sigue intentándolo. (imperativo) | Keep trying. |
| **18** | Es una pérdida de tiempo. | It's a waste of time. |
| **19** | Tengo que ponerme en contacto con él. | I have to contact him. |
| **20** | Nunca le encontrarás. | You'll never find him. |
| **21** | Querer es poder. | Where there's a will, there's a way. |
| **22** | No necesitamos tus proverbios. | We don't need your proverbs. |
| **23** | ¿Quién te enseñó a hablar así? | Who taught you to speak like that? |
| **24** | Mi madre me enseñó todo lo que sé. | My mother taught me everything I know. |
| **25** | Eres un hombre afortunado. | You're a lucky man. |

NOTAS / NOTES

# Translation list 19

| | | |
|---|---|---|
| 1 | ¿Cuánto tiempo trabajaste con él? | How long did you work with him? |
| 2 | ¿Por qué te marchaste de la compañía? | Why did you leave the company? |
| 3 | ¿Quién era el jefe en aquel entonces? | Who was the boss at that time? |
| 4 | ¿Intentó él hacer que volvieras? | Did he try to make you come back? |
| 5 | Lo intentó pero no tuvo éxito. | He tried but he didn't succeed. |
| 6 | Deséame suerte. | Wish me luck. |
| 7 | Quisiera discutir estos asuntos contigo. | I'd like to discuss these matters with you. |
| 8 | Quiero pedirte perdón. | I want to apologize to you. |
| 9 | No te preocupes; no fue nada. | Don't worry; it was nothing. |
| 10 | Espero que no estés enfadado. | I hope you're not angry. |
| 11 | ¿Cómo quieren (ellos) que lo resolvamos? | How do they want us to solve it? |
| 12 | Me vestí después del desayuno. | I got dressed after breakfast. |
| 13 | ¿Cuánto tardas en vestirte? | How long does it take you to get dressed? |
| 14 | Los ladrones se lo llevaron todo. | The thieves took everything. |
| 15 | ¡Qué lástima! | What a pity / shame! |
| 16 | El seguro lo pagará. | The insurance will pay for it. |

| | | |
|---|---|---|
| **17** | No menciones mi nombre. | Don't mention my name. |
| **18** | No le digas que te lo dije. | Don't tell him I told you. |
| **19** | Él no se lo creerá cuando lo oiga. | He won't believe it when he hears it. |
| **20** | No dejes que eso te preocupe. | Don't let that worry you. |
| **21** | La operación comenzará esta noche. | The operation will begin tonight. |
| **22** | Su éxito dependerá de ti. | Its success will depend on you. |
| **23** | No me asustes. | Don't scare me. |
| **24** | ¿Qué clase de comportamiento es ese? | What kind of behaviour is that? |
| **25** | Te quemarás el brazo. | You'll burn your arm. |

## NOTAS / NOTES

# Translation list 20

| | | |
|---|---|---|
| 1 | ¿Cuándo habrá un examen? | When will there be an exam? |
| 2 | Te llamaremos en cuanto lo recibamos. | We'll call you as soon as we receive it. |
| 3 | ¿Cuándo creéis que lo recibiréis? | When do you think you'll receive it? |
| 4 | ¿Realmente quieres este trabajo? | Do you really want this job? |
| 5 | Entonces te lo tendrás que ganar. | Then you'll have to earn it. |
| 6 | Significará mucho más dinero. | It will mean a lot more money. |
| 7 | Pero esperarán mucho de ti. | But they'll expect a lot from you. |
| 8 | Tendrás que llegar aquí más temprano. | You'll have to get here earlier. |
| 9 | Tendrás que demostrar lo que vales. | You'll have to prove your worth. |
| 10 | Tendrás que tomar decisiones. | You'll have to make decisions. |
| 11 | Tendrás que tratar con gente. | You'll have to deal with people. |
| 12 | Tendrás que ser duro a veces. | You'll have to be hard at times. |
| 13 | ¿Todavía quieres el trabajo? | Do you still want the job? |
| 14 | Por supuesto que sí. | Of course I do. |
| 15 | Entonces es tuyo; disfruta con ello. | Then it's yours; enjoy it. |
| 16 | No sé cómo agradecértelo. | I don't know how to thank you. |

| | | |
|---|---|---|
| 17 | No tienes que agradecérmelo. | You don't have to thank me. |
| 18 | ¿Cuándo empiezo? | When do I start? |
| 19 | ¿Dónde estará mi despacho? | Where will my office be? |
| 20 | ¿Cuántas personas dependerán de mí? | How many people will report to me? |
| 21 | ¿De quién dependeré? | Who will I report to? |
| 22 | ¿Cómo es él? (de personalidad) | What's he like? |
| 23 | ¿Qué clase de persona es? | What kind of person is he? |
| 24 | ¿Crees que nos llevaremos bien? | Do you think we'll get along? |
| 25 | ¿Es un jefe duro? | Is he a tough boss? |

NOTAS / NOTES

# Translation list 21

| | | |
|---|---|---|
| 1 | Dibújamelo. | Draw it for me. |
| 2 | Volaron sobre la ciudad. | They flew over the city. |
| 3 | No dije nada. | I didn't say anything. |
| 4 | Dile lo que dijiste. | Tell him what you said. |
| 5 | Di la verdad. | Tell the truth. |
| 6 | Cuéntanos un chiste. | Tell us a joke. |
| 7 | Cuenta hasta diez. | Count to ten. |
| 8 | Cuando me entere, se lo contaré (a ella). | When I find out, I'll tell her. |
| 9 | Me encantaría ayudarte. | I'd love to help you. |
| 10 | ¿Me puedes echar una mano? | Can you give me a hand? |
| 11 | Creí que lo sabías. | I thought you knew. |
| 12 | No me grites. | Don't shout at me. |
| 13 | Si no lo haces, lo haré yo. | If you don't do it, I'll do it. |
| 14 | Hagámoslo una vez más. | Let's do it one more time. |
| 15 | ¿Qué importa? | What difference does it make? |
| 16 | Creí que te gustaba el vino. | I thought you liked wine. |

| | | |
|---|---|---|
| **17** | Le empujaron al agua. | They pushed him into the water. |
| **18** | No le rompas la camisa. | Don't tear his shirt. |
| **19** | No me rompas la máquina. | Don't break my machine. |
| **20** | No tenemos alternativa. | We have no choice. |
| **21** | ¿Cuándo nos va a recoger (él)? | When is he going to pick us up? |
| **22** | Espero que (él) sepa lo que hace. | I hope he knows what he's doing. |
| **23** | Deja de hablar tanto. (imperativo) | Stop talking so much. |
| **24** | ¿Quién te dio permiso? | Who gave you permission? |
| **25** | Tú eres el que estoy buscando. | You're the one I'm looking for. |

NOTAS / NOTES

# Translation list 22

| | | |
|---|---|---|
| 1 | Todo fue culpa tuya. | Everything was your fault. |
| 2 | No sé de qué me estás hablando. | I don't know what you're talking about. |
| 3 | No me mientas. | Don't lie to me. |
| 4 | Estoy cansado de escuchar tus quejas. | I'm tired of listening to your complaints. |
| 5 | Siempre te estás quejando. | You're always complaining. |
| 6 | Nos vamos a mudar a Noruega. | We're going to move to Norway. |
| 7 | Apúntalo. | Write it down. |
| 8 | Póntelo. | Put it on. |
| 9 | Quítatelo. | Take it off. |
| 10 | Pruébatelo. | Try it on. |
| 11 | Búscales. | Look for them. |
| 12 | Espérala. | Wait for her. |
| 13 | Mira eso. | Look at that. |
| 14 | Recógelos. | Pick them up. |
| 15 | Llévala a cenar. | Take her out to dinner. |
| 16 | No tienes que gritarles. | You don't have to shout at them. |

| | | |
|---|---|---|
| **17** | Tíralo (a la basura). | Throw it away. |
| **18** | Tíralo por la ventana. | Throw it out the window. |
| **19** | No te rindas. | Don't give up. |
| **20** | Lárgate. | Get out. |
| **21** | Lárgate de aquí. | Get out of here. |
| **22** | Vuelve a llamarle. | Call him back. |
| **23** | Sigue intentando. (imperativo) | Keep trying. |
| **24** | No te rías de mí. | Don't laugh at me. |
| **25** | Deja de llorar. (imperativo) | Stop crying. |

NOTAS / NOTES

# Translation list 23

| | | |
|---|---|---|
| 1 | ¿De quién son esos dibujos? | Whose drawings are those? |
| 2 | Probablemente intentarán matarles. | They'll probably try to kill them. |
| 3 | Es la mujer más hermosa del mundo. | She's the most beautiful woman in the world. |
| 4 | Todo el mundo hará el examen. | Everyone will take the exam. |
| 5 | Si apruebas el examen, aprobarás el curso. | If you pass the exam, you'll pass the course. |
| 6 | ¿Cuántas asignaturas tengo que estudiar? | How many subjects do I have to study? |
| 7 | Hubo una explosión en aquella tienda. | There was an explosion in that shop. |
| 8 | ¿Cuándo ocurrió? | When did it happen? |
| 9 | ¿Había gente cerca? | Were there any people nearby? |
| 10 | Está sonando el teléfono. | The telephone's ringing. |
| 11 | ¿Quién lo va a coger? | Who's going to answer it? |
| 12 | Nadie está interesado en tu dibujo. | Nobody's interested in your drawing. |
| 13 | ¿Sabes cuánto tiempo tardé en dibujarlo? | Do you know how long it took me to draw it? |
| 14 | Déjame que lo adivine. | Let me guess. |
| 15 | Bueno señores, ¿qué hacemos? | Well, gentlemen, what shall we do? |
| 16 | Es el mejor hombre que tenemos. | He's the best man we have. |

| | | |
|---|---|---|
| **17** | Será difícil encontrar un sustituto. | It will be difficult to find a replacement. |
| **18** | Nadie sabe tanto como él. | Nobody knows as much as he does. |
| **19** | Nadie habla tantos idiomas como él. | Nobody speaks as many languages as he does. |
| **20** | Nadie es tan persuasivo como él. | Nobody is as persuasive as he is. |
| **21** | Nadie tiene tantos contactos como él. | Nobody has as many contacts as he does. |
| **22** | Nadie es tan atractivo como él. | Nobody's as attractive as he is. |
| **23** | Tendremos que encontrar a alguien como él. | We'll have to find someone like him. |
| **24** | No va a ser fácil. | It's not going to be easy. |
| **25** | Es nuestra única alternativa. | It's our only alternative / choice. |

## NOTAS / NOTES

# Translation list 24

| | | |
|---|---|---|
| 1 | Quisiéramos saber lo que piensa (él). | We'd like to know what he thinks. |
| 2 | ¿Por qué no le llamamos? | Why don't we call him? |
| 3 | Si crees que él nos ayudará, estás loco. | If you think he'll help us, you're crazy / mad. |
| 4 | Vístete y vámonos. | Get dressed and let's go. |
| 5 | ¿Me visto aquí o en el baño? | Shall I get dressed here or in the bathroom? |
| 6 | No me importa dónde te vistas. | I don't care where you get dressed. |
| 7 | Él se está enfadando. | He's getting angry. |
| 8 | Me encuentro de maravilla. | I feel great. |
| 9 | ¿Te importa llamar más tarde? | Do you mind calling back later? |
| 10 | Estaré aquí toda la tarde. | I'll be here all afternoon. |
| 11 | Si no estoy, deja un recado. | If I'm not here, leave a message. |
| 12 | Si nadie contesta, sigue llamando. | If no one answers, keep calling. |
| 13 | Siento tener que hacer esto. | I'm sorry to have to do this. |
| 14 | Fumo porque me gusta. | I smoke because I like to. |
| 15 | Él viene aquí porque le gusta. | He comes here because he likes to. |
| 16 | Se está ensuciando. | It's getting dirty. |

| | | |
|---|---|---|
| **17** | ¿Con qué frecuencia lo limpias? | How often do you clean it? |
| **18** | Tengo una criada para limpiarlo. | I have a maid to clean it. |
| **19** | El llorar no ayudará. | Crying won't help. |
| **20** | Las cosas van bien. | Things are going well. |
| **21** | ¿Qué tal estás? | How are you doing? |
| **22** | ¿Cómo son los americanos? | What are Americans like? |
| **23** | Tienen ojos y orejas como nosotros. | They have eyes and ears like we do. |
| **24** | Sus antepasados eran europeos. | Their ancestors were European. |
| **25** | ¿Tienen casas como las nuestras? | Do they have houses like ours? |

NOTAS / NOTES

# Translation list 25

| | | |
|---|---|---|
| 1 | ¿Cuál fue el veredicto? | What was the verdict? |
| 2 | Le declararon culpable. | They found him guilty. |
| 3 | ¿Crees que lo hizo? | Do you think he did it? |
| 4 | No sé qué creer. | I don't know what to think. |
| 5 | Es como vivir en el campo. | It's like living in the country. |
| 6 | Este plan es nuestra salvación. | This plan is our salvation. |
| 7 | Ello solo nos traerá problemas. | It'll only bring us problems. |
| 8 | No estoy de acuerdo contigo. | I don't agree with you. |
| 9 | ¿En qué basas tu opinión? | What do you base your opinion on? |
| 10 | Son iguales. (de parecido físico) | They look exactly alike. |
| 11 | Deben de preocuparse mucho por ti. | They must worry about you a lot. |
| 12 | Lo oí pero no me lo creo. | I heard it but I don't believe it. |
| 13 | No esperes demasiado. | Don't wait too long. |
| 14 | ¿De qué trataba el artículo? | What was the article about? |
| 15 | De escándalos, como siempre. | About scandals, as always. |
| 16 | ¿No está la gente interesada en otras cosas? | Aren't people interested in anything else? |

| | | |
|---|---|---|
| 17 | Supongo que no. | I guess / suppose not. |
| 18 | ¿Lees esos artículos? | Do you read those articles? |
| 19 | Trato de no leerlos. | I try not to read them. |
| 20 | Hace un día soleado. | It's a sunny day. |
| 21 | Luce el sol. | The sun's shining. |
| 22 | Se está nublando. | It's getting cloudy. |
| 23 | ¿Qué tiempo hace? | What's the weather like? |
| 24 | Está empezando a llover. | It's starting to rain. |
| 25 | Hay niebla. | It's foggy. |

## NOTAS / NOTES

# Translation list 26

| | | |
|---|---|---|
| 1 | La niebla está muy espesa. | The fog's very thick. |
| 2 | La nieve se está derritiendo. | The snow's melting. |
| 3 | ¿Cuándo nos alcanzará la tormenta? | When will the storm reach us? |
| 4 | Está lloviendo a cántaros. | It's raining cats and dogs. |
| 5 | Está bajando el sol. | The sun's going down. |
| 6 | Pronto estará oscuro. | It'll be dark soon. |
| 7 | Los niños no salen cuando está oscuro. | Children don't go out when it's dark. |
| 8 | Hoy es el día más caluroso del año. | Today's the hottest day of the year. |
| 9 | Puedes freír un huevo en la acera. | You can fry an egg on the sidewalk / pavement. |
| 10 | No puedo dormir por la noche. | I can't sleep at night. |
| 11 | No hay brisa. | There isn't any breeze. |
| 12 | Una leve brisa estaría bien. | A slight breeze would be nice. |
| 13 | A mí me gusta el calor. | I like the heat. |
| 14 | ¿Quieres decir que te gusta este tiempo? | Do you mean you like this weather? |
| 15 | Me hace sentir fuerte. | It makes me feel strong. |
| 16 | Debes de estar loco. | You must be crazy / mad. |

| | | |
|---|---|---|
| **17** | Tuve que estar de pie en el autobús. | I had to stand (up) on the bus. |
| **18** | ¿No te ofreció nadie un asiento? | Didn't anybody offer you a seat? |
| **19** | ¿No se dieron cuenta de que estabas embarazada? | Didn't they realize you were pregnant? |
| **20** | Al parecer no. | Apparently not. |
| **21** | Fue un acontecimiento muy importante. | It was a very important event. |
| **22** | Yo no quería perdérmelo. | I didn't want to miss it. |
| **23** | No me dejarán verlo. | They won't let me see it. |
| **24** | Los árboles no te dejan ver el bosque. | You can't see the forest / wood for the trees. |
| **25** | Llegaremos al fondo de este asunto. | We'll get to the bottom of this matter. |

NOTAS / NOTES

# Translation list 27

| | | |
|---|---|---|
| 1 | ¿A qué hora sale el avión? | What time does the plane leave? |
| 2 | ¿De qué puerta de embarque sale? | What gate does it leave from? |
| 3 | No podrás hacerlo. | You won't be able to do it. |
| 4 | Podremos verle mañana. | We'll be able to see him tomorrow. |
| 5 | ¿Quién la despertó? | Who woke her up? |
| 6 | No fui yo. | It wasn't me. |
| 7 | Entonces, ¿quién fue? | Then who was it? |
| 8 | ¿Por qué me estás mirando a mí? | Why are you looking at me? |
| 9 | Quiero que hagas lo que te digo. | I want you to do what I tell you. |
| 10 | No quiero que te metas en líos. | I don't want you to get into trouble. |
| 11 | Quiero que todo el mundo sea feliz. | I want everyone to be happy. |
| 12 | No quiero que nadie esté triste. | I don't want anyone to be sad. |
| 13 | Quiero que mis hijos prosperen. | I want my children to prosper. |
| 14 | Quiero que triunfes en la vida. | I want you to succeed in life. |
| 15 | No quiero que fracases. | I don't want you to fail. |
| 16 | Quiero que te cases con una mujer buena. | I want you to marry a good woman. |

| | | |
|---|---|---|
| **17** | Quiero que aumentes tus conocimientos. | I want you to increase your knowledge. |
| **18** | Quiero que lo hagas lo mejor que puedas. | I want you to do the best you can. |
| **19** | Él quiere que el equipo pierda. | He wants the team to lose. |
| **20** | Quiere que compremos un billete. | He wants us to buy a ticket. |
| **21** | Quiere que llueva. | He wants it to rain. |
| **22** | ¿Llueve mucho aquí? | Does it rain a lot here? |
| **23** | ¿Qué significa esta frase? | What does this sentence mean? |
| **24** | Él no durará mucho. | He won't last long. |
| **25** | Soy como el malo de la película. | I'm like the bad guy in the movie. |

NOTAS / NOTES

# Translation list 28

| | | |
|---|---|---|
| 1 | ¿En qué sentido? | In what way? |
| 2 | Siempre termino perdiendo. | I always end up losing. |
| 3 | ¿Sientes pena de ti mismo? | Do you feel sorry for yourself? |
| 4 | En absoluto. | Not at all. |
| 5 | Entonces ¿por qué lloras? | Then why are you crying? |
| 6 | No lo puedo evitar. | I can't help it. |
| 7 | ¿Qué quieres decir con que no lo puedes evitar? | What do you mean you can't help it? |
| 8 | Estás pelando una cebolla. | You're peeling an onion. |
| 9 | No intentes ser gracioso. | Don't try to be funny. |
| 10 | Volvamos al tema. | Let's get back to the subject. |
| 11 | ¿De qué hablábamos? | What were we talking about? |
| 12 | De si existen o no los fantasmas. | Whether ghosts exist or not. |
| 13 | Yo no creo que existan. | I don't think they exist. |
| 14 | No creo en ellos. | I don't believe in them. |
| 15 | ¿En qué basas tu creencia? | What do you base your belief on? |
| 16 | No sabes de lo que estás hablando. | You don't know what you're talking about. |

| | | |
|---|---|---|
| 17 | Tengo cosas mejores de que hablar. | I have better things to talk about. |
| 18 | ¿Cómo qué? | Like what? |
| 19 | Como el verdadero significado de la belleza. | Like the true meaning of beauty. |
| 20 | La belleza es relativa, como todo. | Beauty is relative, like everything (else). |
| 21 | ¿Dónde conseguiste esas ideas? | Where did you get those ideas? |
| 22 | Mi padrino me las enseñó. | My godfather taught them to me. |
| 23 | ¿Vive aún? | Is he still alive? |
| 24 | Está casado con mi madre. | He's married to my mother. |
| 25 | Así que es tu padrastro también, ¿no? | Then he's your stepfather too, isn't he? |

NOTAS / NOTES

# Translation list 29

| | | |
|---|---|---|
| 1 | No funcionará. | It won't work. |
| 2 | Te ganarán. | They'll beat you. |
| 3 | Levántalo. | Lift it. |
| 4 | Cógele. | Catch him. |
| 5 | No le sueltes. | Don't let him go. |
| 6 | Pégale si trata de escaparse. | Hit him if he tries to get away. |
| 7 | Estate callado. | Keep / Be quiet. |
| 8 | No dejes que el perro te muerda. | Don't let the dog bite you. |
| 9 | ¿Puedo pedirte un favor? | Can I ask you a favour? |
| 10 | Es por eso por lo que me marcho. | That's why I'm leaving. |
| 11 | Ella me escribió una carta. | She wrote me a letter. |
| 12 | Me costó mucho (dinero). | It cost me a lot. |
| 13 | Me cobraron demasiado. | They charged me too much. |
| 14 | Tradujeron el mensaje. | They translated the message. |
| 15 | Él me presentó al gerente. | He introduced me to the manager. |
| 16 | Me dio vergüenza. | I was embarrassed. |

| | | |
|---|---|---|
| **17** | No sabía qué hacer. | I didn't know what to do. |
| **18** | No sabía dónde poner las manos. | I didn't know where to put my hands. |
| **19** | Él se dio cuenta de que yo estaba nervioso. | He realized I was nervous. |
| **20** | No pude ocultar mis sentimientos. | I couldn't hide my feelings. |
| **21** | Él me llenó el vaso. | He filled my glass. |
| **22** | Se lo agradecí. | I thanked him. |
| **23** | No me hizo caso. | He ignored me. |
| **24** | Hicieron una fortuna. | They made a fortune. |
| **25** | Hazme una promesa. | Make me a promise. |

## NOTAS / NOTES

# Translation list 30

| | | |
|---|---|---|
| 1 | Hazme un favor. | Do me a favour. |
| 2 | ¿Hiciste las reservas? | Did you make reservations? |
| 3 | Hice un crucigrama. | I did a crossword (puzzle). |
| 4 | Haz ejercicios. | Do some exercise. |
| 5 | Voy a hacer un curso. | I'm going to do a course. |
| 6 | Él no hizo nada. | He didn't do anything. |
| 7 | Hacemos máquinas de coser. | We make sewing machines. |
| 8 | Hacemos negocios con ellos. | We do business with them. |
| 9 | Siempre lo hago lo mejor que puedo. | I always do the best I can. |
| 10 | No le hagas enfadar. | Don't make him angry. |
| 11 | Harán que lo hagas. | They'll make you do it. |
| 12 | Hago vestidos. | I make dresses. |
| 13 | Haces mucho ruido. | You make a lot of noise. |
| 14 | Quiero hacerte una oferta. | I want to make you an offer. |
| 15 | Me gano la vida enseñando. | I make a living teaching. |
| 16 | ¿Quién tomó la decisión? | Who made the decision? |

| | | |
|---|---|---|
| 17 | Diste una buena impresión. | You made a good impression. |
| 18 | Te harán rico. | They'll make you rich. |
| 19 | Hazlo bien. | Do it well. |
| 20 | Haz la cama. | Make the bed. |
| 21 | Haz un esfuerzo. | Make an effort. |
| 22 | No me hagas reír. | Don't make me laugh. |
| 23 | No hagas las tareas domésticas. | Don't do the housework. |
| 24 | Haz los deberes. | Do your homework. |
| 25 | Él me pone nervioso. | He makes me nervous. |

NOTAS / NOTES

# Translation booklet 5

NIVEL INTERMEDIO

# Translation list 1

| | | |
|---|---|---|
| 1 | He ido allí dos veces esta semana. | I've been / gone there twice this week. |
| 2 | Él me ha llamado varias veces hoy. | He's called me several times today. |
| 3 | Hemos llegado a una conclusión. | We've reached a conclusion. |
| 4 | Hemos decidido cancelar el proyecto. | We've decided to cancel the project. |
| 5 | No han hecho nada. | They haven't done anything. |
| 6 | He probado muchas profesiones diferentes. | I've tried many different professions. |
| 7 | Él ha perdido la voz. | He's lost his voice. |
| 8 | Ella no ha venido por aquí últimamente. | She hasn't come here lately. |
| 9 | He empezado a estudiar alemán. | I've begun to study German. |
| 10 | He tenido muchos problemas con él. | I've had a lot of problems with him. |
| 11 | ¿Le has visto? | Have you seen him? |
| 12 | Sí, le vi hace cinco minutos. | Yes, I saw him five minutes ago. |
| 13 | ¿Qué hacía cuando le viste? | What was he doing when you saw him? |
| 14 | Recuérdame que le llame. | Remind me to call him. |
| 15 | Me recuerdas a un antiguo amigo mío. | You remind me of an old friend of mine. |
| 16 | ¿Has estado con él últimamente? | Have you been with him lately? |

| | | |
|---|---|---|
| 17 | No le he visto desde Navidad. | I haven't seen him since Christmas. |
| 18 | ¿Cómo se llama? | What's his name? |
| 19 | No creo que le conozcas. | I don't think you know him. |
| 20 | ¿Qué has hecho hoy? | What have you done today? |
| 21 | ¿Has hecho algo importante este mes? | Have you done anything important this month? |
| 22 | ¿Cuántas películas has visto este año? | How many movies / films have you seen this year? |
| 23 | Hasta ahora ninguna. | So far none. |
| 24 | Veamos una. | Let's see one. |
| 25 | Nunca he hecho algo así. | I've never done anything like that. |

## NOTAS / NOTES

# Translation list 2

| | | |
|---|---|---|
| 1 | Siempre hay una primera vez. | There's always a first time. |
| 2 | No he tenido muchas oportunidades. | I haven't had many chances. |
| 3 | Ahora vas a tener una. | Now you're going to have one. |
| 4 | Nunca he visto a una mujer como ella. | I've never seen a woman like her. |
| 5 | Él ha perdido mucho peso. | He's lost a lot of weight. |
| 6 | Él ha hecho muchas cosas por mí. | He's done a lot of things for me. |
| 7 | Me ha ayudado en muchas ocasiones. | He's helped me on a lot of occasions. |
| 8 | Siempre ha estado cerca cuando le he necesitado. | He's always been near when I've needed him. |
| 9 | Nunca ha pedido nada a cambio. | He's never asked for anything in return. |
| 10 | Siempre ha sido honesto y leal. | He's always been honest and loyal. |
| 11 | Siempre ha sido amable y servicial. | He's always been kind and helpful. |
| 12 | Me gustaría conocerle. | I'd like to meet him. |
| 13 | Estará aquí dentro de unos minutos. | He'll be here in a few minutes. |
| 14 | Debe de ser un hombre muy bondadoso. | He must be a very kind man. |
| 15 | Debe de tener muchos amigos. | He must have a lot of friends. |
| 16 | Debe de ser muy generoso. | He must be very generous. |

| | | |
|---|---|---|
| 17 | ¿Ha hecho alguna vez algo malo? | Has he ever done anything bad? |
| 18 | Nunca ha hecho nada malo. | He's never done anything bad. |
| 19 | ¿Ha levantado alguna vez la voz? | Has he ever raised his voice? |
| 20 | Nunca ha hecho eso. | He's never done that. |
| 21 | ¿Ha perdido alguna vez la paciencia? | Has he ever lost his patience? |
| 22 | Eso nunca le ha pasado. | That's never happened to him. |
| 23 | ¿Te ha llamado alguna vez idiota? | Has he ever called you an idiot? |
| 24 | ¿Tú qué crees? | What do you think? |
| 25 | Creo que debe de ser un tipo extraño. | I think he must be a strange guy. |

NOTAS / NOTES

# Translation list 3

| | | |
|---|---|---|
| 1 | No han llegado todavía. | They haven't arrived yet. |
| 2 | ¿Por qué no han llegado todavía? | Why haven't they arrived yet? |
| 3 | Porque están todavía en camino. | Because they're still on the way. |
| 4 | ¿Has comido ya? | Have you eaten yet? |
| 5 | No he comido todavía. | I haven't eaten yet. |
| 6 | ¿Por qué no has comido todavía? | Why haven't you eaten yet? |
| 7 | Porque todavía estoy estudiando. | Because I'm still studying. |
| 8 | ¿Todavía sales con ella? | Do you still go out with her? |
| 9 | Todavía salimos juntos. | We still go out together. |
| 10 | ¿Le has pedido ya que se case contigo? | Have you asked her to marry you yet? |
| 11 | No, todavía no. | No, not yet. |
| 12 | ¿Tienes intención de hacerlo? | Are you planning to do it? |
| 13 | No lo sé todavía. | I don't know yet. |
| 14 | ¿Has conocido a sus padres? | Have you met her parents? |
| 15 | Sí, ya los he conocido. | Yes, I've already met them. |
| 16 | ¿Cómo son? | What are they like? |

| | | |
|---|---|---|
| 17 | Me recuerdan a tus padres. | They remind me of your parents. |
| 18 | Deben de ser buena gente. | They must be good people. |
| 19 | Se está haciendo tarde. | It's getting late. |
| 20 | ¿Por qué no te has acostado aún? | Why haven't you gone to bed yet? |
| 21 | Todavía no tengo sueño. | I'm not sleepy yet. |
| 22 | ¿Has puesto ya el despertador? | Have you set your alarm clock yet? |
| 23 | Lo pondré más tarde. | I'll set it later. |
| 24 | Pon la mesa. | Set / lay the table. |
| 25 | Alguien ha estado aquí. | Someone has been here. |

NOTAS / NOTES

# Translation list 4

| | | |
|---|---|---|
| 1 | Ya he comido. | I've already eaten. |
| 2 | ¿Has comido ya? | Have you eaten yet? |
| 3 | Estoy aquí. | I'm here. |
| 4 | Llevo aquí una hora. | I've been here for an hour. |
| 5 | Estoy aprendiendo inglés. | I'm learning English. |
| 6 | Estoy aprendiendo inglés desde hace tres meses. | I've been learning English for three months. |
| 7 | Tengo el pelo canoso. | I have gray / grey hair. |
| 8 | Tengo el pelo canoso desde hace muchos años. | I've had gray / grey hair for many years. |
| 9 | Le conozco. | I know him. |
| 10 | Le conozco desde hace un mes. | I've known him for a month. |
| 11 | Están intentando matarme. | They're trying to kill me. |
| 12 | Llevan varios años intentando matarme. | They've been trying to kill me for several years. |
| 13 | Lo llevo haciendo desde hace algún tiempo. | I've been doing it for some time. |
| 14 | Llevan aquí unos días. | They've been here for a few days. |
| 15 | ¿Cuánto tiempo llevas aquí? | How long have you been here? |
| 16 | ¿Llevas mucho tiempo con ella? | Have you been with her for a long time? |

| | | |
|---|---|---|
| 17 | ¿Cuánto hace que la conoces? | How long have you known her? |
| 18 | ¿Conoces a sus padres? (de ella) | Do you know her parents? |
| 19 | ¿Cuándo los conociste? | When did you meet them? |
| 20 | ¿Te llevas bien con ellos? | Do you get along with them? |
| 21 | Me llevo bien con todo el mundo. | I get along with everybody. |
| 22 | ¿Dónde has estado? | Where have you been? |
| 23 | Te dije que no me gritaras. | I told you not to shout at me. |
| 24 | ¿Por qué no lo has leído? | Why haven't you read it? |
| 25 | ¿Tengo que darte razones para todo? | Do I have to give you reasons for everything? |

NOTAS / NOTES

# Translation list 5

| | | |
|---|---|---|
| 1 | Ha sido un día muy caluroso. | It's been a very hot day. |
| 2 | Espero que hayas tenido tiempo para pensarlo. | I hope you've had time to think about it. |
| 3 | Ya he comido. | I've already eaten. |
| 4 | Ya se han puesto en contacto con él. | They've already contacted him. |
| 5 | ¿Por qué no has hecho nada? | Why haven't you done anything? |
| 6 | ¿Ha recibido tu gente la orden? | Have your people received the order? |
| 7 | ¿De qué orden estás hablando? | What order are you talking about? |
| 8 | Nunca me ha gustado el ajedrez. | I've never liked chess. |
| 9 | Han estado aquí, ¿no? | They've been here, haven't they? |
| 10 | ¿No has tomado medidas? | Haven't you taken any measures? |
| 11 | No han hecho nada. | They haven't done anything. |
| 12 | No la he visto aún. | I haven't seen her yet. |
| 13 | Ese problema nunca ha sido resuelto. | That problem has never been solved. |
| 14 | El plan no ha sido aprobado. | The plan hasn't been approved. |
| 15 | Él ha hecho mucho por mí. | He's done a lot for me. |
| 16 | Él no ha llamado, ¿verdad? | He hasn't called, has he? |

| | | |
|---|---|---|
| **17** | ¿Has pensado alguna vez en esa posibilidad? | Have you ever thought about that possibility? |
| **18** | Tengo problemas con ellos desde hace mucho tiempo. | I've had problems with them for a long time. |
| **19** | ¿Les has pagado ya? | Have you paid them yet? |
| **20** | No les he visto siquiera. | I haven't even seen them. |
| **21** | Ha estado lloviendo todo el día. | It's been raining all day. |
| **22** | ¿Lo has firmado ya? | Have you signed it yet? |
| **23** | No lo he firmado todavía. | I haven't signed it yet. |
| **24** | Tienes que firmarlo. | You have to sign it. |
| **25** | No me digas lo que tengo que hacer. | Don't tell me what I have to do. |

NOTAS / NOTES

# Translation list 6

| | | |
|---|---|---|
| 1 | Ha habido un malentendido. | There's been a misunderstanding. |
| 2 | Ha habido varios problemas. | There have been several problems. |
| 3 | Ha sido un día difícil. | It's been a tough day. |
| 4 | He recibido mucha presión. | I've received a lot of pressure. |
| 5 | He tenido que tomar decisiones. | I've had to make decisions. |
| 6 | He tenido que ser duro con algunas personas. | I've had to be tough with some people. |
| 7 | He tenido que defender mis puntos de vista. | I've had to defend my points of view. |
| 8 | Ha habido algunos desacuerdos. | There have been some disagreements. |
| 9 | He tenido que imponer mi voluntad. | I've had to impose my will. |
| 10 | No ha habido ningún incendio. | There hasn't been any fire. |
| 11 | Llevamos aquí diez días. | We've been here for ten days. |
| 12 | Nadie ha muerto nunca de agujetas. | Nobody's ever died of sore muscles. |
| 13 | Nunca he hecho algo así. | I've never done anything like that. |
| 14 | El nivel del agua ha subido. | The water level has risen. |
| 15 | Él ha perdido la mayoría de sus amigos. | He's lost most of his friends. |
| 16 | El plástico se ha hecho más importante que el acero. | Plastic has become more important than steel. |

| | | |
|---|---|---|
| **17** | Nunca ha sido fácil. | It's never been easy. |
| **18** | No he empezado a buscarlo aún. | I haven't started looking for it yet. |
| **19** | Han estado escuchándonos. | They've been listening to us. |
| **20** | Nunca te he prometido nada. | I've never promised you anything. |
| **21** | Nos lo hemos pasado bien. | We've had a good time. |
| **22** | Ha hecho buen tiempo. | The weather's been nice. |
| **23** | Ha hecho un poco de calor. | It's been a little hot. |
| **24** | ¿Cuándo volveremos a vernos? | When will we see each other again? |
| **25** | Has crecido mucho desde la última vez que te vi. | You've grown a lot since the last time I saw you. |

NOTAS / NOTES

# Translation list 7

| | | |
|---|---|---|
| 1 | Nacieron en aquella aldea. | They were born in that village. |
| 2 | Se criaron allí también. | They grew up there too. |
| 3 | Fue descubierto hace unos años. | It was discovered a few years ago. |
| 4 | Le fue recordado asistir a la reunión. | He was reminded to attend the meeting. |
| 5 | Fue asesinado por los indios. | He was killed by the Indians. |
| 6 | Fue muerto por una flecha. | He was killed by an arrow. |
| 7 | Fue dejado morir. | He was left to die. |
| 8 | Fue salvado por un misionero. | He was saved by a missionary. |
| 9 | Fue llevado al fuerte. | He was taken to the fort. |
| 10 | Fue presentado al capitán. | He was introduced to the captain. |
| 11 | Le fue concedida una medalla. | He was given a medal. |
| 12 | Fue enviado a la capital. | He was sent to the capital. |
| 13 | Nunca ha vuelto. | He's never come back / returned. |
| 14 | Nunca nos ha escrito. | He's never written to us. |
| 15 | Creo que se ha olvidado de nosotros. | I think he's forgotten about us. |
| 16 | Ni siquiera nos dio las gracias. | He didn't even thank us. |

| | | |
|---|---|---|
| **17** | No le he visto desde entonces. | I haven't seen him since then. |
| **18** | No he oído nada de él. | I haven't heard anything about him. |
| **19** | Nadie me ha dicho nada sobre él. | Nobody's told me anything about him. |
| **20** | Ni siquiera sé donde está. | I don't even know where he is. |
| **21** | Cuando lleguen aquí, te los presentaré. | When they get here, I'll introduce them to you. |
| **22** | Seamos más razonables. | Let's be more reasonable. |
| **23** | Jamás he visto un contrato tan largo. | I've never seen such a long contract. |
| **24** | Nunca he hablado con un hombre tan terco. | I've never spoken to such a stubborn man. |
| **25** | Nunca he visto una película tan graciosa. | I've never seen such a funny film. |

NOTAS / NOTES

# Translation list 8

| | | |
|---|---|---|
| 1 | Nunca he tratado con un hombre tan astuto. | I've never dealt with such a shrewd man. |
| 2 | Nunca me lo he pasado tan bien. | I've never had such a good time. |
| 3 | Nunca he trabajado tan duro. | I've never worked so hard. |
| 4 | Nunca he visto a tantas mecanógrafas. | I've never seen so many typists. |
| 5 | Nunca he comido tanta comida. | I've never eaten so much food. |
| 6 | Nunca he tenido compañía tan agradable. | I've never had such pleasant company. |
| 7 | Nunca he hecho una cosa tan estúpida. | I've never done such a stupid thing. |
| 8 | Nunca he cometido tantos errores. | I've never made so many mistakes. |
| 9 | La obra fue tan aburrida que me fui. | The play was so boring that I left. |
| 10 | Era una obra tan aburrida que me fui. | It was such a boring play that I left. |
| 11 | Hemos llegado a una conclusión. | We've reached a conclusion. |
| 12 | ¿A qué conclusión habéis llegado? | What conclusion have you reached? |
| 13 | Hemos decidido no hacer nada. | We've decided not to do anything. |
| 14 | ¿Os ha presionado alguien? | Has anyone pressured you? |
| 15 | ¿Habéis recibido amenazas? | Have you received any threats? |
| 16 | Hace años que esto no ocurría. | This hasn't happened for years. |

| | | |
|---|---|---|
| **17** | No recuerdo la última vez que esto ocurrió. | I don't remember the last time this happened. |
| **18** | No sé de lo que estás hablando. | I don't know what you're talking about. |
| **19** | Da igual. | It doesn't matter. |
| **20** | Siempre he intentado ayudarles. | I've always tried to help them. |
| **21** | Nunca han hecho nada a cambio. | They've never done anything in return. |
| **22** | No les importa lo que te ocurra. | They don't care what happens to you. |
| **23** | Me alegro de saber eso. | I'm glad to know that. |
| **24** | Ese es el tipo de música que me gusta. | That's the kind of music I like. |
| **25** | Nunca he tenido que pegar a nadie. | I've never had to hit anyone. |

NOTAS / NOTES

# Translation list 9

| | | |
|---|---|---|
| 1 | ¿Se ha firmado ya? | Has it been signed yet? |
| 2 | ¿Se han visto ya? | Have they seen each other yet? |
| 3 | ¿Se ha hecho ya? | Has it been done yet? |
| 4 | ¿Por qué no se ha hecho? | Why hasn't it been done? |
| 5 | Nadie me dijo que tenía que ser hecho. | Nobody told me it had to be done. |
| 6 | ¿Han sido despertados ya? | Have they been woken up yet? |
| 7 | Ella ya ha sido advertida dos veces. | She's already been warned twice. |
| 8 | Si algo ocurre, es culpa de ella. | If something happens, it's her fault. |
| 9 | No estoy dispuesto a aceptar la culpa. | I'm not willing to accept the blame. |
| 10 | No me culpes a mí. | Don't blame me. |
| 11 | No quiero que culpes a nadie. | I don't want you to blame anyone. |
| 12 | No es culpa de nadie. | It's nobody's fault. |
| 13 | No tenemos que echar la culpa a nadie. | We don't have to blame anyone. |
| 14 | ¿Por qué hacer las cosas más difíciles de lo que ya son? | Why make things more difficult than they already are? |
| 15 | ¿Me lo puedes resumir? | Can you summarize / summarise it for me? |
| 16 | Sé justo lo suficiente para apañarme. | I know just enough to get by. |

| | | |
|---|---|---|
| 17 | Me apaño con mi inglés. | I get by with my English. |
| 18 | No te preocupes, saldremos del paso. | Don't worry, we'll get by. |
| 19 | Siempre han querido que yo lo haga. | They've always wanted me to do it. |
| 20 | Nunca te he pedido que mates a nadie. | I've never asked you to kill anyone. |
| 21 | Ni siquiera he tenido la oportunidad de despedirme todavía. | I haven't even had the chance to say goodbye yet. |
| 22 | No le han cogido aún. | They haven't caught him yet. |
| 23 | Nunca he pertenecido a ese club. | I've never belonged to that club. |
| 24 | Nunca llegarás a ser presidente. | You'll never become president. |
| 25 | Ni siquiera serás ministro. | You won't even be a minister. |

NOTAS / NOTES

# Translation list 10

| | | |
|---|---|---|
| 1 | Nunca he trabajado en un ministerio. | I've never worked in a ministry. |
| 2 | No se han muerto todavía. | They haven't died yet. |
| 3 | Siguen vivos. | They're still alive. |
| 4 | ¿A quién pegó Juan? | Who did John hit? |
| 5 | Deberías tener mucho cuidado. | You should be very careful. |
| 6 | Deberías llamarle antes de ir. | You should call him before going. |
| 7 | Deberían montar su propio negocio. | They should start their own business. |
| 8 | Deberíamos tratar de convencerle. | We should try to convince him. |
| 9 | No me interesan tus convicciones. | I'm not interested in your convictions. |
| 10 | Que yo sepa, no ha habido problemas. | As far as I know, there haven't been any problems. |
| 11 | ¡Qué voz más hermosa tiene! (ella) | What a beautiful voice she has! |
| 12 | ¡Qué ojos más grandes tienes! | What big eyes you have! |
| 13 | ¡Qué obra (de teatro) más aburrida! | What a boring play! |
| 14 | ¡Larguémonos de aquí! | Let's get out of here! |
| 15 | No pises las flores. | Don't step on the flowers. |
| 16 | No lo arrastres. | Don't drag it. |

| | | |
|---|---|---|
| **17** | Tardé años en construirlo. | It took me years to build it. |
| **18** | Suelo tardar media hora. | It usually takes me half an hour. |
| **19** | ¡Qué discurso más largo! | What a long speech! |
| **20** | Nunca he oído un discurso tan largo. | I've never heard such a long speech. |
| **21** | Fue tan largo que me dormí. | It was so long that I fell asleep. |
| **22** | Fue un discurso tan largo que me dormí. | It was such a long speech that I fell asleep. |
| **23** | No deberías estar aquí. | You shouldn't be here. |
| **24** | No deberías mirar a la gente de ese modo. | You shouldn't look at people like that. |
| **25** | Deberías dar las gracias cuando la gente te da cosas. | You should say thank you when people give you things. |

## NOTAS / NOTES

# Translation list 11

| | | |
|---|---|---|
| 1 | Nunca he sabido cómo convencerle. | I've never known how to convince him. |
| 2 | Llevo veinte años casado. | I've been married for twenty years. |
| 3 | Vivo aquí desde hace años. | I've been living here for years. |
| 4 | ¿Cuánto tiempo lleva lloviendo? | How long has it been raining? |
| 5 | Llevo tres años intentando conseguir una entrevista con él. | I've been trying to get an interview with him for three years. |
| 6 | Nunca me daré por vencido. | I'll never give up. |
| 7 | Está detrás de mí desde que vine aquí. (ella) | She's been after me since I came here. |
| 8 | ¿Qué quiere? (ella) | What does she want? |
| 9 | No tengo ni la más remota idea. | I haven't the slightest idea. |
| 10 | ¿No se lo has preguntado? | Haven't you asked her? |
| 11 | Creo que se ha enamorado de ti. | I think she's fallen in love with you. |
| 12 | Me temo que tengas razón. | I'm afraid you're right. |
| 13 | ¿Qué hacemos? | What shall we do? |
| 14 | Es tu problema, no el mío. | It's your problem, not mine. |
| 15 | No tiene ningún sentido. | It doesn't make any sense. |
| 16 | ¿Qué es lo que no tiene ningún sentido? | What doesn't make any sense? |

| | | |
|---|---|---|
| 17 | Ella podría ser mi madre. | She could be my mother. |
| 18 | ¿Te molesta mucho? (ella) | Does she bother you a lot? |
| 19 | Casi nunca me deja en paz. | She hardly ever leaves me alone. |
| 20 | Dile que no estás interesado. | Tell her you're not interested. |
| 21 | No quiere escucharme. (ella) | She doesn't want to listen to me. |
| 22 | Entonces no le hagas caso. | Then ignore her. |
| 23 | No es tan fácil. | It's not that easy. |
| 24 | ¿Qué quieres decir con que no es tan fácil? | What do you mean it's not that easy? |
| 25 | Es ella quien me paga. | She's the one who pays me. |

NOTAS / NOTES

# Translation list 12

| | | |
|---|---|---|
| 1 | ¿Cuánto hace que ocurre esto? | How long has this been happening? |
| 2 | Desde que entré en la compañía. | Since I joined the company. |
| 3 | Supongo que no hay nada que puedas hacer al respecto. | I guess there's nothing you can do about it. |
| 4 | Cuando yo tenga suficiente dinero, dejaré la compañía. | When I have enough money, I'll leave the company. |
| 5 | Esa me parece una buena idea. | That sounds like a good idea. |
| 6 | ¿Cuándo esperas tener el suficiente? | When do you expect to have enough? |
| 7 | Cuando ella pague lo que me debe. | When she pays me what she owes me. |
| 8 | ¿Cuánto te debe? | How much does she owe you? |
| 9 | Me debe dos mensualidades. | She owes me two monthly payments. |
| 10 | ¿Cómo puedes vivir sin ese dinero? | How can you live without that money? |
| 11 | Me apaño. | I get by. |
| 12 | ¿Has vendido tus cuadros? | Have you sold your paintings? |
| 13 | He tenido que vender algunos. | I've had to sell some. |
| 14 | ¿Por qué no montas una galería? | Why don't you start a gallery? |
| 15 | Se tarda mucho en montar algo así. | It takes a long time to start something like that. |
| 16 | No tanto como tú crees. | Not as long as you think. |

| | | |
|---|---|---|
| 17 | Tengo poca experiencia en cosas así. | I have little experience in things like that. |
| 18 | Te puedo ayudar si me dejas. | I can help you if you let me. |
| 19 | Incluso podríamos ser socios. | We could even be partners. |
| 20 | Eso parece interesante. | That sounds interesting. |
| 21 | Deja que lo piense esta noche. | Let me think about it tonight. |
| 22 | Creo que es una idea genial. | I think it's a great idea. |
| 23 | Puede que tengas razón. | You may be right. |
| 24 | Podemos por fin poseer algo. | We can finally own something. |
| 25 | ¿Y qué hay de los problemas? | And what about the problems? |

NOTAS / NOTES

# Translation list 13

| | | |
|---|---|---|
| 1 | Nunca he tenido dolor de cabeza. | I've never had a headache. |
| 2 | Han estado aquí varias veces. | They've been here several times. |
| 3 | ¿Por qué no lo has hecho todavía? | Why haven't you done it yet? |
| 4 | Llevan mucho tiempo allí. | They've been there for a long time. |
| 5 | Siempre he tenido miedo de los lobos. | I've always been afraid of wolves. |
| 6 | Ha habido una demora. | There's been a delay. |
| 7 | No me han dado la orden todavía. | They haven't given me the order yet. |
| 8 | Han sido notificados. | They've been notified. |
| 9 | Ya me lo han dicho. | They've already told me. |
| 10 | No he llegado a ninguna conclusión. | I haven't reached any conclusion. |
| 11 | Aquí lleva lloviendo tres semanas. | It's been raining here for three weeks. |
| 12 | ¿No has hecho nada? | Haven't you done anything? |
| 13 | Hace mucho que no voy por allí. | I haven't gone there for a long time. |
| 14 | Hace mucho que no le veo. | I haven't seen him for a long time. |
| 15 | Hace años que no bailamos juntos. | We haven't danced together for years. |
| 16 | Debes de estar loco. | You must be crazy. |

| | | |
|---|---|---|
| **17** | Nunca he estado tan loco como hoy. | I've never been as crazy as today. |
| **18** | Ha habido una explosión. | There's been an explosion. |
| **19** | Hasta ahora tres personas han muerto. | So far three people have died. |
| **20** | No hemos perdido nada aún. | We haven't lost anything yet. |
| **21** | ¿Has hablado con él últimamente? | Have you spoken to him lately? |
| **22** | ¿Por qué no te vienes con nosotros? | Why don't you come with us? |
| **23** | No ha sido reparado todavía. | It hasn't been repaired yet. |
| **24** | No sé si me gusta porque nunca lo he probado. | I don't know if I like it because I've never tried it. |
| **25** | Pruébalo, te gustará. | Try it, you'll like it. |

NOTAS / NOTES

# Translation list 14

| | | |
|---|---|---|
| 1 | ¿A qué sabe? | What does it taste like? |
| 2 | ¿Cómo es John? | What's John like? |
| 3 | John nunca me ha caído bien. | I've never liked John. |
| 4 | Puedes pulsar el botón que quieras. | You can push whatever button you want. |
| 5 | ¿Se enfadarán si pulso este? | Will they get angry if I push this one? |
| 6 | Escúchame cuando te hablo. | Listen to me when I speak to you. |
| 7 | No podemos llegar a un acuerdo. | We can't reach an agreement. |
| 8 | Me han dicho que tenga cuidado. | They've told me to be careful. |
| 9 | Nunca he tenido que usar la fuerza. | I've never had to use force. |
| 10 | No he tenido tiempo todavía. | I haven't had time yet. |
| 11 | Hemos estado fuera unos días. | We've been away for a few days. |
| 12 | ¿Qué se ha hecho? | What's been done? |
| 13 | ¿No sabe nadie dónde están? | Doesn't anyone know where they are? |
| 14 | Esta es la última vez que lo voy a hacer. | This is the last time I'm going to do it. |
| 15 | Se han tomado varias decisiones. | Several decisions have been made. |
| 16 | No ha llovido últimamente. | It hasn't rained lately. |

| | | |
|---|---|---|
| **17** | No la he visto últimamente. | I haven't seen her lately. |
| **18** | No la he visto desde hace dos meses. | I haven't seen her for two months. |
| **19** | ¿Qué ha estado haciendo? (ella) | What has she been doing? |
| **20** | No tengo ni idea. | I have no idea. |
| **21** | Voy a ponerme en contacto con ella. | I'm going to contact her. |
| **22** | Nunca podré leer todos esos libros. | I'll never be able to read all those books. |
| **23** | Todavía me encuentro un poco cansado. | I still feel a little tired. |
| **24** | ¿Cómo te sentiste cuando te levantaste esta mañana? | How did you feel when you got up this morning? |
| **25** | Tuve ganas de volver a la cama. | I felt like going back to bed. |

NOTAS / NOTES

# Translation list 15

| | | |
|---|---|---|
| 1 | ¿Qué te gustaría hacer? | What would you like to do? |
| 2 | ¿Has pensado alguna vez en retirarte? | Have you ever thought about retiring? |
| 3 | Es lo último que quiero hacer. | It's the last thing I want to do. |
| 4 | ¿No crees que necesitas un descanso? | Don't you think you need a rest? |
| 5 | Tendré tiempo más que suficiente para eso cuando llegue a los 65 años. | I'll have plenty of time for that when I reach 65. |
| 6 | Voy a asegurar mi casa. | I'm going to insure my house. |
| 7 | ¿Cuánto crees que vale? | How much do you think it's worth? |
| 8 | Vale más de lo que piensas. | It's worth more than you think. |
| 9 | ¿Por qué la quieres asegurar? | Why do you want to insure it? |
| 10 | Porque está llena de cosas valiosas. | Because it's full of valuable things. |
| 11 | ¿Cómo qué? | Like what? |
| 12 | Mi mujer tiene todas sus joyas allí. | My wife has all her jewels there. |
| 13 | Tengo unas antigüedades que valen una fortuna. | I have some antiques that are worth a fortune. |
| 14 | Tengo una valiosa colección de pinturas. | I have a valuable collection of paintings. |
| 15 | Hemos hecho muchos progresos. | We've made a lot of progress. |
| 16 | Hemos progresado bastante. | We've progressed quite a lot. |

| | | |
|---|---|---|
| 17 | Ha habido bastantes problemas. | There have been quite a few problems. |
| 18 | Hemos tenido mucha suerte. | We've been very lucky. |
| 19 | Antes teníamos reuniones semanales. | We used to have weekly meetings. |
| 20 | El progreso se mide periódicamente. | Progress is measured periodically. |
| 21 | ¿Con qué frecuencia habrá exámenes? | How often will there be exams? |
| 22 | Habrá un examen al mes. | There'll be a monthly exam. |
| 23 | Antes teníamos exámenes trimestrales. | We used to have quarterly exams. |
| 24 | De ahora en adelante habrá más. | From now on, there will be more. |
| 25 | ¿Qué tipo de reacción esperas por parte de los alumnos? | What kind of reaction do you expect from the students? |

NOTAS / NOTES

# Translation list 16

| | | |
|---|---|---|
| 1 | No dirán nada. | They won't say anything. |
| 2 | ¿Cómo puedes estar tan seguro? | How can you be so sure? |
| 3 | Nuestros alumnos nunca se quejan. | Our students never complain. |
| 4 | Jamás se han quejado de nada. | They've never complained about anything. |
| 5 | Siempre hemos mantenido buenas relaciones con los alumnos. | We've always maintained good relations with the students. |
| 6 | Tengo este dolor desde hace un mes. | I've had this pain for a month. |
| 7 | Tienen esa casa desde hace un año. | They've had that house for a year. |
| 8 | Hemos llegado a un importante acuerdo. | We've reached an important agreement. |
| 9 | Espero que sepas lo que estás haciendo. | I hope you know what you're doing. |
| 10 | No te preocupes por nosotros. | Don't worry about us. |
| 11 | No se encontró nada. | Nothing was found. |
| 12 | La casa fue registrada. | The house was searched. |
| 13 | Yo vivía antes en ese vecindario. | I used to live in that neighbourhood. |
| 14 | Ya no vivo allí. | I don't live there anymore. |
| 15 | ¿Por qué te mudaste? | Why did you move? |
| 16 | Necesitábamos una casa más grande. | We needed a bigger house. |

| | | |
|---|---|---|
| **17** | ¿Qué te hizo decidir eso? | What made you decide that? |
| **18** | El nacimiento de nuestro tercer hijo. | The birth of our third child. |
| **19** | ¿Fue niño o niña? | Was it a boy or a girl? |
| **20** | ¿Cuándo nació? (ella) | When was she born? |
| **21** | ¿Cuántos años tenía cuando os mudasteis aquí? | How old was she when you moved here? |
| **22** | ¿Le gusta a tu mujer esta casa? | Does you wife like this house? |
| **23** | ¿Cuánto tiempo lleváis viviendo aquí? | How long have you been living here? |
| **24** | ¿Has terminado de pagarla? | Have you finished paying for it? |
| **25** | ¿Cuántos pagos te quedan? | How many payments do you have left? |

NOTAS / NOTES

# Translation list 17

| | | |
|---|---|---|
| 1 | ¿Dónde has estado? | Where have you been? |
| 2 | He estado muy ocupado últimamente. | I've been very busy lately. |
| 3 | Lleva tres días lloviendo. | It's been raining for three days. |
| 4 | Te preocupas demasiado. | You worry too much. |
| 5 | No seas tan duro con ellos. | Don't be so hard on them. |
| 6 | Nunca he tenido suficiente dinero. | I've never had enough money. |
| 7 | ¿Cuánto tiempo durará el juicio? | How long will the trial last? |
| 8 | ¿Puedes ayudarme? | Can you help me? |
| 9 | ¿Puedes echarme una mano? | Can you give me a hand? |
| 10 | No tienes que agradecérmelo. | You don't have to thank me. |
| 11 | Me gusta ayudar a la gente. | I like helping / to help people. |
| 12 | Él por fin ha decidido casarse. | He's finally decided to get married. |
| 13 | Se casaron hace unos días. | They got married a few days ago. |
| 14 | No he tenido tiempo. | I haven't had time. |
| 15 | La película terminó más tarde de lo que esperábamos. | The movie ended later than we expected. |
| 16 | Han tardado mucho. | It's taken them a long time. |

| | | |
|---|---|---|
| 17 | ¿Cuánto tarda él en vestirse? | How long does it take him to get dressed? |
| 18 | Cásate conmigo. | Marry me. |
| 19 | Te haré feliz. | I'll make you happy. |
| 20 | Quiero que me sigas. | I want you to follow me. |
| 21 | Nunca te he pedido que hagas semejante cosa. | I've never asked you to do such a thing. |
| 22 | Deberías tener más cuidado. | You should be more careful. |
| 23 | No deberías hacer cosas así. | You shouldn't do things like that. |
| 24 | ¿Qué hacemos? | What shall we do? |
| 25 | ¿Le hablo yo primero? | Shall I speak to him first? |

NOTAS / NOTES

# Translation list 18

| | | |
|---|---|---|
| 1 | Haz lo que quieras. | Do whatever you want. |
| 2 | Llevo dos días intentando verle. | I've been trying to see him for two days. |
| 3 | ¿Por qué no le llamas? | Why don't you call him? |
| 4 | Le daré un toque. | I'll give him a call / ring. |
| 5 | Confía en mí. | Trust me. |
| 6 | Podrías sufrir un accidente. | You could have an accident. |
| 7 | ¿Podrías abrir la maleta, por favor? | Could you open the suitcase, please? |
| 8 | ¿Tienes algo que declarar? | Do you have anything to declare? |
| 9 | Vigílales de cerca. | Watch them closely. |
| 10 | Ella no lo ha leído. | She hasn't read it. |
| 11 | El incendio ha empezado a extenderse. | The fire has started to spread. |
| 12 | Nadie le ha visto todavía. | Nobody has seen him yet. |
| 13 | He perdido mi fe en él. | I've lost my faith in him. |
| 14 | Ella siempre ha tenido miedo de mí. | She's always been afraid of me. |
| 15 | Agradezco tu esfuerzo. | I appreciate your effort. |
| 16 | Me gustaría que vinieras conmigo. | I'd like you to come with me. |

| | | |
|---|---|---|
| **17** | Me alegro de saber eso. | I'm glad to know that. |
| **18** | Me alegro de que hayas venido. | I'm glad you came. |
| **19** | Empecemos de nuevo. | Let's start again. |
| **20** | No dejarán que le veas. | They won't let you see him. |
| **21** | ¿De quién es esta cinta? | Whose tape is this? |
| **22** | Nunca ganarás la carrera. | You'll never win the race. |
| **23** | No te des por vencido. | Don't give up. |
| **24** | Hemos conseguido el objetivo. | We've achieved the objective. |
| **25** | Hemos logrado la meta. | We've accomplished the goal. |

NOTAS / NOTES

# Translation list 19

| | | |
|---|---|---|
| 1 | Tienes que hacer un mayor esfuerzo. | You have to make more of an effort. |
| 2 | ¿Qué te gustaría ser? | What would you like to be? |
| 3 | Mucha gente no le cree. | A lot of people don't believe him. |
| 4 | Yo tampoco. | Neither do I. |
| 5 | No estoy de acuerdo con tu versión. | I don't agree with your version. |
| 6 | ¿Me estás llamando mentiroso? | Are you calling me a lair? |
| 7 | Siempre digo la verdad. | I always tell the truth. |
| 8 | Todo lo que digo es verdad. | Everything I say is true. |
| 9 | Nunca miento. | I never lie. |
| 10 | Nunca digo mentiras. | I never tell lies. |
| 11 | Siempre hago lo mejor que puedo. | I always do the best I can. |
| 12 | Eso no es suficiente. | That's not enough. |
| 13 | Estás pidiendo demasiado. | You're asking too much. |
| 14 | ¿Qué te trae aquí? | What brings you here? |
| 15 | Quisiera hablar contigo un minuto. | I'd like to talk to you for a minute. |
| 16 | No me di cuenta de que estabas en una situación tan delicada. | I didn't realize / realise you were in such an awkward situation. |

| | | |
|---|---|---|
| 17 | ¿Quieres decir que nadie te dijo nada? | Do you mean no one told you anything? |
| 18 | Me enteré de tu problema anoche. | I learned about / found out about your problem last night. |
| 19 | Pon la radio. | Turn on the radio. |
| 20 | Apágala. | Turn it off. |
| 21 | Sube el volumen. | Turn up the volume. |
| 22 | Bájalo. | Turn it down. |
| 23 | ¿Por qué se te cayó? | Why did you drop it? |
| 24 | Recógelo. | Pick it up. |
| 25 | Devuélveselo a tu hermana. | Give it back to your sister. |

NOTAS / NOTES

# Translation list 20

| | | |
|---|---|---|
| 1 | No le prestes dinero. | Don't lend him any money. |
| 2 | Él nunca devuelve sus préstamos. | He never pays back his loans. |
| 3 | Voy a pedir un crédito. | I'm going to ask for a loan. |
| 4 | Es difícil conseguir préstamos. | It's difficult to get loans. |
| 5 | Tengo que encontrar un modo. | I have to find a way. |
| 6 | A todo el mundo le gusta porque está de moda. | Everybody likes it because it's in fashion. |
| 7 | ¿Qué es lo que está de moda? | What's in fashion? |
| 8 | No dispares hasta que le veas los ojos. | Don't shoot until you see his eyes. |
| 9 | No tienes que agradecérmelo. | You don't have to thank me. |
| 10 | Lo hago porque es mi deber. | I do it because it's my duty. |
| 11 | Tengo mis dudas. | I have my doubts. |
| 12 | Le gusta hacer sentir incómoda a la gente. | He likes to make people feel uncomfortable. |
| 13 | No les obligues a hacer eso. | Don't make them do that. |
| 14 | Déjame intentar convencerle. | Let me try to convince him. |
| 15 | Él es muy terco. | He's very stubborn. |
| 16 | ¿Cuándo nació el bebé? | When was the baby born? |

| | | |
|---|---|---|
| 17 | ¿Cuándo va a nacer el bebé? | When's the baby going to be born? |
| 18 | Cuando sea mayor, quiero ser abogado. | When I grow up, I want to be a lawyer. |
| 19 | Vamos a ver si están en casa. | Let's see if they're at home. |
| 20 | Su línea (de ellos) lleva tres horas comunicando. | Their line has been busy for three hours. |
| 21 | Él nunca alcanzó su potencial. | He never reached his potential. |
| 22 | Sigo creyendo que fue un gran hombre. | I still think he was a great man. |
| 23 | Esto es fácil de hacer. | This is easy to do. |
| 24 | Tengo algunas personas a las que llamar. | I have some people to call. |
| 25 | Aprovecho mi tiempo. | I make the most of my time. |

NOTAS / NOTES

# Translation list 21

| | | |
|---|---|---|
| 1 | No se ha tomado una decisión. | A decision hasn't been made. |
| 2 | No quiero que digas nada. | I don't want you to say anything. |
| 3 | Hay varios casos. | There are several cases. |
| 4 | Hubo varios accidentes. | There were several accidents. |
| 5 | Habrá bastantes candidatos. | There will be quite a few candidates. |
| 6 | Va a haber una manifestación. | There's going to be a demonstration. |
| 7 | Ha habido un malentendido. | There's been a misunderstanding. |
| 8 | Ha habido muchas tormentas este mes. | There have been a lot of storms this month. |
| 9 | Puede que no estén en casa. | They may not be at home. |
| 10 | Puede que le conozcas. | You may know him. |
| 11 | Espero que lo hagan pronto. | I hope they do it soon. |
| 12 | Cuanto antes, mejor. | The sooner, the better. |
| 13 | No te rías de él. | Don't laugh at him. |
| 14 | Esta meta no puede conseguirse. | This goal can't be achieved. |
| 15 | ¿Has estado alguna vez en Roma? | Have you ever been to Rome? |
| 16 | ¿Comes alguna vez allí? | Do you ever eat there? |

| | | |
|---|---|---|
| 17 | ¿Fuiste alguna vez allí? | Did you ever go there? |
| 18 | Lleva varios meses cerrado. | It's been closed for several months. |
| 19 | Bórralo. | Erase it. |
| 20 | Está sonando el teléfono. | The telephone's ringing. |
| 21 | Lleva todo el día sonando. | It's been ringing all day. |
| 22 | ¿Qué quieres que yo haga? | What do you want me to do? |
| 23 | No te dije que hicieras nada. | I didn't tell you to do anything. |
| 24 | ¡Qué día más maravilloso! | What a wonderful day! |
| 25 | Tienes que pagar por mis servicios. | You have to pay for my services. |

## NOTAS / NOTES

# Translation list 22

| | | |
|---|---|---|
| 1 | ¿De qué servicios me estás hablando? | What services are you talking to me about? |
| 2 | El esperar es la peor parte de mi trabajo. | Waiting is the worst part of my job. |
| 3 | Él no puede guardar un secreto. | He can't keep a secret. |
| 4 | Sé convencerle. | I know how to convince him. |
| 5 | Sé cuidarme. | I know how to take care of myself. |
| 6 | Cuida a las chicas. | Take care of the girls. |
| 7 | Ten cuidado con esas chicas. | Be careful with those girls. |
| 8 | Intentarán aprovecharse de ti. | They'll try to take advantage of you. |
| 9 | Es hora de acostarse. | It's time to go to bed. |
| 10 | No deberías hacer cosas así. | You shouldn't do things like that. |
| 11 | Divídelo en dos partes iguales. | Divide it into two equal parts. |
| 12 | La tierra fue creada en seis días. | The earth was created in six days. |
| 13 | Tardé tres días en averiguar donde estabas. | It took me three days to find out where you were. |
| 14 | Yo no sabía que me buscabas. | I didn't know you were looking for me. |
| 15 | Mucha gente ha estado preocupada por ti. | A lot of people have been worried about you. |
| 16 | No les pedí que se preocuparan por mí. | I didn't ask them to worry about me. |

| | | |
|---|---|---|
| **17** | Me duelen los pies. | My feet hurt. |
| **18** | Puedo verme en el espejo. | I can see myself in the mirror. |
| **19** | ¿No has hecho nada todavía? | Haven't you done anything yet? |
| **20** | No te puedes fiar de él. | You can't trust him. |
| **21** | Pídemelo. | Ask me for it. |
| **22** | ¿Cuánto tiempo durará la operación? | How long will the operation last? |
| **23** | No durará mucho. | It won't last long. |
| **24** | Él no sabe de lo que está hablando. | He doesn't know what he's talking about. |
| **25** | ¿Cuánto pesas? | How much do you weigh? |

NOTAS / NOTES

# Translation list 23

| | | |
|---|---|---|
| 1 | He ganado mucho peso últimamente. | I've gained a lot of weight lately. |
| 2 | Casi siempre le veo por la noche. | I almost always see him at night. |
| 3 | Casi nunca consiguen sus objetivos. | They hardly ever achieve their objectives. |
| 4 | Suelo hacerlo días alternos. | I usually do it every other day. |
| 5 | Tiene que tomarse una decisión. | A decision has to be made. |
| 6 | Ya han sido informados. | They've already been informed. |
| 7 | Algo extraño va a suceder. | Something strange is going to happen. |
| 8 | Fue la reunión más corta a la que jamás he asistido. | It was the shortest meeting I've ever attended. |
| 9 | Explícamelo. | Explain it to me. |
| 10 | ¿Vas a tomar postre? | Are you going to have dessert? |
| 11 | Depende de muchos factores. | It depends on a lot of factors. |
| 12 | El nivel de vida es muy alto en este país. | The standard of living is very high in this country. |
| 13 | Nunca te harás rico trabajando. | You'll never get rich by working. |
| 14 | Según él, todos somos idiotas. | According to him, we're all idiots. |
| 15 | ¿Haces todo lo que ella te dice? | Do you do everything she tells you? |
| 16 | No te preocupes, no dolerá. | Don't worry, it won't hurt. |

| | | |
|---|---|---|
| 17 | ¿Qué es lo que no dolerá? | What won't hurt? |
| 18 | Lo que te voy a hacer. | What I'm going to do to you. |
| 19 | ¿Qué me vas a hacer? | What are you going to do to me? |
| 20 | Te voy a poner una inyección. | I'm going to give you an injection. |
| 21 | ¿Para qué? | What for? |
| 22 | Para tu catarro. | For your cold. |
| 23 | No tengo catarro. | I don't have a cold. |
| 24 | Pero llevas dos semanas tosiendo. | But you've been coughing for two weeks. |
| 25 | Yo no tengo tos. | I don't have a cough. |

NOTAS / NOTES

# Translation list 24

| | | |
|---|---|---|
| 1 | Pero llevas una semana con fiebre. | But you've had a fever for a week. |
| 2 | No sé de lo que estás hablando. | I don't know what you're talking about. |
| 3 | ¿No eres tú la persona que estuvo aquí ayer por la tarde? | Aren't you the person who was here yesterday afternoon? |
| 4 | Nunca he estado aquí. | I've never been here. |
| 5 | Te pareces a un paciente mío. | You look like a patient of mine. |
| 6 | Mi tío se parece a mí. | My uncle looks like me. |
| 7 | Debe de ser muy feo tu tío. | You're uncle must be very ugly. |
| 8 | ¿Qué quieres decir? | What do you mean? |
| 9 | ¿Te he ofendido? | Have I offended you? |
| 10 | Es un hombre guapo. | He's a handsome man. |
| 11 | París es una ciudad hermosa. | Paris is a beautiful city. |
| 12 | Es una chica guapa. | She's a pretty girl. |
| 13 | Ya se ha mandado. | It's already been sent. |
| 14 | Ya se ha decidido. | It's already been decided. |
| 15 | No se ha hecho aún. | It hasn't been done yet. |
| 16 | Todavía estamos esperando la carta. | We're still waiting for the letter. |

| | | |
|---|---|---|
| **17** | ¿No la habéis recibido todavía? | Haven't you received it yet? |
| **18** | ¿De qué estás hablando? | What are you talking about? |
| **19** | Deberías tener más cuidado. | You should be more careful. |
| **20** | Ya no están aquí. | They're not here anymore. |
| **21** | ¿Sigues siendo mi amigo? | Are you still my friend? |
| **22** | Siempre he sido tu amigo. | I've always been your friend. |
| **23** | A veces no lo parece. | Sometimes it doesn't seem like it. |
| **24** | Él parece ser el mejor candidato. | He seems to be the best candidate. |
| **25** | Si no la despiertas, dormirá hasta el mediodía. | If you don't wake her up, she'll sleep until noon. |

NOTAS / NOTES

# Translation list 25

| | | |
|---|---|---|
| 1 | No los he visto todavía. | I haven't seen them yet. |
| 2 | ¿Se ha hecho algo? | Has anything been done? |
| 3 | Llevo horas intentando encontrarle. | I've been trying to find him for hours. |
| 4 | Hace mucho que no les veo. | I haven't seen them for a long time. |
| 5 | ¿Cuánto tiempo llevas fuera? | How long have you been away? |
| 6 | ¿Se te ha ocurrido alguna vez traerlo aquí? | Has it ever occurred to you to bring it here? |
| 7 | Esté donde esté, le encontraré. | Wherever he is, I'll find him. |
| 8 | ¿Tengo que hacerlo? | Do I have to do it? |
| 9 | ¿Quién tiene que hacerlo? | Who has to do it? |
| 10 | Antes tenían más problemas. | They used to have more problems. |
| 11 | Llevo aquí desde ayer. | I've been here since yesterday. |
| 12 | Nadie lo ha firmado aún. | Nobody's signed it yet. |
| 13 | Tiene que ser firmado. | It has to be signed. |
| 14 | ¿Quién está autorizado para firmarlo? | Who's authorised to sign it? |
| 15 | Quien quiera que hiciera esto, hizo un buen trabajo. | Whoever did this, did a good job. |
| 16 | Jamás he dicho semejante cosa. | I've never said such a thing. |

| | | |
|---|---|---|
| 17 | La clase fue tan aburrida que me dormí. | The class was so boring that I fell asleep. |
| 18 | Fue una clase tan aburrida que me dormí. | It was such a boring class that I fell asleep. |
| 19 | No deberías haberte dormido. | You shouldn't have fallen asleep. |
| 20 | No lo pude evitar. | I couldn't help it. |
| 21 | Debe de haber una solución. | There must be a solution. |
| 22 | Puede que haya más de una persona. | There may be more than one person. |
| 23 | Debería haber más sillas aquí. | There should be more chairs here. |
| 24 | Va a haber una fiesta más tarde. | There's going to be a party later. |
| 25 | Habrá mucha gente cuando lleguemos allí. | There'll be a lot of people when we get there. |

NOTAS / NOTES

# Translation list 26

| | | |
|---|---|---|
| 1 | Podría haber un problema. | There could be a problem. |
| 2 | Tiene que haber un modo de hacerlo. | There has to be a way to do it. |
| 3 | Tiene que haber varios modos. | There have to be several ways. |
| 4 | Entonces ¿para qué estamos esperando? | Then what are we waiting for? |
| 5 | Ha habido varios casos. | There have been several cases. |
| 6 | Nunca ha habido una huelga como esta. | There's never been a strike like this one. |
| 7 | ¿Qué hace a esta distinta? | What makes this one different? |
| 8 | Porque nadie la está apoyando. | Because nobody's supporting it. |
| 9 | Él es una persona tranquila. | He's an easy-going person. |
| 10 | ¿Por qué estás tan callado? | Why are you so quiet? |
| 11 | Solo hablo cuando me veo obligado. | I only talk when I have to. |
| 12 | Quiero que nos digas tu opinión. | I want you to tell us your opinion. |
| 13 | Creo que el proyecto va a fracasar. | I think the project is going to fail. |
| 14 | Nosotros opinamos lo contrario. | We think the opposite. |
| 15 | Estáis cometiendo un gran error. | You're making a big mistake. |
| 16 | ¿En qué basas tu opinión? | What do you base your opinion on? |

| | | |
|---|---|---|
| 17 | He visto el mismo error cometido miles de veces. | I've seen the same mistake made thousands of times. |
| 18 | ¿Qué os hace creer que esta vez va a ser diferente? | What makes you think this time is going to be different? |
| 19 | ¿Quién me va a cuidar? | Who's going to take care of me? |
| 20 | Ya te pondrás mejor, no te preocupes. | You'll get better, don't worry. |
| 21 | Es fácil para ti decir eso. | It's easy for you to say that. |
| 22 | Nada es fácil hoy día. | Nothing's easy nowadays. |
| 23 | El cielo está empezando a despejarse. | The sky's starting to clear up. |
| 24 | A medida que te hagas más mayor... | As you get older... |
| 25 | Son más listos de lo que crees. | They're smarter than you think. |

NOTAS / NOTES

# Translation list 27

| | | |
|---|---|---|
| 1 | Las luces están apagadas. | The lights are off. |
| 2 | ¿Quién las apagó? | Who turned them off? |
| 3 | Ya estaban apagadas cuando llegué aquí. | They were already off when I got here. |
| 4 | Entonces llevan al menos dos días apagadas. | Then they've been off for at least two days. |
| 5 | ¿Se han mandado ya las cartas? | Have the letters been sent yet? |
| 6 | Las eché al correo anoche. | I mailed them last night. |
| 7 | ¿Cuándo llegarán a su destino? | When will they reach their destination? |
| 8 | ¿Quién sabe? | Who knows? |
| 9 | Espero que lleguen a tiempo. | I hope they arrive in time. |
| 10 | ¿A tiempo de qué? | In time for what? |
| 11 | Tienen que llegar antes de la fecha tope. | They have to arrive before the deadline. |
| 12 | ¿Dónde has estado últimamente? | Where have you been lately? |
| 13 | Me operaron hace un mes. | I was operated on a month ago. |
| 14 | ¿Cómo te encuentras? | How do you feel? |
| 15 | Estoy mejorando. | I'm getting better. |
| 16 | ¿Qué te pasaba? | What was the matter? |

| | | |
|---|---|---|
| 17 | Me rompí un dedo. | I broke a finger. |
| 18 | Llevan tres meses casados. | They've been married for three months. |
| 19 | Antes había más gente aquí. | There used to be more people here. |
| 20 | Eso fue cuando las cosas iban mejor. | That was when things were going better. |
| 21 | ¿Estáis perdiendo dinero? | Are you losing money? |
| 22 | Estamos perdiendo dinero desde hace dos años. | We've been losing money for two years. |
| 23 | La gente está comprando menos. | People are buying less. |
| 24 | Se han marchado. | They've left. |
| 25 | No querían quedarse aquí. | They didn't want to stay here. |

NOTAS / NOTES

# Translation list 28

| | | |
|---|---|---|
| **1** | ¿Por qué no querían quedarse? | Why didn't they want to stay? |
| **2** | Dijeron que tenían muchas cosas que hacer. | They said they had a lot of things to do. |
| **3** | Yo me pregunto qué tendrían que hacer. | I wonder what they had to do. |
| **4** | Alguien está llamando a la puerta. | Someone's knocking at the door. |
| **5** | ¿Quién será? | I wonder who it is. |
| **6** | A lo mejor es Juan. | Maybe it's John. |
| **7** | ¿Le estabas esperando? | Were you expecting him? |
| **8** | No sé quien más podría ser. | I don't know who else it could be. |
| **9** | Antes tu hermano venía mucho por aquí. | Your brother used to come here a lot. |
| **10** | Eso era cuando nos llevábamos bien. | That was when we got along. |
| **11** | ¿Ya no os lleváis bien? | Don't you get along anymore? |
| **12** | Nos odiamos. | We hate each other. |
| **13** | Lamento oír eso. | I'm sorry to hear that. |
| **14** | Así es la vida. | That's life. |
| **15** | No nos hablamos desde hace un año. | We haven't spoken to each other for a year. |
| **16** | Hablemos de otra cosa. | Let's talk about something else. |

| | | |
|---|---|---|
| **17** | ¿De qué quieres que hablemos? | What do you want us to talk about? |
| **18** | De cualquier cosa. | About anything. |
| **19** | ¿Qué tal si hablamos de cine? | How about talking about movies? |
| **20** | No me apetece hablar. | I don't feel like talking. |
| **21** | ¿Qué te apetece hacer? | What do you feel like doing? |
| **22** | Tengo ganas de escuchar música. | I feel like listening to music. |
| **23** | Vamonos a otra parte. | Let's go somewhere else. |
| **24** | Estoy buscando a otra persona. | I'm looking for someone else. |
| **25** | Antes veníamos aquí más a menudo. | We used to come here more often. |

## NOTAS / NOTES

# Translation list 29

| | | |
|---|---|---|
| 1 | Nos lo hemos pasado muy bien. | We've had a great time. |
| 2 | Gracias por todo lo que has hecho. | Thank you for everything you've done. |
| 3 | ¿Qué haría yo sin tu ayuda? | What would I do without your help? |
| 4 | Lo hice yo mismo. | I did it myself. |
| 5 | No lo puedo levantar. | I can't lift it. |
| 6 | Tendrás que hablar más alto. | You'll have to speak louder. |
| 7 | Démosle otra oportunidad. | Let's give him another chance. |
| 8 | Nos quedan tres horas. | We have three hours left. |
| 9 | ¿Cuánto tiempo nos queda? | How much time do we have left? |
| 10 | Se han tomado muchas decisiones. | A lot of decisions have been made. |
| 11 | Nuestra meta no se ha logrado. | Our goal hasn't been achieved. |
| 12 | Él se aprovechó de la situación. | He took advantage of the situation. |
| 13 | No seas demasiado duro con ellos. | Don't be too hard on them. |
| 14 | Dime lo que tengo que hacer. | Tell me what I have to do. |
| 15 | Se hará en un futuro próximo. | It'll be done in the near future. |
| 16 | ¿Qué es lo que se hará? | What will be done? |

| | | |
|---|---|---|
| 17 | Lo que tiene que hacerse. | What has to be done. |
| 18 | Se ha cometido un crimen. | A crime has been committed. |
| 19 | Te proporcionaré un pasaporte. | I'll provide you with a passport. |
| 20 | No se ha levantado el embargo aún. | The embargo hasn't been lifted yet. |
| 21 | Ponlo aquí mismo. | Put it right here. |
| 22 | No te disgustes. | Don't get upset. |
| 23 | Habrá otra guerra si no hacemos algo. | There'll be another war if we don't do something. |
| 24 | El mundo nunca ha tenido un siglo de paz. | The world has never had a century of peace. |
| 25 | Este soldado lleva dos días muerto. | This soldier has been dead for two days. |

NOTAS / NOTES

# Translation list 30

| | | |
|---|---|---|
| 1 | Debe de haber muerto antes de ayer. | He must have died the day before yesterday. |
| 2 | ¿Cómo sabes que está muerto? | How do you know he's dead? |
| 3 | No está respirando. | He isn't breathing. |
| 4 | Ha muerto por una explosión. | He was killed by an explosion. |
| 5 | Debió de ser una explosión fuerte. | It must have been a powerful explosion. |
| 6 | Tengo que dar de comer a mucha gente. | I have to feed a lot of people. |
| 7 | Mantengo a mi familia. | I support my family. |
| 8 | ¡Ojo! | Look out! (watch out!) |
| 9 | No te preocupes, tendré cuidado. | Don't worry, I'll be careful. |
| 10 | No lo hagas si no quieres. | Don't do it if you don't want to. |
| 11 | Vengo aquí porque me gusta. | I come here because I like to. |
| 12 | Nadie te ha pedido que vengas. | Nobody's asked you to come. |
| 13 | Tomaré mis propias decisiones. | I'll make my own decisions. |
| 14 | Debería haber más escritorios. | There should be more desks. |
| 15 | ¿Quién se llevó las cajas? | Who took (away) the boxes? |
| 16 | ¿De qué cajas estás hablando? | What boxes are you talking about? |

| | | |
|---|---|---|
| **17** | De las que estaban aquí esta mañana. | About the ones that were here this morning. |
| **18** | Están siendo pintadas. | They're being painted. |
| **19** | ¿Quién dio la orden de que fuesen pintadas? | Who gave the order to paint them? |
| **20** | Yo, señor. | I did, sir. |
| **21** | Haz que se traigan aquí otra vez. | Have them brought back here. |
| **22** | Pero están en malas condiciones. | But they're in bad condition. |
| **23** | ¡No me importa cómo estén! | I don't care how they are! |
| **24** | Pero ya se han pintado. | But they've already been painted. |
| **25** | Que se traigan aquí de todas formas. | Have them brought here anyway. |

NOTAS / NOTES

# Translation booklet 6

NIVEL INTERMEDIO

# Translation list 1

| | | |
|---|---|---|
| 1 | Estoy aquí desde esta mañana. | I've been here since this morning. |
| 2 | Se enfadará si se lo dices. | He'll get angry if you tell him. |
| 3 | No tengo intención de decírselo. | I don't intend to tell him. |
| 4 | Pero tarde o temprano se enterará. | But he'll find out sooner or later. |
| 5 | No estaré aquí cuando se entere. | I won't be here when he finds out. |
| 6 | Puede que todavía haya una solución. | There still may be a solution. |
| 7 | ¿Qué es? | What is it? |
| 8 | Podríamos atracar un banco. | We could rob a bank. |
| 9 | Eso sería demasiado peligroso. | That would be too dangerous. |
| 10 | Además, alguien podría hacerse daño. | Besides, someone could get hurt. |
| 11 | Entonces, ¿qué sugieres que hagamos? | Then, what do you suggest we do? |
| 12 | Sugiero que pidamos prestado el dinero. | I suggest we borrow the money. |
| 13 | ¿Cómo vas a conseguir tanto dinero? | How are you going to get so much money? |
| 14 | Tiene que haber una manera. | There has to be a way. |
| 15 | Alguien ha estado aquí. | Someone's been here. |
| 16 | Lleva tres días lloviendo. | It's been raining for three days. |

| | | |
|---|---|---|
| **17** | ¿Por qué no han hecho nada todavía? | Why haven't they done anything yet? |
| **18** | No se les dijo que hicieran nada. | They weren't told to do anything. |
| **19** | La guerra se ha terminado. | The war's over. |
| **20** | Estoy cansado de esperarle. | I'm tired of waiting for him. |
| **21** | ¿Cuánto suele tardar en llegar allí? | How long does it usually take him to get there? |
| **22** | Suele tardar aproximadamente una hora. | It usually takes him about an hour. |
| **23** | ¿Dónde estará (él)? | I wonder where he is. |
| **24** | Algo debe haberle pasado. | Something must have happened to him. |
| **25** | Es extraño que no haya llegado. | It's strange that he hasn't arrived. |

NOTAS / NOTES

# Translation list 2

| | | |
|---|---|---|
| 1 | A lo mejor ha tenido un accidente. | Maybe he's had an accident. |
| 2 | ¿Cuánto tiempo vas a esperar? | How long are you going to wait? |
| 3 | Unos minutos más. | A few more minutes. |
| 4 | Y después, ¿qué harás? | And then what will you do? |
| 5 | No tengo ni idea. | I have no idea. |
| 6 | Ha habido unos cambios recientemente. | There have been some changes recently. |
| 7 | ¿De qué clase de cambios estás hablando? | What kind of changes are you talking about? |
| 8 | Te van a trasladar a mi departamento. | They're going to transfer you to my department. |
| 9 | ¿Quieres decir que vamos a trabajar juntos? | Do you mean we're going to work together? |
| 10 | Así es. | That's right. |
| 11 | Ya era hora. | It's about time. |
| 12 | ¿Dónde conseguiste esa información? | Where did you get that information? |
| 13 | Lo sé desde hace mucho tiempo. | I've known about it for a long time. |
| 14 | ¿Por qué no me dijiste nada? | Why didn't you say anything to me? |
| 15 | Prometí mantenerlo en secreto. | I promised to keep it a secret. |
| 16 | Pero podías habérmelo dicho a mí. | But you could have told me. |

| | | |
|---|---|---|
| 17 | Pero la decisión no era definitiva. | But the decision wasn't final. |
| 18 | ¿Lo es ahora? | Is it now? |
| 19 | Todo el mundo será informado mañana. | Everyone will be informed tomorrow. |
| 20 | ¿Significará una subida salarial? | Will it mean a raise / rise? |
| 21 | Por supuesto que sí. | Of course it will. |
| 22 | ¿Cuánto tiempo llevas planeando esto? | How long have you been planning this? |
| 23 | Ha sido idea mía desde hace mucho tiempo. | It's been an idea of mine for a long time. |
| 24 | ¿De quién dependeré? | Who will I report to? |
| 25 | Serás mi brazo derecho. | You'll be my right-hand man. |

NOTAS / NOTES

# Translation list 3

| | | |
|---|---|---|
| 1 | Estoy decepcionado con tu progreso. | I'm disappointed with your progress. |
| 2 | Eres capaz de hacer mayores progresos. | You're capable of making greater progress. |
| 3 | No has hecho un gran esfuerzo. | You haven't made a big effort. |
| 4 | Has desperdiciado mucho tiempo. | You've wasted a lot of time. |
| 5 | Tu madre está muy disgustada. | Your mother is very upset. |
| 6 | Deberías haber estudiado mucho más. | You should've studied much more. |
| 7 | Deberías haber asistido a más clases. | You should've attended more classes. |
| 8 | Tengo razones para estar enfadado. | I have reasons to be angry. |
| 9 | ¿Ahora qué voy a hacer contigo? | Now what am I going to do with you? |
| 10 | ¿Qué va a pensar tu abuela cuando se entere? | What is your grandmother going to think when she finds out? |
| 11 | Casi tengo miedo de decírselo. | I'm almost afraid to tell her. |
| 12 | ¿Sabes cuánto ha costado este curso? | Do you know how much this course has cost? |
| 13 | He tenido que hacer sacrificios. | I've had to make sacrifices. |
| 14 | La vida no es un lecho de rosas. | Life is not a bed of roses. |
| 15 | Tienes que luchar por todo lo que consigues. | You have to fight for everything you get. |
| 16 | Nunca llegarás a ninguna parte con esa actitud. | You'll never get anywhere with that attitude. |

| | | |
|---|---|---|
| 17 | No entiendo a los jóvenes de hoy en día. | I don't understand young people nowadays. |
| 18 | Cuando yo tenía tu edad, estábamos orgullosos de ir a la universidad. | When I was your age, we were proud to go to university. |
| 19 | ¿Qué os pasa? | What's the matter with you? |
| 20 | ¿Qué vas a hacer ahora? | What are you going to do now? |
| 21 | ¿Crees que voy a mantenerte para siempre? | Do you think I'm going to support you forever? |
| 22 | Más vale que busques un trabajo. | You'd better look for a job. |
| 23 | Ya te hemos dado dos oportunidades. | We've already given you two chances. |
| 24 | No las has aprovechado. | You haven't taken advantage of them. |
| 25 | Deberías estar avergonzado. | You should be ashamed. |

NOTAS / NOTES

# Translation list 4

| | | |
|---|---|---|
| 1 | ¿Qué les voy a decir a mis amigos? | What am I going to tell my friends? |
| 2 | Creerán que tengo un hijo tonto. | They'll think I have a stupid son. |
| 3 | ¿Quieres que piensen eso? | Do you want them to think that? |
| 4 | Antes eras buen estudiante. | You used to be a good student. |
| 5 | Antes conseguías buenas notas. | You used to get good grades. |
| 6 | Ya no haces ningún esfuerzo. | You don't make an effort any more. |
| 7 | ¿Qué hemos hecho para merecer esto? | What have we done to deserve this? |
| 8 | Yo tenía grandes planes para ti. | I had big plans for you. |
| 9 | Te iba a conseguir un buen empleo. | I was going to get you a good job. |
| 10 | Te iba a asegurar tu futuro. | I was going to assure your future. |
| 11 | ¿Qué va a pensar el Sr. Smith? | What is Mr Smith going to think? |
| 12 | ¿Cómo se lo voy a decir? | How am I going to tell him? |
| 13 | ¿Está su hija (de él) al tanto de esto? | Does his daughter know about this? |
| 14 | No querrá casarse con un don nadie. | She won't want to marry a nobody. |
| 15 | ¿Le has dicho algo a ella? | Have you told her anything? |
| 16 | ¿Qué dijo (ella)? | What did she say? |

| | | |
|---|---|---|
| 17 | Estáis los dos locos. | You're both crazy / mad. |
| 18 | ¿Cómo piensas mantenerla? | How are you planning to support her? |
| 19 | El dinero no crece en los árboles. | Money doesn't grow on trees. |
| 20 | Algún día te arrepentirás de esto. | Someday you'll regret this. |
| 21 | ¿No tienes nada que decir? | Don't you have anything to say? |
| 22 | Di algo. | Say something. |
| 23 | Haz con tu vida lo que quieras. | Do what you want with your life. |
| 24 | No quiero saber nada. | I don't want to know anything. |
| 25 | En lo que a mí respecta, ya no tengo hijo. | As far as I'm concerned, I don't have a son any more. |

NOTAS / NOTES

# Translation list 5

| | | |
|---|---|---|
| 1 | No hemos llegado a una conclusión aún. | We haven't reached a conclusion yet. |
| 2 | Se han limpiado las casas. | The houses have been cleaned. |
| 3 | Se han destruido los barcos. | The ships have been destroyed. |
| 4 | No se ha corregido el error. | The mistake hasn't been corrected. |
| 5 | Tus posibilidades son muy remotas. | Your chances are very remote / slim. |
| 6 | Se han cambiado los números. | The numbers have been changed. |
| 7 | ¿Es esto todo lo que has hecho? | Is this all you've done? |
| 8 | Acabo de empezar. | I've just started. |
| 9 | ¿No puedes trabajar un poco más rápido? | Can't you work a little faster? |
| 10 | ¿Quieres calidad o cantidad? | Do you want quality or quantity? |
| 11 | Acabamos de recibir la noticia. | We've just received the news. |
| 12 | Yo acababa de comer cuando él llegó. | I had just eaten when he arrived. |
| 13 | ¿Has rellenado el impreso? | Have you filled out the form? |
| 14 | ¿De qué impreso estás hablando? | What form are you talking about? |
| 15 | Del que está delante de ti. | About the one that's in front of you. |
| 16 | Pero esto es un impreso de solicitud. | But this is an application form. |

| | | |
|---|---|---|
| 17 | ¿Qué estoy solicitando? | What am I applying for? |
| 18 | Quiero que solicites un trabajo. | I want you to apply for a job. |
| 19 | ¿Para qué? | What for? |
| 20 | Para que puedas mantener a tu mujer. | So that you can support your wife. |
| 21 | ¿Para qué necesito mantenerla? | What do I need to support her for? |
| 22 | Para que ella pueda tener un hogar. | So that she can have a home. |
| 23 | ¿Para qué necesita un hogar? | What does she need a home for? |
| 24 | Para que te pueda servir tus comidas. | So that she can serve you your meals. |
| 25 | Eso me parece una buena idea. | That sounds like a good idea. |

## NOTAS / NOTES

# Translation list 6

| | | |
|---|---|---|
| 1 | Por supuesto que sí. | Of course it does. |
| 2 | Nunca se me había ocurrido. | It had never occurred to me. |
| 3 | Eres un poco extraño, ¿sabes? | You're a little strange, you know? |
| 4 | Tú también. | So are you. |
| 5 | ¿Me puedes dar fuego? | Can you give me a light? |
| 6 | No deberías fumar tanto. | You shouldn't smoke so much. |
| 7 | No lo puedo evitar. | I can't help it. |
| 8 | Te cansas cuando subes escaleras. | You get tired when you climb stairs. |
| 9 | Tú también. | So do you. |
| 10 | A veces te cuesta trabajo respirar. | Sometimes you have trouble breathing. |
| 11 | Eso es mentira. | That's a lie. |
| 12 | Nunca miento. | I never lie. |
| 13 | Yo tampoco. | Neither do I. |
| 14 | Silencio, están dormidos. | Be quiet; they're asleep. |
| 15 | No los despiertes. | Don't wake them up. |
| 16 | Tengo sueño. | I'm sleepy. |

| | | |
|---|---|---|
| 17 | Se me pegaron las sábanas ayer. | I overslept yesterday. |
| 18 | Mírale, se está durmiendo. | Look at him; he's falling asleep. |
| 19 | Estoy completamente despierto. | I'm completely awake. |
| 20 | Yo también. | So am I. |
| 21 | Jamás me he dormido en clase. | I've never fallen asleep in class. |
| 22 | Yo tampoco. | Neither have I. |
| 23 | Yo no estaba dormido. | I wasn't asleep. |
| 24 | Yo tampoco. | Neither was I. |
| 25 | Acuéstate. | Go to bed. |

NOTAS / NOTES

# Translation list 7

| | | |
|---|---|---|
| 1 | El ciego me llevó al quiosco (de prensa). | The blind man took me to the news stand. |
| 2 | Le pregunté si quería que le comprara una revista. | I asked him if he wanted me to buy him a magazine. |
| 3 | Él me recordó que era ciego. | He reminded me that he was blind. |
| 4 | Deja de molestarme. | Stop bothering me. |
| 5 | No entendía ni una palabra. | I didn't understand a single word. |
| 6 | Hablaba como si tuviera canicas en la boca. | He talked as if he had marbles in his mouth. |
| 7 | Le pedí que hablara más despacio. | I asked him to speak more slowly. |
| 8 | No me hizo caso. | He ignored me. |
| 9 | Me fui de la reunión. | I left the meeting. |
| 10 | Eres un caso perdido. | You're a lost cause. |
| 11 | Tendremos que demostrárselo (a ellos). | We'll have to prove it to them. |
| 12 | ¿Tienes una coartada? | Do you have an alibi? |
| 13 | Dirijo un servicio de formación. | I run a training service. |
| 14 | ¿Quién es el responsable? | Who's in charge? |
| 15 | Fue una extraña casualidad. | It was a strange coincidence. |
| 16 | Puedes contar conmigo. | You can count on me. |

| | | |
|---|---|---|
| 17 | Fue una velada encantadora. | It was a delightful evening. |
| 18 | La historia tuvo un final feliz. | The story had a happy ending. |
| 19 | ¿Mataron al malo? | Did they kill the bad guy? |
| 20 | Él pasó el resto de su vida en la cárcel. | He spent the rest of his life in prison. |
| 21 | La moral ha sido gravemente dañada. | The morale has been seriously damaged. |
| 22 | ¿Cuáles son las características de un buen gerente? | What are the traits of a good manager? |
| 23 | Yo qué sé. | How should I know? |
| 24 | Hay un rumor de que te vas. | There's a rumour that you're leaving. |
| 25 | ¿Quién te ha contado eso? | Who told you that? |

NOTAS / NOTES

# Translation list 8

| | | |
|---|---|---|
| 1 | Lo oí por radio macuto. | I heard it through the grapevine. |
| 2 | Esta compañía apesta. | This company stinks. |
| 3 | Tan mala no es. | It's not that bad. |
| 4 | Necesito más cancha para trabajar. | I need more room to work. |
| 5 | ¿Cómo puedes decir eso? | How can you say that? |
| 6 | No puedo influir en la política de la compañía. | I can't influence company policy. |
| 7 | Pero solo llevas un año aquí. | But you've only been here for a year. |
| 8 | Además, solo tienes 28 años. | Besides, you're only 28 years old. |
| 9 | ¿Y qué? | So what? |
| 10 | Tienes que ser paciente. | You have to be patient. |
| 11 | La paciencia es una virtud. | Patience is a virtue. |
| 12 | Se me ha agotado la paciencia. | I've run out of patience. |
| 13 | ¿Qué piensas hacer? | What are you planning to do? |
| 14 | Voy a dimitir. | I'm going to resign. |
| 15 | No aceptarán tu dimisión. | They won't accept your resignation. |
| 16 | No me importa. | I don't care. |

| | | |
|---|---|---|
| 17 | ¿Qué planes tienes? | What plans do you have? |
| 18 | Voy a entrar en política. | I'm going to enter politics. |
| 19 | Te estás buscando problemas. | You're looking for trouble. |
| 20 | Me apañaré. | I'll get by. |
| 21 | ¿Te gusta la política? | Do you like politics? |
| 22 | Es la mejor forma de cambiar las cosas. | It's the best way to change things. |
| 23 | Cambiar las cosas no es tan fácil. | Changing things is not that easy. |
| 24 | Tengo una misión en la vida. | I have a mission in life. |
| 25 | Algún día dirigiré este país. | Someday I'll run this country. |

NOTAS / NOTES

# Translation list 9

| | | |
|---|---|---|
| 1 | No abandones. | Don't give up. |
| 2 | No des tu brazo a torcer. | Don't give in. |
| 3 | Asegúrate de que la gente te oiga. | Make sure the people hear you. |
| 4 | No te pongas nervioso. | Don't get nervous. |
| 5 | No pierdas la calma. | Don't lose your cool. |
| 6 | Trata de causar una buena impresión. | Try to make a good impression. |
| 7 | No dejes que te pongan nervioso. | Don't let them make you nervous. |
| 8 | Empieza el discurso con una anécdota. | Start the speech with an anecdote. |
| 9 | Si no se ríen, no te preocupes por ello. | If they don't laugh, don't worry about it. |
| 10 | Asegúrate de que tienes su atención. | Make sure you have their attention. |
| 11 | No mires a la misma persona todo el tiempo. | Don't look at the same person all the time. |
| 12 | Asegúrate de que tu voz llegue hasta el fondo del auditorio. | Make sure your voice reaches the back of the auditorium. |
| 13 | Aprende tu discurso de memoria. | Learn your speech by heart. |
| 14 | Memorízalo. | Memorize / memorise it. |
| 15 | No dejes que el micrófono te asuste. | Don't let the microphone scare you. |
| 16 | Tengo confianza en ti. | I have confidence in you. |

| | | |
|---|---|---|
| 17 | Llámame una vez hayas terminado. | Call me once you've finished. |
| 18 | Seguiré tus consejos. | I'll follow your advice. |
| 19 | Deséame suerte. | Wish me luck. |
| 20 | No te defraudaré. | I won't disappoint you. |
| 21 | Espero que no. | I hope not. |
| 22 | ¿Cuánto durará tu discurso? | How long will your speech last? |
| 23 | ¿Cubre todos los temas? | Does it cover all the subjects? |
| 24 | Déjame que le eche un vistazo. | Let me have / take a look at it. |
| 25 | Es más corto de lo que creí. | It's shorter than I thought. |

NOTAS / NOTES

# Translation list 10

| | | |
|---|---|---|
| 1 | ¿Por qué no incluyes algo acerca de las cifras de ventas? | Why don't you include something about the sales figures? |
| 2 | Se te ha olvidado mencionar las importaciones. | You've forgotten to mention the imports. |
| 3 | Te van a hacer muchas preguntas cuando termines. | They're going to ask you a lot of questions when you finish. |
| 4 | ¿Podrás contestarlas? | Will you be able to answer them? |
| 5 | Procura dormir bien esta noche. | Try to sleep well tonight. |
| 6 | Me estoy haciendo viejo. | I'm getting old. |
| 7 | Ha hecho frío hoy. | It's been cold today. |
| 8 | Te acostumbrarás al frío. | You'll get used to the cold. |
| 9 | Él no me lo ha pagado todavía. | He hasn't paid me for it yet. |
| 10 | ¿Cuánto le cobraste? | How much did you charge him? |
| 11 | Mis precios son bastante razonables. | My prices are quite reasonable. |
| 12 | Él no parece pensar así. | He doesn't seem to think so. |
| 13 | ¿Quién lo metió en el agua? | Who put it in the water? |
| 14 | Sácalo ahora mismo. | Take it out right now. |
| 15 | Deberías estar avergonzado. | You should be ashamed. |
| 16 | Te estás comportando como un niño. | You're behaving like a child. |

| | | |
|---|---|---|
| 17 | ¿Te das cuenta de que tienes 14 años? | Do you realize you're 14 years old? |
| 18 | Él no es lo suficientemente alto para el puesto. | He's not tall enough for the job. |
| 19 | Sácate eso de la boca. | Take that out of your mouth. |
| 20 | Tíralo. | Throw it away. |
| 21 | No vuelvas a hacer eso nunca. | Don't ever do that again. |
| 22 | Seamos razonables. | Let's be reasonable. |
| 23 | Él es capaz de hacer las cosas más inesperadas. | He's capable of doing the most unexpected things. |
| 24 | Los alimentos están prohibidos aquí. | Food is prohibited here. |
| 25 | Ni siquiera se os permite hablar. | You're not even allowed to speak. |

## NOTAS / NOTES

# Translation list 11

| | | |
|---|---|---|
| 1 | ¿Nunca lo has probado? | Haven't you ever tried it? |
| 2 | Ha habido varias quejas. | There have been several complaints. |
| 3 | ¿De qué se está quejando la gente? | What are the people complaining about? |
| 4 | Dicen que no tienen pan. | They say (that) they don't have any bread. |
| 5 | Pues que coman tarta. | Then let them eat cake. |
| 6 | Va a haber una revolución. | There's going to be a revolution. |
| 7 | No mientras yo esté aquí. | Not as long as I'm here. |
| 8 | ¿Qué vas a hacer para detenerlo? | What are you going to do to stop it? |
| 9 | ¿Se ha puesto ya el sol? | Has the sun set yet? |
| 10 | El sol no salió ayer. | The sun didn't rise yesterday. |
| 11 | El sol siempre sale. | The sun always rises. |
| 12 | Estuve dormido todo el día. | I slept all day. |
| 13 | Estaban dormidos cuando entramos. | They were asleep when we entered. |
| 14 | ¿No se despertaron? | Didn't they wake up? |
| 15 | Tuvimos cuidado de no hacer ruido. | We were careful not to make any noise. |
| 16 | Es demasiado tarde para hacer algo. | It's too late to do anything. |

| | | |
|---|---|---|
| 17 | Nunca es demasiado tarde. | It's never too late. |
| 18 | Más vale tarde que nunca. | Better late than never. |
| 19 | Es muy viejo ese proverbio. | That proverb is very old. |
| 20 | El sujeto siempre va delante del verbo. | The subject always goes before the verb. |
| 21 | Su ausencia (de él) no se notó. | His absence wasn't noticed. |
| 22 | No se dieron cuenta de que no estaba allí. | They didn't realize he wasn't there. |
| 23 | ¡Pero tenían que haberlo notado! | But they must have noticed it! |
| 24 | Esta es la última vez que lo voy a hacer. | This is the last time I'm going to do it. |
| 25 | ¿Quién te va a reemplazar? | Who's going to replace you? |

NOTAS / NOTES

# Translation list 12

| | | |
|---|---|---|
| 1 | Ese no es mi problema. | That's not my problem. |
| 2 | Aún no se ha tomado ninguna decisión. | No decision has been made yet. |
| 3 | ¿Se ha publicado ya? | Has it been published yet? |
| 4 | Ha habido un cambio. | There's been a change. |
| 5 | ¿Ha habido de verdad un cambio? | Has there really been a change? |
| 6 | ¿Se han instalado los cables? | Have the wires been installed? |
| 7 | No estoy cualificado para juzgar. | I'm not qualified to judge. |
| 8 | Tu juicio fue erróneo. | Your judgment was wrong. |
| 9 | No necesito tus consejos. | I don't need your advice. |
| 10 | ¿Has estado en el médico? | Have you been to the doctor? |
| 11 | Los médicos no saben nada. | Doctors don't know anything. |
| 12 | Pero tendrás que confiar en ellos. | But you'll have to trust them. |
| 13 | Debe de haber una forma mejor. | There must be a better way. |
| 14 | Debería haber más sillas. | There should be more chairs. |
| 15 | Tira todos esos papeles. | Throw all those papers away. |
| 16 | Pero me hacen falta. | But I need them. |

| | | |
|---|---|---|
| 17 | Nos estamos acercando al final. | We're approaching the end. |
| 18 | Tu enfoque es, digamos, un poco extraño. | Your approach is, let's say, a little strange. |
| 19 | Lo que necesita esta compañía es juventud y vitalidad. | What this company needs is youth and vitality. |
| 20 | Lo que necesitamos es sentido común. | What we need is common sense. |
| 21 | No podrás levantarlo. | You won't be able to lift it. |
| 22 | No siempre es posible decir la verdad. | It's not always possible to tell the truth. |
| 23 | ¿Es cierto que vas a dejarnos? | Is it true that you're going to leave us? |
| 24 | Si tuviera elección, me quedaría. | If I had a choice, I'd stay. |
| 25 | Todos queremos que te quedes. | We all want you to stay. |

NOTAS / NOTES

# Translation list 13

| | | |
|---|---|---|
| 1 | Me estoy cansando de hacer listas. | I'm getting tired of making lists. |
| 2 | Me estoy acostumbrando a ello. | I'm getting used to it. |
| 3 | Me voy a casar pronto. | I'm going to get married soon. |
| 4 | Bájate del coche. | Get out of the car. |
| 5 | Bájate del autobús. | Get off the bus. |
| 6 | Súbete al autobús. | Get on the bus. |
| 7 | Súbete al coche. | Get in / into the car. |
| 8 | Enfermé durante el viaje. | I got sick / ill during the trip. |
| 9 | Llegué de vuelta anoche. | I got back last night. |
| 10 | Me levanté temprano. | I got up early. |
| 11 | Él se desanimó. | He got discouraged. |
| 12 | Oscurece pronto en invierno. | It gets dark early in the winter. |
| 13 | El agua se pone caliente si la hierves. | Water gets hot if you boil it. |
| 14 | No te enfades. | Don't get angry. |
| 15 | No te pongas triste. | Don't get sad. |
| 16 | Me perdí en esa parte de la ciudad. | I got lost in that part of the city. |

| | | |
|---|---|---|
| 17 | Se vistieron para la fiesta. | They got dressed for the party. |
| 18 | Se está nublando. | It's getting cloudy. |
| 19 | Si sales ahora, te mojarás. | If you go out now, you'll get wet. |
| 20 | Tu salud está empeorando. | Your health is getting worse. |
| 21 | Tu inglés está mejorando. | Your English is getting better. |
| 22 | Llegué a casa muy tarde. | I got home very late. |
| 23 | El perro se soltó. | The dog got loose. |
| 24 | Las cosas se están poniendo difíciles. | Things are getting difficult. |
| 25 | Se llevan muy bien. | They get along very well. |

NOTAS / NOTES

# Translation list 14

| | | |
|---|---|---|
| 1 | Ya superarás la enfermedad. | You'll get over the illness. |
| 2 | Él se puso bien rápidamente. | He got well quickly. |
| 3 | Estoy engordando. | I'm getting fat. |
| 4 | Me irrité cuando lo oí. | I got irritated when I heard it. |
| 5 | Llegaron al aeropuerto de noche. | They got to the airport at night. |
| 6 | Reunámonos todos en el bar. | Let's all get together in the bar. |
| 7 | Puedo apañarme con mi inglés. | I can get by with my English. |
| 8 | Él sabe lo suficiente para salir del paso. | He knows enough to get by. |
| 9 | ¿Puedes conseguirme un lápiz? | Can you get me a pencil? |
| 10 | Quiero alejarme del ruido. | I want to get away from the noise. |
| 11 | ¿Cuándo recibiste mi carta? | When did you get my letter? |
| 12 | ¿Puedes conseguir que vengan aquí? | Can you get them to come here? |
| 13 | Tengo un secreto. | I have a secret. |
| 14 | Iré a por el libro. | I'll go (and) get the book. |
| 15 | No pude contactar con él por teléfono. | I couldn't get through to him. |
| 16 | Tenemos que hacer llegar esto a Correos. | We have to get this to the post office. |

| | | |
|---|---|---|
| 17 | Seré despedido si hago eso. | I'll get fired if I do that. |
| 18 | Ponte en contacto conmigo lo antes posible. | Get in touch with me as soon as possible. |
| 19 | Estoy envejeciendo. | I'm getting old. |
| 20 | Tardo mucho en prepararme para el trabajo cada mañana. | It takes me a long time to get ready for work every morning. |
| 21 | Este suelo se ensucia fácilmente. | This floor gets dirty easily. |
| 22 | Se enfriará si lo metes en la nevera. | It'll get cold if you put it in the refrigerator. |
| 23 | ¡Lo hemos conseguido! | We did it! |
| 24 | La situación se hizo violenta. | The situation got embarrassing. |
| 25 | Mi hijo consiguió buenas notas. | My son got good grades / marks. |

NOTAS / NOTES

# Translation list 15

| | | |
|---|---|---|
| 1 | Nunca ha habido nada como esto. | There's never been anything like this. |
| 2 | ¿Se mandaron las fotos? | Were the pictures sent? |
| 3 | No se han mandado todavía. | They haven't been sent yet. |
| 4 | No iré a menos que vengas conmigo. | I won't go unless you come with me. |
| 5 | Si sigues las directrices, todo irá bien. | If you follow the guidelines, everything will turn out fine. |
| 6 | Nací en una ciudad grande. | I was born in a big city. |
| 7 | Ojalá hubiera nacido en una ciudad pequeña. | I wish I'd been born in a town / small city. |
| 8 | Me crié en los barrios bajos. | I grew up in the slums. |
| 9 | Ojalá me hubiera criado en una zona mejor. | I wish I'd grown up in a better area. |
| 10 | Nunca tuve muchos amigos. | I never had many friends. |
| 11 | Ojalá hubiera tenido más amigos. | I wish I'd had more friends. |
| 12 | Mi familia era pobre. | My family was poor. |
| 13 | Ojalá mi familia hubiera sido rica. | I wish my family had been rich. |
| 14 | Mi padre murió cuando yo era joven. | My father died when I was young. |
| 15 | Ojalá no hubiera muerto tan pronto. | I wish he hadn't died so soon. |
| 16 | Mi primer trabajo no me pagaba bien. | My first job didn't pay me well. |

| | | |
|---|---|---|
| 17 | Ojalá me hubiera pagado mejor. | I wish it had paid me better. |
| 18 | Seguía cambiando de trabajo. | I kept changing jobs. |
| 19 | Ojalá pudiera haberme quedado en un trabajo. | I wish I could've kept a job. |
| 20 | Nunca aprendí un oficio. | I never learned a trade. |
| 21 | Ojalá hubiera aprendido un oficio. | I wish I'd learned a trade. |
| 22 | Conocí a Melinda. | I met Melinda. |
| 23 | Ojalá no la hubiera conocido. | I wish I hadn't met her. |
| 24 | Ella era hermosa. | She was beautiful. |
| 25 | Ojalá no hubiera sido tan hermosa. | I wish she hadn't been so beautiful. |

NOTAS / NOTES

# Translation list 16

| | | |
|---|---|---|
| 1 | Me casé con ella. | I married her. |
| 2 | Ojalá no hubiera cometido ese error. | I wish I hadn't made that mistake. |
| 3 | No tuvimos hijos. | We didn't have any children. |
| 4 | Ojalá hubiéramos tenido al menos uno. | I wish we'd had at least one. |
| 5 | Odio vivir en apartamentos. | I hate living in apartments. |
| 6 | Lo he intentado todo. | I've tried everything. |
| 7 | Los resultados son desalentadores. | The results are discouraging. |
| 8 | Más dinero no es lo que necesitamos. | More money is not what we need. |
| 9 | Se nos han acabado las ideas. | We've run out of ideas. |
| 10 | Nos hemos quedado sin gasolina. | We've run out of gasoline. |
| 11 | Me tropecé con Juan ayer. | I ran into John yesterday. |
| 12 | Aflójalo. | Loosen it. |
| 13 | Apriétalo. | Tighten it. |
| 14 | No le asustes. | Don't frighten him. |
| 15 | No me amenaces. | Don't threaten me. |
| 16 | Ensánchalo. | Widen it. |

| | | |
|---|---|---|
| 17 | Enderézalo. | Straighten it. |
| 18 | Acórtalo. | Shorten it. |
| 19 | Alárgalo. | Lengthen it. |
| 20 | Ablándalo. | Soften it. |
| 21 | Endurécelo. | Harden it. |
| 22 | Debilítalo. | Weaken it. |
| 23 | Fortalécelo. | Strengthen it. |
| 24 | Afílalo. | Sharpen it. |
| 25 | No dejes que lo vean. | Don't let them see it. |

NOTAS / NOTES

# Translation list 17

| | | |
|---|---|---|
| 1 | La pimienta me hace estornudar. | Pepper makes me sneeze. |
| 2 | La gente así me pone enfermo. | People like that make me sick. |
| 3 | No me hagas reír. | Don't make me laugh. |
| 4 | No le oí decir nada. | I didn't hear him say anything. |
| 5 | No le vi hacer nada. | I didn't see him do anything. |
| 6 | No se hizo nada. | Nothing was done. |
| 7 | Nadie fue herido. | Nobody was hurt / injured. |
| 8 | Me dejaron marchar. | They let me go. |
| 9 | Me hicieron quedarme. | They made me stay. |
| 10 | Me dijeron que me tumbara en el sofá. | They told me to lie down on the couch. |
| 11 | Hice lo que me dijeron. | I did what they told me. |
| 12 | Hice lo que dijeron. | I did what they said. |
| 13 | Me quedé dormido. | I fell asleep. |
| 14 | Me obligaron a mantenerme despierto. | They made me stay awake. |
| 15 | No pude mantener los ojos abiertos. | I couldn't keep my eyes open. |
| 16 | Me trataron muy mal. | They treated me very badly. |

| | | |
|---|---|---|
| **17** | No me dejaron salir de la casa. | They didn't let me leave the house. |
| **18** | No me dejaron hacer nada. | They didn't let me do anything. |
| **19** | No me dejaron hacer la cama. | They didn't let me make the bed. |
| **20** | Ha ocurrido algo terrible. | Something terrible has happened. |
| **21** | Poca gente sabe mi nombre real. | Few people know my real name. |
| **22** | ¿Por qué no me han informado? | Why haven't they informed me? |
| **23** | Te vas a arrepentir de esto. | You're going to regret this. |
| **24** | Ya estoy empezando a arrepentirme de ello. | I'm already starting to regret it. |
| **25** | Él perdona pero no olvida. | He forgives but he doesn't forget. |

NOTAS / NOTES

# Translation list 18

| | | |
|---|---|---|
| 1 | ¿Cómo es tu nuevo vestido? | What's your new dress like? |
| 2 | ¿Qué aspecto tenía él cuando llegó allí? | What did he look like when he got there? |
| 3 | ¿Cuánto tiempo llevabas esperando? | How long had you been waiting? |
| 4 | ¿Te habían dicho que no iban a ir? | Had they told you they weren't going to go? |
| 5 | No hay esperanza. | There's no hope. |
| 6 | No pierdas la esperanza. | Don't lose hope. |
| 7 | No te des por vencido. | Don't give up. |
| 8 | Sigue luchando. | Keep fighting. |
| 9 | No des tu brazo a torcer. | Don't give in. |
| 10 | Algún día ganarás, ya verás. | Someday you'll win, you'll see. |
| 11 | Así es la vida. | That's life. |
| 12 | No todo sale bien. | Not everything turns out well. |
| 13 | Todos tenemos problemas como los tuyos de vez en cuando. | We all have problems like yours from time to time. |
| 14 | Tienes que seguir adelante. | You have to keep going. |
| 15 | Tienes mucha vida por delante. | You have a long life ahead of you. |
| 16 | No la desperdicies. | Don't waste it. |

| | | |
|---|---|---|
| 17 | Vendrán otras oportunidades. | Other opportunities will come (along). |
| 18 | Créeme. Sé lo que estoy diciendo. | Believe me. I know what I'm saying. |
| 19 | No olvides mis consejos. | Don't forget my advice. |
| 20 | Quiero que tengas esto. | I want you to have this. |
| 21 | Guárdalo vayas donde vayas. | Keep it wherever you go. |
| 22 | Contiene unas ideas muy interesantes. | It contains some very interesting ideas. |
| 23 | Espero volver a verte algún día. | I hope to see you again someday. |
| 24 | Ten en cuenta todo lo que te he dicho. | Keep in mind everything I've told you. |
| 25 | Puede que tengas razón. | You may be right. |

NOTAS / NOTES

# Translation list 19

| | | |
|---|---|---|
| 1 | ¡Eres un inútil! | You're hopeless! |
| 2 | ¿Por qué dices eso? | Why do you say that? |
| 3 | Tu mesa de trabajo es un desorden. | Your desk is a mess. |
| 4 | Así que crees que soy desordenado. | So you think I'm messy. |
| 5 | Eso es. | That's right. |
| 6 | Pero soy más eficaz que tú. | But I'm more effective than you are. |
| 7 | Tengo serias dudas. | I have serious doubts. |
| 8 | ¿Cuánto quieres apostar? | How much do you want to bet? |
| 9 | No soy jugador. | I'm not a gambler. |
| 10 | ¿Cuál es la diferencia entre eficaz y eficiente? | What's the difference between effective and efficient? |
| 11 | Matar a una mosca con un cañón es muy eficaz, ¿no crees? | Killing a fly with a cannon is very effective, don't you think? |
| 12 | ¿Lo consideras una forma eficiente de eliminar moscas? | Do you consider it an efficient way to eliminate flies? |
| 13 | Ahí tienes la diferencia. | There you have the difference. |
| 14 | Él no durará mucho en ese puesto. | He won't last long in that job. |
| 15 | Beethoven fue el último de 13 hijos. | Beethoven was the last of 13 children. |
| 16 | La madre no quería al niño. | The mother didn't want the child. |

| | | |
|---|---|---|
| 17 | Menos mal que sobrevivió. | It's a good thing he survived. |
| 18 | Tú sabes mucho. | You know a lot. |
| 19 | Mucho más de lo que puedas imaginar. | Much more than you can imagine. |
| 20 | Hay problemas que resolver. | There are problems to solve. |
| 21 | Hay cartas que escribir. | There are letters to write. |
| 22 | Hay trabajo que hacer. | There's work to do. |
| 23 | ¿Qué haces para matar el tiempo? | What do you do to pass the time? |
| 24 | No mucho. | Not much. |
| 25 | Depende de los tipos de interés. | It depends on the interest rates. |

NOTAS / NOTES

# Translation list 20

| | | |
|---|---|---|
| 1 | ¿Crees que van a subir? | Do you think they're going to go up? |
| 2 | Las autoridades quieren bajarlos. | The authorities want to lower them. |
| 3 | ¿Pueden? | Can they? |
| 4 | Tienen bastante poder. | They have quite a lot of power. |
| 5 | ¿Tienen que consultarse los bancos? | Do the banks have to be consulted? |
| 6 | No necesariamente. | Not necessarily. |
| 7 | Es un hombre muy educado. | He's a very polite man. |
| 8 | Él tuvo muy buena formación. | He had a very good education. |
| 9 | Recibí una formación francesa. | I received a French education. |
| 10 | Fui formado por los jesuitas. | I was educated by the Jesuits. |
| 11 | Están en todas partes. | They're everywhere. |
| 12 | Están donde menos te los esperas. | They're where you least expect them. |
| 13 | Tendrás que razonar con él. | You'll have to reason with him. |
| 14 | La economía va de mal en peor. | The economy's getting worse and worse. |
| 15 | Daré mi reino por un buen economista. | I'll give my kingdom for a good economist. |
| 16 | No los hay. | There aren't any. |

| | | |
|---|---|---|
| 17 | Son como los gitanos que te leen la palma. | They're like the gypsies who read your palm. |
| 18 | No te sigo. | I don't follow you. |
| 19 | Casi nunca aciertan en sus pronósticos. | They're hardly ever right in their forecasts. |
| 20 | No les hago caso. | I don't pay any attention to / take any notice of them. |
| 21 | Juegan un papel muy importante. | They play a very important role. |
| 22 | La sociedad no los necesita. | Society doesn't need them. |
| 23 | ¿Desde cuándo eres la portavoz de la sociedad? | Since when are you the spokesman for society? |
| 24 | Mi experiencia abarca muchos años. | My experience spans many years. |
| 25 | Pues no te ha enseñado nada. | Well, it hasn't taught you anything. |

NOTAS / NOTES

# Translation list 21

| | | |
|---|---|---|
| 1 | ¿No estás cansado de tantas listas? | Aren't you tired of so many lists? |
| 2 | Por supuesto que sí. | Of course I am. |
| 3 | Entonces ¿por qué no haces otra cosa? | Then why don't you do something else? |
| 4 | ¿Como qué? | Like what? |
| 5 | Como tocar la guitarra, por ejemplo. | Like playing the guitar, for example. |
| 6 | Eso no ayuda a que la gente aprenda inglés. | That doesn't help people learn English. |
| 7 | A lo mejor, pero es mucho más ameno. | Maybe not, but it's much more pleasant. |
| 8 | ¿Así que no te gustan mis listas? | So you don't like my lists? |
| 9 | Yo no dije eso. | I didn't say that. |
| 10 | No me mientas. | Don't lie to me. |
| 11 | En mi vida te he mentido. | I've never lied to you in my life. |
| 12 | Entonces ¿qué es lo que no te gusta de mis listas? | Then what is it you don't like about my lists? |
| 13 | No es que no me gusten. | It's not that I don't like them. |
| 14 | ¿Te importaría hablar más claro? | Would you mind speaking more clearly? |
| 15 | Si quieres saber la verdad, te la diré. | If you want to know the truth, I'll tell you. |
| 16 | Son demasiado largas. | They're too long. |

| | | |
|---|---|---|
| 17 | Eres demasiado exigente. | You're too demanding. |
| 18 | Se tarda demasiado en hacer cada lista. | It takes too long to do each list. |
| 19 | Hay demasiada repetición. | There's too much repetition. |
| 20 | Hay demasiadas listas. | There are too many lists. |
| 21 | Esperas demasiado de tus alumnos. | You expect too much from your students. |
| 22 | ¿Algo más? | Anything else? |
| 23 | De momento, no. | For the moment, no. |
| 24 | Entonces, déjame continuar con mis listas. | Then let me continue with my lists. |
| 25 | Siento pena por tus alumnos. | I feel sorry for your students. |

NOTAS / NOTES

# Translation list 22

| | | |
|---|---|---|
| 1 | Los vas a volver locos. | You're going to drive them crazy / mad. |
| 2 | Deja que yo me preocupe por eso. | Let me worry about that. |
| 3 | Yo antes creía en tu sistema. | I used to believe in your system. |
| 4 | Antes seguía todos tus consejos. | I used to follow all your advice. |
| 5 | Pero ya no. | But not any more. |
| 6 | Te crees muy listo. | You think you're really smart. |
| 7 | Podría enseñarte unas cuantas cosas. | I could teach you a few things. |
| 8 | Algún día te darás cuenta de tu error. | Someday you'll realize your mistake. |
| 9 | Yo nunca cometo errores. | I never make mistakes. |
| 10 | Estás cometiendo uno ahora mismo. | You're making one right now. |
| 11 | Estás intentando provocarme. | You're trying to provoke me. |
| 12 | Estás muy orgulloso de ti mismo. | You're very proud of yourself. |
| 13 | Estoy orgulloso de mis logros. | I'm proud of my achievements. |
| 14 | Has logrado muy poco. | You've achieved very little. |
| 15 | He logrado enfadarte. | I've managed to make you angry. |
| 16 | Tú no sabes enfadarme. | You don't know how to make me angry. |

| | | |
|---|---|---|
| 17 | Eso es lo que tú te crees. | That's what you think. |
| 18 | Cambiemos de tema. | Let's change the subject. |
| 19 | Él logró estropear todo. | He managed to ruin everything. |
| 20 | Conseguí el objetivo. | I achieved the objective. |
| 21 | Conseguí alcanzar el objetivo. | I managed to achieve the objective. |
| 22 | ¿Quién llevará a cabo esta tarea? | Who'll carry out this task? |
| 23 | Nadie quiere. | Nobody wants to. |
| 24 | Entonces habrá que hacer algo. | Then something will have to be done. |
| 25 | Eres un jefe duro. | You're a tough boss. |

NOTAS / NOTES

# Translation list 23

| | | |
|---|---|---|
| 1 | No discutamos hoy. | Let's not argue today. |
| 2 | Deberías añadir un poco más de sal. | You should add a little more salt. |
| 3 | Pero ya está salada. | But it's already salty. |
| 4 | Como sal solo con marisco. | I only eat salt with shellfish. |
| 5 | El juicio no durará mucho. | The trial won't last long. |
| 6 | Al juez no le gustan los juicios largos. | The judge doesn't like long trials. |
| 7 | Menos mal. | It's a good thing / job. |
| 8 | Algunos juicios parecen durar eternamente. | Some trials seem to last forever. |
| 9 | No los de este juez. | Not this judge's. |
| 10 | Eso es un consuelo. | That's a consolation. |
| 11 | Hay mucho papeleo. | There's a lot of paperwork. |
| 12 | Llevan tres meses casados. | They've been married for three months. |
| 13 | Se están acostumbrando el uno a la otra. | They're getting used to each other. |
| 14 | Se están hablando. | They're talking to each other. |
| 15 | No me acostumbré a la vida de casado. | I didn't get used to married life. |
| 16 | Hay cosas más fáciles en la vida. | There are easier things in life. |

| | | |
|---|---|---|
| 17 | La vida tiene sus altibajos. | Life has its ups and downs. |
| 18 | Estoy deprimido. | I'm depressed. |
| 19 | Anímate, las cosas mejorarán. | Cheer up, things will get better. |
| 20 | Este lago nunca ha sido profundo. | This lake has never been deep. |
| 21 | Tengo conocimientos superficiales de ese tema. | I have superficial knowledge of that subject. |
| 22 | Hay petróleo en la superficie. | There's oil on the surface. |
| 23 | Puedes resbalar y hacerte daño. | You might slip and hurt yourself. |
| 24 | Es más fácil correr cuesta abajo que cuesta arriba. | It's easier to run downhill than uphill. |
| 25 | El bosque es muy espeso aquí. | The forest is very thick here. |

NOTAS / NOTES

# Translation list 24

| | | |
|---|---|---|
| 1 | Estás engordando últimamente. | You've been gaining weight lately. |
| 2 | Es la mujer más hermosa que jamás he visto. | She's the most beautiful woman I've ever seen. |
| 3 | ¿Me la puedes presentar? | Can you introduce her to me? |
| 4 | Quisiera presentarte a Juan. | I'd like to introduce you to John. |
| 5 | Le gustas pero es muy tímido. | He likes you but he's very shy. |
| 6 | ¿Qué quieres que le diga (a él)? | What do you want me to say to him? |
| 7 | Lo que sea. | Anything. |
| 8 | ¿Cómo puede un chico como él ser tan tímido? | How can a boy like him be so shy? |
| 9 | Y además, no es nada feo. | And besides, he's not ugly at all. |
| 10 | De hecho, es justo mi tipo. | In fact, he's just my type. |
| 11 | Le diré que venga aquí. | I'll tell him to come here. |
| 12 | Mi hermana quiere hablar contigo. | My sister wants to talk to you. |
| 13 | ¿Sobre qué? | About what? |
| 14 | No seas tonto, le gustas. | Don't be silly, she likes you. |
| 15 | Pero no sé qué decirle. | But I don't know what to say to her. |
| 16 | No te preocupes, ella es muy charlatana. | Don't worry; she's very talkative. |

| | | |
|---|---|---|
| 17 | Y además, es inofensiva. | And besides, she's harmless. |
| 18 | No muerde. | She doesn't bite. |
| 19 | Pero no tenemos nada en común. | But we don't have anything in common. |
| 20 | ¿Está buscando marido? | Is she looking for a husband? |
| 21 | Lo dudo. | I doubt it. |
| 22 | Venga, invítala al cine. | Come on, invite her to the movies / pictures. |
| 23 | Pero no sé qué clase de películas le gustan. | But I don't know what kind of movies / films she likes. |
| 24 | Le da igual. | She doesn't care. |
| 25 | Necesito tu apoyo moral. | I need your moral support. |

NOTAS / NOTES

# Translation list 25

| | | |
|---|---|---|
| 1 | No hay por qué preocuparse. | There's no need to worry. |
| 2 | No funciona nada en este país. | Nothing works in this country. |
| 3 | Él está en camino. | He's on his way. |
| 4 | ¿Cuánto tiempo dura el curso? | How long does the course last? |
| 5 | ¿Has solicitado la beca? | Have you applied for the scholarship? |
| 6 | Somos amigos desde hace un año. | We've been friends for a year. |
| 7 | Hemos creado una sociedad. | We've formed a company. |
| 8 | Tenemos que darle un nombre. | We have to give it a name. |
| 9 | Tendrás que invertir cierta cantidad de dinero. | You'll have to invest a certain amount of money. |
| 10 | Te daremos acciones. | We'll give you shares. |
| 11 | Serás en parte dueño de esto. | You'll be part owner of this. |
| 12 | ¿Estás dispuesto a invertir? | Are you willing to invest? |
| 13 | Queremos dinero en metálico. | We want cash. |
| 14 | Echa la carta al correo. | Mail the letter. |
| 15 | Que no se te olvide el remite. | Don't forget the return address. |
| 16 | El cielo está empezando a despejarse. | The sky's starting to clear up. |

| | | |
|---|---|---|
| 17 | La póliza ha caducado. | The policy has expired. |
| 18 | ¿Vas a renovarla? | Are you going to renew it? |
| 19 | ¿Para qué? | What for? |
| 20 | Ojalá supiera más inglés. | I wish I knew more English. |
| 21 | Ojalá tuviera más dinero. | I wish I had more money. |
| 22 | Ojalá pudiera convencerle. | I wish I could convince him. |
| 23 | Espero que llueva esta tarde. | I hope it rains this afternoon. |
| 24 | Ráscame la espalda. | Scratch my back. |
| 25 | Tengo un terrible dolor de muelas. | I have a terrible toothache. |

NOTAS / NOTES

# Translation list 26

| | | |
|---|---|---|
| 1 | Cruzaremos ese puente cuando lleguemos a él. | We'll cross that bridge when we get to it. |
| 2 | No me arrepiento de nada de lo que he hecho. | I don't regret anything I've done. |
| 3 | Llámame cuando quieras. | Call me whenever you want. |
| 4 | No quiero que estés triste. | I don't want you to be sad. |
| 5 | Me dijeron que ya te habías ido. | They told me you'd already left. |
| 6 | Te aplastaremos. | We'll crush you. |
| 7 | El perro enterró el hueso. | The dog buried the bone. |
| 8 | El entierro fue por la mañana. | The burial was in the morning. |
| 9 | Fueron arrestados y llevados al juzgado. | They were arrested and taken to court. |
| 10 | El juez no apareció. | The judge didn't show / turn up. |
| 11 | Estuvimos esperando media hora. | We waited for half an hour. |
| 12 | La mercancía no ha sido aún embarcada. | The goods haven't been shipped yet. |
| 13 | Hay un retraso en el embalaje. | There's a delay in the packaging. |
| 14 | Nuestros trabajadores están en huelga desde hace más de un mes. | Our workers have been on strike for more than a month. |
| 15 | No hemos llegado a un acuerdo. | We haven't reached an agreement. |
| 16 | Hasta que esto no se resuelva, no podemos prometer nada. | Until this is resolved, we can't promise anything. |

| | | |
|---|---|---|
| 17 | ¿Qué sugieres que hagamos? | What do you suggest we do? |
| 18 | Deberías ser más flexible. | You should be more flexible. |
| 19 | Pero llevo cinco años siendo flexible y mira lo que ha pasado. | But I've been flexible for five years and look at what's happened. |
| 20 | No es culpa tuya. | It's not your fault. |
| 21 | Entonces ¿de quién es la culpa? | Then whose fault is it? |
| 22 | No deberías echar la culpa a nadie. | You shouldn't blame anyone. |
| 23 | No necesito tus consejos. | I don't need your advice. |
| 24 | Entonces ¿por qué me has contratado? | Then why have you hired me? |
| 25 | Realmente no lo sé. | I really don't know. |

## NOTAS / NOTES

# Translation list 27

| | | |
|---|---|---|
| 1 | Fueron advertidos del peligro. | They were warned of the danger. |
| 2 | Más vale que te vayas, porque sino... | You'd better leave because otherwise... |
| 3 | ¿Me estás amenazando? | Are you threatening me? |
| 4 | Más vale que sigas mi consejo. | You'd better follow my advice. |
| 5 | Lo compré de segunda mano. | I bought it second hand. |
| 6 | Siempre te estás quejando del calor. | You're always complaining about the heat. |
| 7 | No deberías haber venido aquí. | You shouldn't have come here. |
| 8 | Está sonando el teléfono. | The telephone's ringing. |
| 9 | Yo lo cojo. | I'll get it. |
| 10 | ¿Para quién es? | Who's it for? |
| 11 | Era un número equivocado. | It was the wrong number. |
| 12 | Una secretaria debe ser educada. | A secretary should be polite. |
| 13 | También debe ser agradable y amable. | She should also be pleasant and friendly. |
| 14 | Sobre todo, debe ser puntual y justa. | Above all, she should be punctual and fair. |
| 15 | Debe saber doblar cartas. | She should know how to fold letters. |
| 16 | Debe saber tomar recados. | She should know how to take messages. |

| | | |
|---|---|---|
| 17 | Debe saber mecanografía y taquigrafía. | She should know typing and shorthand. |
| 18 | Tus informes deberían ser concisos. | Your reports should be concise. |
| 19 | Has tenido mucha suerte. | You've been very lucky. |
| 20 | ¿Cuántos años tenías cuando eso pasó? | How old were you when that happened? |
| 21 | Siento que no pudieras quedarte. | I'm sorry you couldn't stay. |
| 22 | Te acostumbrarás a mi estilo. | You'll get used to my style. |
| 23 | Ya estoy acostumbrado a ello. | I'm already accustomed to it. |
| 24 | Luché por todo lo que conseguí. | I fought for everything I got. |
| 25 | Huele a flores. | It smells like flowers. |

NOTAS / NOTES

# Translation list 28

| | | |
|---|---|---|
| 1 | Ponlo encima de esto. | Put it on top of this. |
| 2 | Ella lleva siempre mucho maquillaje. | She always wears a lot of makeup. |
| 3 | Siempre tengo que recordarle que se afeite. | I always have to remind him to shave. |
| 4 | Es muy olvidadizo. | He's very forgetful. |
| 5 | Es de los pocos hombres que llevan sombrero. | He's one of the few men who wear a hat. |
| 6 | ¿Se burlan sus amigos de él? | Do his friends make fun of him? |
| 7 | Creo que no. | I don't think so. |
| 8 | Parecen ser bastante majos. | They seem to be pretty nice. |
| 9 | ¿Qué impresión sacaste tú? | What impression did you get? |
| 10 | Tienes que causar una buena impresión. | You have to make a good impression. |
| 11 | No causaste buena impresión. | You didn't make a good impression. |
| 12 | No lo puedo aguantar. | I can't stand it. |
| 13 | Algo tiene que hacerse. | Something has to be done. |
| 14 | ¿Qué esperas trabajando para un hombre como él? | What do you expect working for a man like him? |
| 15 | ¿Desde cuándo paga bien a su gente? | Since when does he pay his people well? |
| 16 | Te advertí que no aceptaras su oferta. | I warned you not to accept his offer. |

| | | |
|---|---|---|
| 17 | Pero no me hiciste caso. | But you didn't take any notice of me. |
| 18 | Ahora estás sufriendo las consecuencias. | Now you're suffering the consequences. |
| 19 | Su muerte afectó a todos aquí. | His death affected everyone here. |
| 20 | Parecía un hombre tan sano. | He seemed like such a healthy man. |
| 21 | Dejó una herencia a su esposa. | He left an inheritance to his wife. |
| 22 | Estoy agotado. | I'm exhausted. |
| 23 | ¿Por qué no te tomas estas pastillas? | Why don't you take these pills? |
| 24 | No sé tragar pastillas. | I don't know how to swallow pills. |
| 25 | Eres un poco raro ¿no? | You're a little strange, aren't you? |

NOTAS / NOTES

# Translation list 29

| | | |
|---|---|---|
| 1 | Han llegado a una conclusión. | They've reached a conclusion. |
| 2 | Han decidido vender el negocio. | They've decided to sell the business. |
| 3 | Tienen que pagar a sus acreedores. | They have to pay their creditors. |
| 4 | Tienen muchas deudas. | They have a lot of debts. |
| 5 | Deben millones a los bancos. | They owe millions to the banks. |
| 6 | Nadie les dará un préstamo ahora. | No one will give them a loan now. |
| 7 | Es muy arriesgado invertir ahora. | It's very risky to invest now. |
| 8 | La mano de obra es cara. | Manpower is expensive. |
| 9 | Los bancos se niegan a prestar dinero. | Banks refuse to lend money. |
| 10 | Nadie quiere ahorrar. | Nobody wants to save. |
| 11 | El paro está subiendo. | Unemployment is increasing. |
| 12 | El gasto público es demasiado alto. | Public spending is too high. |
| 13 | No me hables de economía. | Don't talk to me about economics. |
| 14 | La economía está más allá de nuestro control. | The economy is beyond our control. |
| 15 | ¿Cuántas listas nos quedan? | How many lists do we have left? |
| 16 | Ninguna. | None. |

| | | |
|---|---|---|
| 17 | ¿Quieres decir que esta es la última? | Do you mean this is the last one? |
| 18 | La última de momento. | The last one for the moment. |
| 19 | ¿Qué quieres decir "de momento"? | What do you mean "for the moment"? |
| 20 | Habrá más libros. | There will be more books. |
| 21 | ¿Qué contendrán? | What will they contain? |
| 22 | Estarán llenos de gramática compleja. | They'll be full of complex grammar. |
| 23 | ¿Qué más? | What else? |
| 24 | Habrá vocabulario nuevo. | There will be new vocabulary. |
| 25 | ¿Cuándo estarán listos? | When will they be ready? |

NOTAS / NOTES

# Translation list 30

| | | |
|---|---|---|
| 1 | No te lo puedo decir todavía. | I can't tell you yet. |
| 2 | ¿Me guardarás una copia? | Will you save a copy for me? |
| 3 | Si eso es lo que quieres. | If that's what you want. |
| 4 | ¿Cuánto cobrarás por cada libro? | How much will you charge for each book? |
| 5 | Serán gratis. | They'll be free. |
| 6 | Eso es muy considerado por tu parte. | That's very considerate of you. |
| 7 | ¿Qué estamos esperando? | What are we waiting for? |
| 8 | Él te puede asesorar sobre esto. | He can advise you on this. |
| 9 | Yo agradecería mucho tu ayuda. | I'd appreciate your help very much. |
| 10 | Quiero prorrogar el plazo. | I want to extend the deadline. |
| 11 | La experiencia me ha enseñado todo lo que sé. | Experience has taught me everything I know. |
| 12 | Tengo reuniones diarias y semanales. | I have daily and weekly meetings. |
| 13 | Recibo un informe mensual y anual. | I receive a monthly and yearly report. |
| 14 | Presto mucha atención a las cifras. | I pay a lot of attention to the figures. |
| 15 | Animo a mi gente a hacer un esfuerzo. | I encourage my people to make an effort. |
| 16 | Trato de ser justo en todo momento. | I try to be fair at all times. |

| | | |
|---|---|---|
| 17 | Tengo mis fallos como todos. | I have my faults like everyone else. |
| 18 | Una cosa que no hago es perder el tiempo. | One thing I don't do is to waste time. |
| 19 | He tardado mucho en aprender a usar mi tiempo inteligentemente. | It's taken me a long time to learn how to use my time wisely. |
| 20 | ¿Cuántas frases me quedan? | How many sentences do I have left? |
| 21 | Casi has terminado. | You're almost finished. |
| 22 | Celebremos el acontecimiento. | Let's celebrate the event. |
| 23 | Estoy harto de tantas listas. | I'm fed up with so many lists. |
| 24 | Debe de haber una forma más sencilla. | There must be a simpler way. |
| 25 | Aprender un idioma es realmente duro. | Learning a language is really tough / hard. |

NOTAS / NOTES

# Translation booklet 7

NIVEL AVANZADO

# Translation list 1

| | | |
|---|---|---|
| 1 | Deberías habérmelo dicho. | You should have told me. |
| 2 | No tenía ni idea de que estabas enferma. | I had no idea you were ill. |
| 3 | Me enteré de ello a través de Juana. | I learned about it through Jane. |
| 4 | Menos mal que tropecé con ella. | It's a good thing I ran into her. |
| 5 | ¿Qué te han dicho los médicos? | What did the doctors tell you? |
| 6 | ¿Cómo te pasó eso? | How did that happen to you? |
| 7 | ¿Cuándo saldrás del hospital? | When will you leave the hospital? |
| 8 | Si pudiera pagarlo, te llevaría a la Clínica Pérez. | If I could pay for it, I'd take you to the Pérez Clinic. |
| 9 | Mantenme al día de cómo vas. | Keep me up to date on how you're doing. |
| 10 | ¡Vaya sorpresa! | What a surprise! |
| 11 | Tienes buen aspecto. | You look good. |
| 12 | Cambiemos de tema. | Let's change the subject. |
| 13 | No hablemos de enfermedades. | Let's not talk about illnesses. |
| 14 | Me deprimen. | They depress me. |
| 15 | Me deprimo fácilmente. | I get depressed easily. |
| 16 | ¡Venga, anímate! | Come on, cheer up! |

| | | |
|---|---|---|
| **17** | Háblame de verbos. | Talk to me about verbs. |
| **18** | ¿Por qué quieres hablar de verbos? | Why do you want to talk about verbs? |
| **19** | ¿No estás harto de practicar verbos? | Aren't you sick of practising verbs? |
| **20** | Depende de qué verbos practiquemos. | It depends on what verbs we practise. |
| **21** | ¿No hemos cubierto todos los verbos? | Haven't we covered all the verbs? |
| **22** | No hemos visto el condicional. | We haven't seen the conditional. |
| **23** | Pero el condicional es sencillo. | But the conditional is simple. |
| **24** | Quizá lo es para ti. | Maybe it is for you. |
| **25** | Y para ti también. | And for you too. |

NOTAS / NOTES

# Translation list 2

| | | |
|---|---|---|
| 1 | Me lío con ese tiempo verbal. | I get mixed up with that verb tense. |
| 2 | Bueno, si te empeñas. | Okay, if you insist. |
| 3 | Te veo cansado. | You look tired. |
| 4 | ¿Y tú no lo estarías después de lo que he hecho yo? | And wouldn't you after what I've done? |
| 5 | ¿Qué has hecho? | What have you done? |
| 6 | Acabo de terminar de escribir más de 4.000 frases. | I've just finished writing more than 4,000 sentences. |
| 7 | ¿Qué quieres decir? | What do you mean? |
| 8 | Quiero decir que todo hasta ahora ha sido fácil para mí. | I mean that everything up to now has been easy for me. |
| 9 | Te crees muy listo. | You think you're really smart. |
| 10 | Fallé muy pocos en el último libro. | I missed very few in the last book. |
| 11 | ¿Estás buscando un reto? | Are you looking for a challenge? |
| 12 | Quiero algo que me empuje. | I want something to give me a push. |
| 13 | Quiero algo desafiante. | I want something challenging. |
| 14 | Quiero que me pongas a prueba. | I want you to test me. |
| 15 | Quiero que me hagas sudar. | I want you to make me sweat. |
| 16 | Quiero el inglés como tú lo hablas. | I want English like you speak it. |

| | | |
|---|---|---|
| 17 | Pero los seis primeros libros contienen el inglés de uso corriente. | But the first six books contain normal English. |
| 18 | Entonces, ¿por qué me cuesta tanto entenderte cuando hablas? | Then why do I have so much trouble understanding you when you speak? |
| 19 | A lo mejor deberías limpiarte los oídos. | Maybe you should clean out your ears. |
| 20 | ¿Ves? Acabas de usar un verbo compuesto. | You see? You've just used a phrasal verb. |
| 21 | Hay miles de esos verbos. | There are thousands of those verbs. |
| 22 | Enséñamelos. | Teach them to me. |
| 23 | Pero son imposibles de asimilar si no vives en el país. | But they're impossible to assimilate if you don't live in the country. |
| 24 | Acepto el reto. | I accept the challenge. |
| 25 | Vale, tú te lo has buscado. | Okay, you're asking for it. |

NOTAS / NOTES

# Translation list 3

| | | |
|---|---|---|
| 1 | Si yo supiera su nombre, le llamaría. | If I knew his name, I'd call him. |
| 2 | Búscalo en la guía telefónica. | Look it up in the telephone book. |
| 3 | Podría hacerlo si tuviera una guía telefónica. | I could do it if I had a telephone book. |
| 4 | Tu vecina probablemente tenga una. | Your neighbour probably has one. |
| 5 | ¿Estás seguro? | Are you sure? |
| 6 | ¿Quieres dejar de molestarme? | Would you quit bothering me? |
| 7 | ¿Quieres que me vaya? | Do you want me to leave? |
| 8 | Quiero que te calles, eso es todo. | I want you to shut up, that's all. |
| 9 | ¿Qué harías si yo desapareciera de la faz de la tierra? | What would you do if I disappeared from the face of the earth? |
| 10 | Saltaría de júbilo. | I'd jump for joy. |
| 11 | ¡Muchas gracias! | Thanks a lot! |
| 12 | ¡Vaya amigo! | What a friend! |
| 13 | Te estoy tomando el pelo. | I'm pulling your leg. |
| 14 | ¿Desde cuándo eres un bromista? | Since when have you been a joker? |
| 15 | Siempre lo he sido. | I've always been one. |
| 16 | Esa es una faceta de tu carácter que nunca he visto. | That's a facet of your character I've never seen. |

| | | |
|---|---|---|
| **17** | ¿Crees que soy una persona seria? | Do you think I'm a serious person? |
| **18** | Eres una persona muy intensa. | You're a very intense person. |
| **19** | No me conoces. | You don't know me. |
| **20** | Habla con mi mujer, ella te lo dirá. | Talk to my wife; she'll tell you. |
| **21** | Bueno, si tú lo dices. | Okay, if you say so. |
| **22** | Ahora bien, ¿dónde estábamos? | Now then, where were we? |
| **23** | Estábamos con el condicional. | We were with the conditional. |
| **24** | ¡Ah, sí! ¿Y qué harías si yo te apuntara con una pistola? | That's right! Now, what would you do if I pointed a gun at you? |
| **25** | Me pondría a temblar. | I'd start shaking. |

## NOTAS / NOTES

# Translation list 4

| | | |
|---|---|---|
| 1 | ¿Tendrías miedo de mí? | Would you be afraid of me? |
| 2 | No serías capaz de semejante cosa. | You wouldn't be capable of such a thing. |
| 3 | Tú tampoco. | Neither would you. |
| 4 | No hablemos de cosas así. | Let's not talk about things like that. |
| 5 | Esta conversación es un callejón sin salida. | This conversation is getting us nowhere. |
| 6 | No estamos llegando a ninguna parte. | We're not getting anywhere. |
| 7 | Puedo traducir con facilidad esas cosas. | I can translate those things with ease. |
| 8 | Tu corbata no hace juego con tu traje. | Your tie doesn't match your suit. |
| 9 | Ya sé que no. | I know it doesn't. |
| 10 | Entonces, ¿por qué la llevas puesta? | Then why are you wearing it? |
| 11 | Porque me gusta destacar. | Because I like to stand out. |
| 12 | La gente se burla de ti. | People make fun of you. |
| 13 | ¡A mí qué me importa! | What do I care! |
| 14 | El chismorreo no me molesta. | Gossip doesn't bother me. |
| 15 | Me gano la vida vendiendo coches usados. | I make a living selling used cars. |
| 16 | A ese precio, es una auténtica ganga. | At that price, it's a real bargain. |

| | | |
|---|---|---|
| 17 | Esto perjudica nuestra capacidad para competir. | This hampers our ability to compete. |
| 18 | Se me pinchó una rueda. | I had a flat tire / tyre. |
| 19 | No tenía rueda de repuesto. | I didn't have a spare tire / tyre. |
| 20 | Tardé una hora en resolver el problema. | It took me an hour to solve the problem. |
| 21 | Un camionero paró para ayudarme. | A truck / lorry driver stopped to help me. |
| 22 | Si no hubiera parado, aún estaría allí. | If he hadn't stopped, I'd still be there. |
| 23 | Menos mal que paró. | It's a good thing he stopped. |
| 24 | Menos mal que hay gente como él. | It's a good thing there are people like him. |
| 25 | Pasemos a la lista siguiente. | Let's go on to the following list. |

NOTAS / NOTES

# Translation list 5

| | | |
|---|---|---|
| 1 | ¿Qué desea usted tomar? | What would you like to have? |
| 2 | Quiero un filete con patatas. | I want a steak and potatoes. |
| 3 | ¿Cómo quiere su filete? | How do you want your steak? |
| 4 | Bien hecho, por favor. | Well done, please. |
| 5 | Poco hecho, por favor. | Rare, please. |
| 6 | En su punto. | Medium rare. |
| 7 | ¿Quiere patatas fritas o una patata asada? | Would you like French fries / chips or a baked potato? |
| 8 | ¿Me puede traer la cuenta, por favor? | Can you bring me the bill, please? |
| 9 | Nos ha cobrado algo que no pedimos. | You charged us for something we didn't order. |
| 10 | ¿Pagará en metálico o con tarjeta? | Will you pay in cash or by card? |
| 11 | Su tarjeta ha caducado. | Your card is expired. |
| 12 | No aceptamos talones. | We don't accept checks / cheques. |
| 13 | Vuelvo en veinte minutos. | I'll be back in twenty minutes. |
| 14 | El accidente la dejó más débil. | The accident left her weaker. |
| 15 | Pero fortaleció sus ganas de vivir. | But it strengthened her will to live. |
| 16 | Sabía que nunca volvería a tener miedo. | She knew she'd never be afraid again. |

| | | |
|---|---|---|
| **17** | Tendrás que dar marcha atrás para salir. | You'll have to back up to leave. |
| **18** | Ponlo en punto muerto para arrancar. | Put it in neutral to start. |
| **19** | Tienes que quitar el freno de mano. | You have to release the handbrake. |
| **20** | Tienes que usar el embrague para cambiar de marcha. | You have to use the clutch to change gears. |
| **21** | Mantén las dos manos en el volante. | Keep both hands on the steering wheel. |
| **22** | No te acerques demasiado a ese coche. | Don't get too close to that car. |
| **23** | Mira atrás antes de cambiar de carril. | Look back before changing lanes. |
| **24** | Tengo que mantener a mi familia. | I have to support my family. |
| **25** | Me cuesta llegar a fin de mes. | I have trouble making ends meet. |

NOTAS / NOTES

# Translation list 6

| | | |
|---|---|---|
| 1 | Me castigan por cada error que cometo. | They punish me for every mistake I make. |
| 2 | Más vale tarde que nunca. | It's better late than never. |
| 3 | Más vale pájaro en mano que ciento volando. | A bird in the hand's worth two in the bush. |
| 4 | Por mucho que trabajes, no te subirán el sueldo. | No matter how hard you work, they won't raise your salary. |
| 5 | Dale la vuelta. | Turn it over. |
| 6 | Humedece el sello antes de pegarlo. | Moisten the stamp before sticking it on. |
| 7 | Sigue de frente. | Keep going straight. |
| 8 | Cuando yo vuelva, tendré tiempo de sobra. | When I come back, I'll have plenty of time. |
| 9 | Me siento mareado. (vértigo) | I feel dizzy. |
| 10 | Tengo el estómago revuelto. | I have an upset stomach. |
| 11 | Creo que voy a devolver. | I think I'm going to throw up. |
| 12 | Toma un sorbo de esto. | Have a sip of this. |
| 13 | Descuida, no quiero envenenarte. | Don't worry; I don't want to poison you. |
| 14 | Diles que le digan que venga aquí. | Tell them to tell him to come here. |
| 15 | Les dije que le dijeran que viniera aquí. | I told them to tell him to come here. |
| 16 | Pues no ha venido. | Well, he hasn't come. |

| | | |
|---|---|---|
| **17** | Por lo visto no se lo dijeron. | Apparently they didn't tell him. |
| **18** | Estamos metidos en un buen lío. | We're in trouble. |
| **19** | Venga, no es para tanto. | Come on, it's not that bad. |
| **20** | Eso es lo que tú te crees. | That's what you think. |
| **21** | Eres un caso perdido. | You're a lost cause. |
| **22** | Al contrario, soy un realista. | On the contrary, I'm a realist. |
| **23** | Siempre ves el lado malo de las cosas. | You only see the bad side of things. |
| **24** | Lo siento, pero así soy. | I'm sorry but that's the way I am. |
| **25** | Anda, anímate. | Come on, cheer up. |

NOTAS / NOTES

# Translation list 7

| | | |
|---|---|---|
| 1 | Todo saldrá bien, ya verás. | Everything will turn out fine, you'll see. |
| 2 | Si hubieras venido, habríamos ganado. | I you had come, we would've won. |
| 3 | El ganar no es lo más importante. | Winning's not the most important thing. |
| 4 | Pero es mejor que perder. | But it's better than losing. |
| 5 | Les venceremos. | We'll defeat them. |
| 6 | No tienen salida. | They have no escape. |
| 7 | Están atrapados. | They're trapped. |
| 8 | No hay ninguna forma de que puedan ganar. | There's no way they can win. |
| 9 | Nuestros jugadores son mejores que los de ellos. | Our players are better than theirs. |
| 10 | ¡No me digas! | You don't say! |
| 11 | Siempre te estás quejando. | You're always complaining. |
| 12 | Todo el mundo trata de complacerte. | Everyone tries to please you. |
| 13 | Agradezco todo lo que habéis hecho. | I appreciate everything you've done. |
| 14 | No sé lo que habría hecho si no hubiera sido por vuestra ayuda. | I don't know what I would've done if it hadn't been for your help. |
| 15 | Todo saldrá bien, ya verás. | Everything will turn out fine, you'll see. |
| 16 | Los espantapájaros no espantan a los pájaros. | Scarecrows don't scare away the birds. |

| | | |
|---|---|---|
| 17 | El mío sí. | Mine does. |
| 18 | ¿Por qué el tuyo sí? | Why does yours? |
| 19 | Porque se basa en una nueva tecnología. | Because it's based on a new technology. |
| 20 | ¿Qué clase de tecnología es esa? | What kind of technology is that? |
| 21 | Ato a mi hijo mayor al poste. | I tie my older son to the post. |
| 22 | ¿Y los pájaros le toman en serio? | And the birds take him seriously? |
| 23 | Le toman muy en serio. | They take him very seriously. |
| 24 | ¿Qué hace? | What does he do? |
| 25 | Les dispara con una escopeta. | He shoots at them with a shotgun. |

NOTAS / NOTES

# Translation list 8

| | | |
|---|---|---|
| 1 | La luna influye en las mareas. | The moon influences the tides. |
| 2 | El consejo de administración aprobó el nuevo presupuesto. | The board of directors approved the new budget. |
| 3 | Las previsiones de ventas son buenas. | The sales forecasts are good. |
| 4 | Nos vamos a forrar. | We're going to make a killing. |
| 5 | Me duele la muela. | I have toothache. |
| 6 | Me duele la garganta. | I have a sore throat. |
| 7 | ¡Cuidado! | Look out! |
| 8 | Menos mal que te agachaste. | It's a good thing you ducked. |
| 9 | ¿Tenía que haberme agachado? | Was I supposed to have ducked? |
| 10 | Fallaron por un pelo. | They missed by a hair. |
| 11 | La echo mucho de menos. | I miss her very much. |
| 12 | No puedo continuar sin ella. | I can't go on without her. |
| 13 | Ella es mi inspiración. | She's my inspiration. |
| 14 | Él no puede guardar un secreto. | He can't keep a secret. |
| 15 | Es un bocazas. | He's a big mouth. |
| 16 | Nadie le aguanta. | Nobody can stand him. |

| | | |
|---|---|---|
| **17** | Se comporta como un niño. | He behaves like a child. |
| **18** | Tiene rabietas cuando no consigue lo que quiere. | He has tantrums when he doesn't get what he wants. |
| **19** | Tiene un tornillo flojo. | He has a screw loose. |
| **20** | Pierde los estribos a menudo. | He loses his temper often. |
| **21** | Algunas personas le tienen miedo. | Some people are afraid of him. |
| **22** | Le gusta intimidar a la gente. | He likes to intimidate people. |
| **23** | Siempre se sale con la suya. | He always gets his way. |
| **24** | Es un pesado. | He's a pain in the neck. |
| **25** | Algún día le echarán de aquí. | Someday they'll kick him out of here. |

NOTAS / NOTES

# Translation list 9

| | | |
|---|---|---|
| 1 | No preveo ningún problema. | I don't foresee any problems. |
| 2 | No podemos subir el ancla. | We can't raise the anchor. |
| 3 | Se rompió la cuerda. | The rope broke. |
| 4 | Abrocha tu cinturón de seguridad. | Fasten your seat belt. |
| 5 | Le cogieron con las manos en la masa. | They caught him red-handed. |
| 6 | Pagaron por sus pecados. | They paid for their sins. |
| 7 | Reconozco que no hice un esfuerzo. | I admit I didn't make an effort. |
| 8 | Le castigaron con un látigo. | They punished him with a whip. |
| 9 | No juzgues el libro por la cubierta. | Don't judge a book by its cover. |
| 10 | Más vale prevenir que curar. | It's better to be safe than sorry. |
| 11 | Prefiero los dibujos animados a esto. | I prefer cartoons to this. |
| 12 | Esos colores no casan. | Those colours don't match. |
| 13 | Están avergonzados de tu comportamiento. | They're ashamed of your behaviour. |
| 14 | Se sienten muy decepcionados. | They feel very disappointed. |
| 15 | Usaste un lenguaje muy ofensivo. | You used very offensive language. |
| 16 | ¿Sabes medir la altura de un edificio? | Do you know how to measure the height of a building? |

| | | |
|---|---|---|
| 17 | ¿Sabes medirla con un barómetro? | Do you know how to measure it with a barometer? |
| 18 | Claro que sé hacerlo. | Of course I know how to do it. |
| 19 | Primero voy a la casa del arquitecto. | First I go to the architect's house. |
| 20 | Después le digo lo siguiente: | Then I tell him the following: |
| 21 | Si me dice usted la altura de su edificio, le daré este bonito barómetro. | If you tell me the height of your building, I'll give you this pretty barometer. |
| 22 | No seas gracioso. | Don't be funny. |
| 23 | ¿Se te ocurre una forma mejor? | Does a better way occur to you? |
| 24 | Entonces no me hagas preguntas tontas. | Then don't ask me silly questions. |
| 25 | Frótalo con algodón. | Rub it with cotton. |

NOTAS / NOTES

# Translation list 10

| | | |
|---|---|---|
| 1 | ¿Dónde voy a encontrar algodón? | Where am I going to find cotton? |
| 2 | Mira en el botiquín. | Look in the first-aid kit. |
| 3 | Lo encontrarás en el estante superior. | You'll find it on the top shelf. |
| 4 | No lo puedo alcanzar. | I can't reach it. |
| 5 | Súbete a esta silla. | Get on this chair. |
| 6 | Lo haré si me la sujetas. | I'll do it if you hold it for me. |
| 7 | Tienes miedo de tu propia sombra. | You're afraid of your own shadow. |
| 8 | Hay una grieta en el hormigón. | There's a crack in the concrete. |
| 9 | El hormigón es una mezcla de arena y cemento. | Concrete is a mixture of sand and cement. |
| 10 | Creo que me estoy enamorando. | I think I'm falling in love. |
| 11 | No me hagas reír. | Don't make me laugh. |
| 12 | En serio, nunca me he sentido así. | Seriously, I've never felt this way. |
| 13 | No eres capaz de amar a nadie. | You're not capable of loving anyone. |
| 14 | ¡Muchas gracias! Eres una gran ayuda. | Thanks a lot! You're a big help. |
| 15 | Eres incapaz de sentir emoción. | You're incapable of feeling emotion. |
| 16 | Eso es lo último que esperaba oír de ti. | That's the last thing I expected to hear from you. |

| | | |
|---|---|---|
| **17** | ¿Cómo van las cosas con María? | How are things going with Mary? |
| **18** | Hemos roto. | We've broken up. |
| **19** | Ella cree que no soy lo suficientemente inteligente. | She thinks I'm not intelligent enough. |
| **20** | Tiene razón. | She's right. |
| **21** | Así que estás de acuerdo con ella. | So you agree with her. |
| **22** | Bueno, digamos que no eres un genio. | Well, let's say you're not a genius. |
| **23** | Tú tampoco. | Neither are you. |
| **24** | Pero al menos lo reconozco. | But at least I admit it. |
| **25** | Sé cuáles son mis limitaciones. | I know what my limitations are. |

NOTAS / NOTES

# Translation list 11

| | | |
|---|---|---|
| 1 | ¿Qué opinas de esta situación? | What do you think about this situation? |
| 2 | ¿Qué quieres que diga? | What do you want me to say? |
| 3 | Lo que sea. | Anything. |
| 4 | Creo que no vale la pena. | I don't think it's worth it. |
| 5 | O sea, no lo deberíamos hacer. | In other words, we shouldn't do it. |
| 6 | Creo que sería demasiado arriesgado. | I think it would be too risky. |
| 7 | Nada arriesgado, nada ganado. | Nothing ventured, nothing gained. |
| 8 | Sí, pero en este caso, el riesgo es alto. | Yes, but in this case, the stakes are high. |
| 9 | Puede que tengas razón. | You may be right. |
| 10 | ¿Cuánto vais a invertir en el proyecto? | How much are you going to invest in the project? |
| 11 | Todos nuestros ahorros. | All our savings. |
| 12 | ¿Y si fracasáis? | And if you fail? |
| 13 | Es imposible que fracasemos. | It's impossible for us to fail. |
| 14 | ¿Cuál es vuestro secreto para el éxito? | What's your secret for success? |
| 15 | Somos muy trabajadores. | We're very hard-working. |
| 16 | Hace falta más que eso. | It takes more than that. |

| | | |
|---|---|---|
| 17 | Hace falta perseverancia. | It takes perseverance. |
| 18 | Hace falta pericia. | It takes expertise. |
| 19 | Hace falta fuerza de voluntad. | It takes will-power. |
| 20 | Y hace falta un poco de suerte. | And it takes a little bit of luck. |
| 21 | No necesitamos nada de eso. | We don't need any of that. |
| 22 | Entonces, ¿cómo vais a tener éxito? | Then how are you going to succeed? |
| 23 | Tenemos un producto que se vende solo. | We have a product that sells itself. |
| 24 | Es una loción para calvos. | It's a potion for bald people. |
| 25 | Hace que el pelo crezca un centímetro a la semana. | It makes hair grow a centimetre a week. |

## NOTAS / NOTES

# Translation list 12

| | | |
|---|---|---|
| 1 | Ya tenemos un pedido de China. | We already have an order from China. |
| 2 | Tenemos que enviar un millón de frascos para dentro de un mes. | We have to ship a million bottles within a month. |
| 3 | ¿Los tenéis en stock? | Do you have them in stock? |
| 4 | No los hemos empezado a fabricar aún. | We haven't started producing them yet. |
| 5 | ¡Estáis locos! ¿Cómo vais a fabricarlos? | You're crazy! How are you going to produce them? |
| 6 | Por eso te he llamado. | That's why I called you. |
| 7 | ¿Qué tengo yo que ver con esto? | What do I have to do with this? |
| 8 | Pensé que a lo mejor querrías ayudarnos. | I thought you might want to help us. |
| 9 | ¿Ayudaros a hacer qué? | Help you do what? |
| 10 | A financiar la producción. | To finance the production. |
| 11 | ¿Desde cuándo soy yo un banco? | Since when am I a bank? |
| 12 | Pero tienes mucho dinero. | But you have a lot of money. |
| 13 | Pero no para tus ideas locas. | But not for your crazy ideas. |
| 14 | ¿Sabes cuántos chinos son calvos? | Do you know how many Chinese people are bald? |
| 15 | 340 millones de chinos querrán nuestro producto. | 340 million Chinese people will want our product. |
| 16 | Multiplica eso por tres dólares por frasco. | Multiply that by three dollars a bottle. |

| | | |
|---|---|---|
| 17 | ¿Cuánto dinero crees que necesitaréis? | How much money do you think you'll need? |
| 18 | Ochenta mil pavos. | Eighty thousand bucks / quid. |
| 19 | Bueno, veré lo que puedo hacer. | Well, I'll see what I can do. |
| 20 | ¡Pero estás forrado! | But you're filthy rich! |
| 21 | Puedes conseguir el dinero en una hora. | You can get the money in an hour. |
| 22 | ¡Oye, el dinero no crece en los árboles! | Hey, money doesn't grow on trees! |
| 23 | Tengo que consultarlo con mi asesor fiscal. | I have to consult my tax advisor. |
| 24 | ¿Qué tiene él que ver con esto? | What does he have to do with this? |
| 25 | No puedo darte ochenta mil pavos así por las buenas. | I can't give you eighty thousand bucks / quid just like that. |

## NOTAS / NOTES

# Translation list 13

| | | |
|---|---|---|
| 1 | ¿Cómo te sientes siendo millonario? | How does it feel to be a millionaire? |
| 2 | Igual que siempre. | I feel the same as always. |
| 3 | Creí que tendría más tiempo libre. | I thought I'd have more free time. |
| 4 | ¿Te das cuenta ahora? | Now do you realize / realise? |
| 5 | Los ricos tienen problemas también. | Rich people have problems too. |
| 6 | Pero es mejor que ser pobre. | But it's better than being poor. |
| 7 | Tal vez, pero no estoy tan seguro. | Maybe so, but I'm not so sure. |
| 8 | Has tenido mucho éxito. | You've been very successful. |
| 9 | Ahora que eres rico y famoso, ¿qué vas a hacer con tu vida? | Now that you're rich and famous, what are you going to do with your life? |
| 10 | Voy a realizar todos mis sueños. | I'm going to fulfil all my dreams. |
| 11 | No pierdas tu sentido de la orientación. | Don't lose your sense of direction. |
| 12 | El pavimento está resbaladizo. | The floor is slippery. |
| 13 | Te puedes resbalar fácilmente. | You can slip easily. |
| 14 | Besaos y haced las paces. | Kiss and make up. |
| 15 | Ella lleva mucho maquillaje. | She wears a lot of makeup. |
| 16 | ¿Cómo puedo compensar lo que hice? | How can I make up for what I did? |

| | | |
|---|---|---|
| 17 | Ésta es una clase de recuperación. | This is a makeup class. |
| 18 | Él inventó una historia. | He made up a story. |
| 19 | Decídete. | Make up your mind. |
| 20 | El comité está compuesto por tres personas. | The committee is made up of three people. |
| 21 | Tengo que recuperar el tiempo perdido. | I have to make up for lost time. |
| 22 | ¿Cómo te lo puedo compensar? | How can I make it up to you? |
| 23 | Confeccionemos una lista de temas. | Let's make up a list of subjects. |
| 24 | Estoy completamente desmoralizado. | I'm completely demoralised. |
| 25 | ¿Qué ocurre? | What's the matter? |

## NOTAS / NOTES

# Translation list 14

| | | |
|---|---|---|
| 1 | Creí que tenía el inglés dominado. | I thought I had mastered English. |
| 2 | Todavía tienes mucho camino por recorrer. | You still have a long way to go. |
| 3 | Sobre todo con verbos y preposiciones. | Especially with verbs and prepositions. |
| 4 | No sabía que "make up" tenía tantos usos. | I didn't know "make up" had so many uses. |
| 5 | Verás que hay centenares de ejemplos como ese. | You'll see that there are hundreds of examples like that one. |
| 6 | Me rindo. | I give up. |
| 7 | Te dije que iba a ser difícil. | I told you it was going to be difficult. |
| 8 | Me dijiste que querías un reto. | You told me you wanted a challenge. |
| 9 | Te lo advertí. | I warned you (about it). |
| 10 | Sabías que no sería un lecho de rosas. | You knew it wouldn't be a bed of roses. |
| 11 | Aprender un idioma requiere sangre, sudor y lágrimas. | Learning a language requires blood, sweat and tears. |
| 12 | Tienes que estar encima de todo. | You have to be on top of everything. |
| 13 | No puedes bajar la guardia. | You can't lower your guard. |
| 14 | Tienes que demostrar agilidad mental. | You have to show mental agility. |
| 15 | No sé si estoy por la labor. | I don't know if I'm up to the task. |
| 16 | Anda, anímate. No te desanimes. | Come on, cheer up! Don't get discouraged. |

| | | |
|---|---|---|
| **17** | ¡Pero hay tanto que aprender! | But there's so much to learn! |
| **18** | No lograrás nada si abandonas ahora. | You won't accomplish anything if you give up now. |
| **19** | ¿De verdad crees que soy capaz de aprender todas estas cosas? | Do you really think I'm capable of learning all these things? |
| **20** | Por supuesto que sí. | Of course I do. |
| **21** | Entonces sigamos adelante. | Then let's move on. |
| **22** | Ahora es la hora de la verdad. | Now is the moment of truth. |
| **23** | No quiero volver a verte desmoralizado. | I don't want to see you demoralised again. |
| **24** | Tienes mi palabra. | You have my word. |
| **25** | Bueno, pues allá vamos... | Well then, here we go... |

NOTAS / NOTES

# Translation list 15

| | | |
|---|---|---|
| 1 | Guarda tus juguetes. | Put away your toys. |
| 2 | Te guardaré una copia. | I'll save a copy for you. |
| 3 | Apaga la vela. | Blow out the candle. |
| 4 | Tuve un reventón camino de la oficina. | I had a blowout on the way to work. |
| 5 | Intentaron volar el puente. | They tried to blow up the bridge. |
| 6 | Estoy cansado de inflar globos. | I'm tired of blowing up balloons. |
| 7 | Suénate. | Blow your nose. |
| 8 | Fue un golpe bajo. | It was a low blow. |
| 9 | Tocaron el silbato. | They blew the whistle. |
| 10 | Ganábamos por diez puntos y en el último minuto lo fastidiamos. | We were winning by ten points and in the last minute we blew it. |
| 11 | Él perdió los estribos. | He blew his top. |
| 12 | El viento derribó el muro. | The wind blew down the wall. |
| 13 | El viento lo derribó. | The wind blew it down. |
| 14 | No te preocupes, ella solo está desfogándose. | Don't worry, she's only blowing off steam. |
| 15 | La tormenta pasó sin descargar. | The storm blew over. |
| 16 | Apaga la luz. | Turn off the light. |

| | | |
|---|---|---|
| **17** | Apaga el incendio. | Put out the fire. |
| **18** | Apaga la vela. | Blow out the candle. |
| **19** | ¡Tiempo! | Time out! |
| **20** | ¿Qué pasa? | What's the matter? |
| **21** | Déjame descansar un minuto. | Let me rest for a minute. |
| **22** | Esos verbos me están volviendo loco. | Those verbs are driving me crazy. |
| **23** | ¡Anda, no es para tanto! | Come on, it's not that bad! |
| **24** | Pareces disfrutar torturándome. | You seem to enjoy torturing me. |
| **25** | Tomemos un descanso. | Let's take a break. |

NOTAS / NOTES

# Translation list 16

| | | |
|---|---|---|
| 1 | Relájate. | Relax. |
| 2 | ¿Por qué no te quitas esos horribles pendientes? | Why don't you take off those horrible earrings? |
| 3 | Estás mejor sin ellos. | You look better without them. |
| 4 | Pareces cansada. | You look tired. |
| 5 | ¿Quieres que te traiga algo de beber? | Do you want me to bring you something to drink? |
| 6 | Estoy bien, pero me pica la espalda. | I'm okay, but my back itches. |
| 7 | Te la rascaré si quieres. | I'll scratch it for you if you want. |
| 8 | ¿Dónde te pica? | Where does it itch? |
| 9 | Un poco más abajo. | A little lower. |
| 10 | ¡Oye, he dicho un poco más abajo! | Hey! I said a little lower. |
| 11 | No te pongas chulo conmigo. | Don't get fresh with me. |
| 12 | Pero ¿no te gusta que te rasque la espalda? | But don't you like me to scratch your back? |
| 13 | Bueno, sigue, pero contrólate. | Okay, go on, but control yourself. |
| 14 | ¿Qué tal así? | How's that? |
| 15 | Me das escalofríos. | You give me the shivers. |
| 16 | Así que te gusta. | So, you like it. |

| | | |
|---|---|---|
| **17** | No estoy hecho de piedra. | I'm not made of stone. |
| **18** | Bueno, es hora de volver a la lección. | Well, it's time to get back to the lesson. |
| **19** | No me apetece estudiar ahora. | I don't feel like studying now. |
| **20** | ¿Qué te apetece hacer? | What do you feel like doing? |
| **21** | Quiero que sigas rascándome la espalda. | I want you to go on scratching my back. |
| **22** | Te estás poniendo rojo. | You're blushing / turning red. |
| **23** | ¿Qué esperas? | What do you expect? |
| **24** | ¿Volvemos a la lección? | Shall we get back to the lesson? |
| **25** | Cállate tonto, y sigue rascando. | Shut up silly and keep scratching. |

## NOTAS / NOTES

# Translation list 17

| | | |
|---|---|---|
| 1 | Tienes la camiseta puesta al revés. | You have your T-shirt on backwards. |
| 2 | Quítatela. | Take it off. |
| 3 | Póntela de esta manera. | Put it on this way. |
| 4 | Se supone que la llevas de esta forma. | You're supposed to wear it this way. |
| 5 | Menos mal que te diste cuenta. | It's a good thing you realised. |
| 6 | Soy muy observador. | I'm very observant. |
| 7 | Presto atención a los detalles. | I pay attention to details. |
| 8 | ¿Has puesto el despertador? | Have you set the alarm clock? |
| 9 | ¿A qué hora sonará? | What time will it go off? |
| 10 | Se me pegaron las sábanas esta mañana. | I overslept this morning. |
| 11 | No puedes permitirte el lujo de quedarte dormido. | You can't afford to oversleep. |
| 12 | No soporto madrugar. | I can't stand getting up early. |
| 13 | Me cuesta horrores levantarme. | I have a terrible time getting up. |
| 14 | Tardo una hora en despejarme la cabeza. | It takes me an hour to clear my head. |
| 15 | Dejo el despertador en el baño. | I leave the alarm clock in the bathroom. |
| 16 | Eso me obliga a levantarme para apagarlo. | That forces me to get up to turn it off. |

| | | |
|---|---|---|
| 17 | No soporto cuando suena. | I can't stand it when it goes off. |
| 18 | Es un sonido que me vuelve loco. | It's a sound that drives my crazy. |
| 19 | ¿Sigues buscando un empleo? | Are you still looking for a job? |
| 20 | Lo he dejado. | I've given up. |
| 21 | ¿Cómo piensas mantener a tu familia? | How do you plan to support your family? |
| 22 | Viviré del sueldo de mi mujer. | I'll live off my wife's salary. |
| 23 | ¿Qué opina ella de eso? | What does she think about that? |
| 24 | No hablemos de mi mujer. | Let's not talk about my wife. |
| 25 | Estoy harto de la vida de casado. | I'm sick of married life. |

NOTAS / NOTES

# Translation list 18

| | | |
|---|---|---|
| 1 | No lo aguanto. | I can't stand it. |
| 2 | Ella cree que me puede dar órdenes. | She thinks she can order me around. |
| 3 | ¿Quién se cree que es? | Who does she think she is? |
| 4 | Le voy a dar un escarmiento. | I'm going to teach her a lesson. |
| 5 | Pero es ella quien te mantiene. | But she's the one who supports you. |
| 6 | Así es como debe ser. | That's as it should be. |
| 7 | Llevo a los niños al colegio. | I take the children to school. |
| 8 | Hago las tareas domésticas. | I do the housework. |
| 9 | Ayudo a los niños con sus deberes. | I help the kids with their homework. |
| 10 | Trabajo más ahora que antes. | I work harder now than before. |
| 11 | Antes trabajaba ocho horas al día. | I used to work eight hours a day. |
| 12 | Ahora nunca paro. | Now, I never stop. |
| 13 | Incluso limpio la bañera. | I even clean the bathtub. |
| 14 | Es un trabajo interminable. | It's a never-ending job. |
| 15 | En cuanto terminas una cosa tienes que empezar con otra. | As soon as you finish one thing, you have to start on something else. |
| 16 | Al final del día estoy completamente agotado. | At the end of the day, I'm completely exhausted. |

| | | |
|---|---|---|
| 17 | No tengo ganas de hacer nada. | I don't feel like doing anything. |
| 18 | Los niños dejan todo en el suelo. | The kids leave everything on the floor. |
| 19 | Tengo que recoger detrás de ellos. | I have to pick up after them. |
| 20 | La mitad de las veces mi mujer llega a casa de mal humor. | Half the time my wife gets home in a bad mood. |
| 21 | Tiene la cara de pedirme que haga la cena. | She has the nerve to ask me to make dinner. |
| 22 | Menos mal que soy un pésimo cocinero. | It's a good thing I'm a lousy cook. |
| 23 | Si no, tendría que hacer la cena todas las noches. | Otherwise, I'd have to make dinner every night. |
| 24 | Tenéis los papeles invertidos. | Your roles are reversed. |
| 25 | La vida de un ama de casa es pesada. | A housewife's job is a pain in the neck. |

NOTAS / NOTES

# Translation list 19

| | | |
|---|---|---|
| 1 | Vayamos a dar un paseo. | Let's go out for a walk. |
| 2 | Me apetece tomar un poco de aire fresco. | I feel like getting a little fresh air. |
| 3 | ¿Quieres acompañarme? | Would you like to come with me? |
| 4 | Cámbiate de zapatos. | Change your shoes. |
| 5 | Esos zapatos están algo gastados. | Those shoes are a little worn out. |
| 6 | Pero los otros me hacen daño en los pies. | But the other ones hurt my feet. |
| 7 | Entonces ponte las playeras. | Then put on your tennis shoes. |
| 8 | Los cordones están rotos. | The shoelaces are broken. |
| 9 | Te compré unos nuevos. ¿No te acuerdas? | I bought you some new ones. Don't you remember? |
| 10 | ¿Dónde los escondiste? | Where did you hide them? |
| 11 | Están en el cajón superior de tu mesilla. | They're in the top drawer of your night table / bedside table. |
| 12 | Están encima de la caja donde están los pasaportes. | They're on top of the box where the passports are. |
| 13 | Pues no los veo. | Well, I can't see them. |
| 14 | Están delante de tus narices. | They're right in front of you. |
| 15 | Pero estos cordones son para zapatos de vestir. | But these laces are for dress shoes. |
| 16 | Mira debajo del álbum de fotos. | Look under the photo album. |

| | | |
|---|---|---|
| 17 | ¿Son estos? | Are these the ones? |
| 18 | Son para playeras, ¿no? | They're for tennis shoes, aren't they? |
| 19 | Pero estos cordones son para niños. | But these shoe laces are for children. |
| 20 | ¿Qué quieres decir para niños? | What do you mean for children? |
| 21 | Tienen diminutas barras y estrellas. | They have tiny stars and stripes. |
| 22 | Bueno, póntelos de todas formas. | Well, put them on anyway. |
| 23 | ¿Estás loco? Van a pensar que soy pro-americano. | Are you crazy? They're going to think I'm pro-American. |
| 24 | ¿No lo eres? | Aren't you? |
| 25 | No hasta ese extremo. | Not to that extreme. |

## NOTAS / NOTES

# Translation list 20

| | | |
|---|---|---|
| 1 | Entonces iré de paseo yo solo. | Then I'll go for a walk by myself. |
| 2 | Nunca quieres salir conmigo. | You never want to go out with me. |
| 3 | Siempre estás buscando excusas para no hacer nada. | You're always looking for excuses not to do anything. |
| 4 | Te estás volviendo perezosa. | You're becoming lazy. |
| 5 | Antes hacíamos todo juntos. | We used to do everything together. |
| 6 | Ahora ni siquiera me hablas. | Now you don't even talk to me. |
| 7 | Siempre pareces cansada e irritable. | You always seem tired and irritable. |
| 8 | Ya no parece gustarte nada. | You don't seem to like anything any more. |
| 9 | ¿Por qué no te callas? | Why don't you shut up? |
| 10 | Siempre te estás metiendo conmigo. | You're always picking on me. |
| 11 | No sé lo qué me pasa. | I don't know what the matter with me is. |
| 12 | No quiero discutir contigo. | I don't want to argue with you. |
| 13 | Por cierto, ¿hablaste con tu jefe? | By the way, did you speak to your boss? |
| 14 | ¿Sobre qué? | About what? |
| 15 | ¿No le ibas a pedir un aumento? | Weren't you going to ask him for a raise / rise? |
| 16 | Es una pérdida de tiempo. | It's a waste of time. |

| | | |
|---|---|---|
| 17 | Se están aprovechando de ti. | They're taking advantage of you. |
| 18 | No quiero hablar de eso ahora. | I don't want to talk about that now. |
| 19 | Entonces, ¿cuándo vamos a hablar de ello? | Then when are we going to talk about it? |
| 20 | Mira, déjame en paz, ¿quieres? | Look, leave me alone, will you? |
| 21 | Vale, si te empeñas. | Okay, if you insist. |
| 22 | Puede que vuelva un poco tarde. | I may be back a little late. |
| 23 | Tengo que pasar por la casa de David. | I have to drop by David's house. |
| 24 | Si tienes hambre, recalienta la pizza de anoche. | If you're hungry, heat up the pizza from last night. |
| 25 | Daré recuerdos tuyos a David. | I'll give your regards to David. |

NOTAS / NOTES

# Translation list 21

| | | |
|---|---|---|
| 1 | Ha llegado la hora de tomar una decisión. | The time has come to make a decision. |
| 2 | Ojalá tuviéramos más información. | I wish we had more information. |
| 3 | Eso no cambiaría la situación. | That wouldn't change the situation. |
| 4 | Al menos nos sentiríamos más tranquilos. | At least we'd feel more reassured. |
| 5 | La vida está llena de riesgos. | Life is full of risks. |
| 6 | Es más arriesgado no tomar una decisión. | It's riskier not to make a decision. |
| 7 | Quizá tengas razón. | You may be right. |
| 8 | Confía en mí..., sé lo que digo. | Trust me... I know what I'm saying. |
| 9 | Todo saldrá bien. | Everything will turn out okay. |
| 10 | No puedo evitar pensar en los niños. | I can't help thinking about the kids / children. |
| 11 | Son todavía pequeños..., se adaptarán. | They're still little... they'll adapt. |
| 12 | Nunca pensé que llegaríamos a esto. | I never thought we'd come to this. |
| 13 | Deberíamos haber seguido el consejo de mi padre. | We should've followed my father's advice. |
| 14 | Deberíamos haber vendido la casa. | We should've sold the house. |
| 15 | Deberías haberle pedido perdón. | You should've apologized / apologised to him. |
| 16 | Heriste sus sentimientos. | You hurt his feelings. |

| | | |
|---|---|---|
| 17 | Nos hubiera ayudado si le hubieras tratado bien. | He would've helped us if you had treated him well. |
| 18 | ¿Cómo te sentirías tú si te dijeran eso? | How would you feel if they told you that? |
| 19 | Tengo que coger un vuelo mañana. | I have to catch a plane tomorrow. |
| 20 | Odio volar. | I hate flying. |
| 21 | Pero los aviones son muy seguros. | But planes are very safe. |
| 22 | ¿Cuál es el momento más peligroso de un vuelo? | What's the most dangerous moment of a flight? |
| 23 | El viaje de tu casa al aeropuerto. | The trip from your house to the airport. |
| 24 | Ha habido un cambio en el programa. | There's been a schedule change. |
| 25 | Si lo aflojaras, podrías sacarlo. | If you loosened it, you could take it out. |

NOTAS / NOTES

# Translation list 22

| | | |
|---|---|---|
| 1 | No puedo respirar con tanto humo. | I can't breathe with so much smoke. |
| 2 | Te vamos a usar como conejillo de Indias. | We're going to use you as a guinea pig. |
| 3 | Tenemos una amplia gama de productos. | We have a wide range of products. |
| 4 | Me estás ocultando algo. | You're hiding something from me. |
| 5 | Hasta ahora no ha habido quejas. | So far, there haven't been any complaints. |
| 6 | Si hicieras eso, sería injusto. | If you did that, it would be unfair. |
| 7 | Que yo sepa, él no la amenazó. | As far as I know, he didn't threaten her. |
| 8 | No deberías recurrir a amenazas. | You shouldn't resort to threats. |
| 9 | No puedo con este problema. | I can't handle this problem. |
| 10 | Dilo en voz alta. | Say it aloud. |
| 11 | Por un lado me gusta la idea. | On the one hand, I like the idea. |
| 12 | Pero, por otro lado, estoy en desacuerdo. | But on the other hand, I disagree. |
| 13 | Nunca estás de acuerdo conmigo. | You never agree with me. |
| 14 | ¡Vaya casualidad! | What a coincidence! |
| 15 | Es improbable que le veas. | It's unlikely that you'll see him. |
| 16 | ¿Por qué tienes tanta prisa? | Why are you in such a hurry? |

| | | |
|---|---|---|
| **17** | Ya lo superarás. | You'll get over it. |
| **18** | Súbete al coche. | Get into the car. |
| **19** | Para cuando llegues, ya se habrán ido. | By the time you get there, they'll have left. |
| **20** | Es asombroso el progreso que has hecho. | It's amazing the progress you've made. |
| **21** | ¿Cómo lo has conseguido? | How did you do it? |
| **22** | Le quiero vivo o muerto. | I want him dead or alive. |
| **23** | Quiero un estudio en profundidad. | I want an in-depth study. |
| **24** | Puedes saltarte este número. | You can skip this number. |
| **25** | Llámame en cuanto llegue el anfitrión. | Call me as soon as the host arrives. |

NOTAS / NOTES

# Translation list 23

| | | |
|---|---|---|
| 1 | ¿Quién está encargado de esto? | Who's in charge of this? |
| 2 | ¿Quién lleva la voz cantante aquí? | Who calls the shots here? |
| 3 | Más vale que hables con un abogado. | You'd better talk to a lawyer. |
| 4 | Más vale que hagas algo pronto. | You'd better do something soon. |
| 5 | Se van a aprovechar de ti. | They're going to take advantage of you. |
| 6 | Más vale que no toques eso. | You'd better not touch that. |
| 7 | Más vale que me hagas caso. | You'd better pay attention to me. |
| 8 | ¿Dónde estarán? | I wonder where they are? |
| 9 | Alguien está llamando a la puerta. | Somebody's knocking at the door. |
| 10 | ¿Quién será? | I wonder who it is? |
| 11 | No puedo permitirme el lujo de perderlo. | I can't afford to lose it. |
| 12 | Discutir con él es muy frustrante. | Arguing with him is very frustrating. |
| 13 | Soy escéptico acerca del éxito del plan. | I'm skeptical / sceptical about the plan's success. |
| 14 | Date la vuelta. | Turn around. |
| 15 | ¿Qué harías si eso fuera verdad? | What would you do if that were true? |
| 16 | ¿Qué pasaría si no hiciéramos nada? | What would happen if we did nothing? |

| | | |
|---|---|---|
| **17** | ¿Qué harías tú en mi lugar? | What would you do if you were me? |
| **18** | Me pegaría un tiro. | I'd shoot myself. |
| **19** | Deja de bromear, ¿quieres? | Quit / stop joking, will you? |
| **20** | Te estás tomando las cosas demasiado en serio. | You're taking things too seriously. |
| **21** | ¿Quieres que te caliente la sopa? | Do you want me to heat up the soup for you? |
| **22** | Tengo un hambre que no veas. | I'm starving. |
| **23** | Me siento violento. | I feel embarrassed. |
| **24** | Tendrás que sobornarle. | You'll have to bribe him. |
| **25** | Te forrarás en ese negocio. | You'll make a killing in that business. |

NOTAS / NOTES

# Translation list 24

| | | |
|---|---|---|
| 1 | ¿Me puedes dar una estimación del coste? | Can you give me a cost estimate? |
| 2 | El director general fue despedido. | The general manager was fired / sacked. |
| 3 | Su despido nos sorprendió a todos. | His dismissal surprised all of us. |
| 4 | Se le obligó a dimitir. | He was forced to resign. |
| 5 | Tuvo que firmar su propia dimisión. | He had to sign his own resignation. |
| 6 | Yo no habría firmado. | I wouldn't have signed. |
| 7 | ¿Sabe el señor Smith quién eres? | Does Mr Smith know who you are? |
| 8 | Nadie sabe quién soy. | Nobody knows who I am. |
| 9 | ¿Sabe ella cuándo sale el tren? | Does she know when the train leaves? |
| 10 | ¿Quién sabe dónde vive el fontanero? | Who knows where the plumber lives? |
| 11 | Esta suciedad no puede quitarse. | This dirt can't be removed. |
| 12 | Se le advirtió que no fuera allí. | He was warned not to go there. |
| 13 | Perderás por mucho que te esfuerces. | You'll lose no matter how hard you try. |
| 14 | No lo compraré por mucho que me llames. | I won't buy it no matter how often you call me. |
| 15 | Por mucho que estudies, no aprenderás. | No matter how hard you study, you won't learn. |
| 16 | Querer es poder. | Where there's a will there's a way. |

| | | |
|---|---|---|
| 17 | Clasifícalos por orden alfabético. | Sort them in alphabetical order. |
| 18 | Lo voy a comprar, por muy caro que sea. | I'm going to buy it no matter how expensive it is. |
| 19 | No lo haré a no ser que me ayudes. | I won't do it unless you help me. |
| 20 | Voy a heredar una fortuna. | I'm going to inherit a fortune. |
| 21 | ¿Te puedes creer lo que hicieron? | Can you believe what they did? |
| 22 | Deben de haberse vuelto locos. | They must have gone crazy. |
| 23 | Deberías haberles parado. | You should've stopped them. |
| 24 | Tendrás que acostumbrarte a ello. | You'll have to get used to it. |
| 25 | Antes me apañaba sin agenda. | I used to get by without a diary. |

## NOTAS / NOTES

# Translation list 25

| | | |
|---|---|---|
| 1 | Tu conducta fue vergonzosa. | Your conduct was disgraceful. |
| 2 | No seas cotilla. | Don't be nosy. |
| 3 | No es asunto tuyo. | It's none of your business. |
| 4 | Las bujías están gastadas. | The spark plugs are worn out. |
| 5 | Cambiemos de sitio. | Let's change places. |
| 6 | Ojalá pudiéramos cambiar de coche. | I wish we could change cars. |
| 7 | Logré convencerle. | I managed to convince him. |
| 8 | Ahora él está de nuestra parte. | Now, he's on our side. |
| 9 | No volverá a cambiar de opinión. | He won't change his mind again. |
| 10 | Cambiemos de lado. | Let's change sides. |
| 11 | Tendrás un período de prueba de tres meses. | You'll have a three-month trial period. |
| 12 | Su esfuerzo fue digno de elogio. (de ella) | Her efforts were praiseworthy. |
| 13 | Él no es una persona digna de confianza. | He's not a trustworthy person. |
| 14 | No te puedes fiar de él. | You can't trust him. |
| 15 | Te dejará en la estacada. | He'll leave you high and dry. |
| 16 | Aquí todo el mundo pasa la pelota. | Here, everybody passes the buck. |

| | | |
|---|---|---|
| **17** | ¿Cómo te atreves? | How dare you? |
| **18** | Sujétalo de ambos extremos. | Hold it at both ends. |
| **19** | Estíralo con todas tus fuerzas. | Stretch it with all your might. |
| **20** | No se romperá, ya verás. | It won't break; you'll see. |
| **21** | Llama al señor que estaba aquí ayer. | Call the man who was here yesterday. |
| **22** | ¿Cuál era el que tú querías? | Which one was the one you wanted? |
| **23** | El que yo quería era el azul. | The one I wanted was the blue one. |
| **24** | El azul..., el verde..., ¿qué importa? | The blue one... the green one... what difference does it make? |
| **25** | Importa mucho. | It makes a big difference. |

## NOTAS / NOTES

# Translation list 26

| | | |
|---|---|---|
| 1 | El azul vale cuatro veces más. | The blue one's worth four times more. |
| 2 | Más vale que lo hagas, porque si no... | You'd better do it, because otherwise... |
| 3 | Haré lo que me dé la gana. | I'll do what I feel like. |
| 4 | Ha sido una velada encantadora. | It's been a delightful evening. |
| 5 | Nos lo hemos pasado en grande. | We've had a wonderful time. |
| 6 | No lo habrían hecho si les hubieras avisado a tiempo. | They wouldn't have done it if you had warned them in time. |
| 7 | Ponme al día respecto al asunto. | Bring me up to date on the matter. |
| 8 | Nos adjudicaron el proyecto. | They awarded us the project. |
| 9 | No cuentes conmigo. | Count me out. |
| 10 | ¿Podemos contar con tu colaboración? | Can we count on your collaboration? |
| 11 | Me encantaría ayudaros. | I'd love to help you. |
| 12 | Se les pidió que no fumaran. | They were asked not to smoke. |
| 13 | Se hará en un futuro próximo. | It will be done in the near future. |
| 14 | Debería haberse hecho hace mucho tiempo. | It should've been done a long time ago. |
| 15 | Se le hizo una transfusión de sangre. | He was given a blood transfusion. |
| 16 | ¿Cómo salió él de la operación? | How did he come out of the operation? |

| | | |
|---|---|---|
| 17 | Se recuperó en tiempo récord. | He recovered in record time. |
| 18 | Si hubiéramos tenido más recursos, podríamos haber competido con ellos. | If we had had more resources, we could have competed with them. |
| 19 | Esta decisión nos fortalecerá. | This decision will strengthen us. |
| 20 | Si no estuviera tan apretado, yo podría respirar mejor. | If it weren't so tight, I could breathe better. |
| 21 | ¿Te importaría aflojarlo un poco? | Would you mind loosening it a little? |
| 22 | Las experiencias así te abren la mente. | Experiences like that broaden your mind. |
| 23 | No han ensanchado la carretera aún. | The highway / road hasn't been widened yet. |
| 24 | ¿Cuándo caduca? | When does it expire? |
| 25 | Se te ha acabado el tiempo. | You're out of time. |

## NOTAS / NOTES

# Translation list 27

| | | |
|---|---|---|
| 1 | Según él, deberías haberlo hecho. | According to him, you should've done it. |
| 2 | Hay un viejo dicho sobre ese tema. | There's an old saying about that subject. |
| 3 | En lo que a mí concierne... | As far as I'm concerned... |
| 4 | Si fueras un poco más optimista... | If you were a little more optimistic... |
| 5 | Soy un pesimista por naturaleza. | I'm a pessimist by nature. |
| 6 | Los que estén a favor del plan que levanten la mano. | All in favour of the plan raise your hand. |
| 7 | Se fue por el desagüe. | It went down the drain. |
| 8 | La fábrica se ubicará cerca de aquí. | The factory will be located near here. |
| 9 | Debe de haber estado borracho para hacer semejante cosa. | He must've been drunk to do such a thing. |
| 10 | Están de viaje de negocios. | They're on a business trip. |
| 11 | Están de viaje de novios. | They're on their honeymoon. |
| 12 | Se aproxima la fecha de tu jubilación. | Your retirement date is approaching. |
| 13 | ¿Qué harás cuando te jubiles? | What will you do when you retire? |
| 14 | Haré un viaje alrededor del mundo. | I'll take a trip around the world. |
| 15 | ¿Y después? | And then? |
| 16 | Después, dedicaré mi tiempo a la caza. | Then, I'll devote my time to hunting. |

| | | |
|---|---|---|
| **17** | No vendré por aquí para molestaros. | I won't come around here to bother you. |
| **18** | ¡Qué alivio! | What a relief! |
| **19** | Si pudieras aliviar este dolor, te lo agradecería de verdad. | If you could relieve this pain, I'd really appreciate it. |
| **20** | La superficie está demasiado áspera. | The surface is too rough. |
| **21** | Quiero que la hagas más lisa. | I want you to make it smoother. |
| **22** | El fuerte viento derribó el árbol. | The strong wind blew down the tree. |
| **23** | Derribaron el avión. | They shot down the plane. |
| **24** | ¿Cómo piensas sacarnos de este lío? | How do you plan to get us out of this mess? |
| **25** | No me lo explico. | I can't figure it out. |

NOTAS / NOTES

# Translation list 28

| | | |
|---|---|---|
| 1 | No me explico por qué ella se fue. | I can't figure out why she left. |
| 2 | Lo tengo en la punta de la lengua. | I have it on the tip of my tongue. |
| 3 | No rechaces una oferta así. | Don't turn down an offer like that. |
| 4 | Por cierto, ¿recibiste el recado? | By the way, did you get the message? |
| 5 | Un bonito detalle ayudaría. | A nice gesture would help things. |
| 6 | Él viene por aquí un día sí y otro no. | He comes around here every other day. |
| 7 | Más vale tarde que nunca. | Better late than never. |
| 8 | Si no hubieras tenido tanta prisa... | If you hadn't been in such a hurry... |
| 9 | ¿Cómo se mide el nivel de vida? | How is the standard of living measured? |
| 10 | Se tienen en cuenta muchos factores. | Many factors are taken into account. |
| 11 | Antes o después cederán. | Sooner or later, they'll give in. |
| 12 | No puedo deshacer este nudo. | I can't untie this knot. |
| 13 | ¿Por qué no sacaste el tema? | Why didn't you bring up the subject? |
| 14 | Se habría hecho si hubiera habido tiempo. | It would've been done if there had been time. |
| 15 | Puesto que no hubo tiempo, no se hizo. | Since there wasn't time, it wasn't done. |
| 16 | Puede que ya se haya hecho. | It may have already been done. |

| | | |
|---|---|---|
| **17** | ¿Quién lo habrá hecho? | I wonder who did it? |
| **18** | Quienquiera que lo hizo, lo hizo bien. | Whoever did it, did it well. |
| **19** | ¿Por qué se habrá hecho? | I wonder why it was done? |
| **20** | Pues, se hizo y ya está. | Well it was done, and that's that. |
| **21** | ¿Sabes cuánto tiempo llevan aquí? | Do you know how long they've been here? |
| **22** | Si hubiera habido una tormenta, no habríamos celebrado la reunión. | If there had been a storm, we wouldn't have held the meeting. |
| **23** | Fue un discurso muy convincente. | It was a very convincing speech. |
| **24** | ¿Me acercas la sal, por favor? | Can you pass me the salt please? |
| **25** | Esperamos tu visita con mucha ilusión. | We're looking forward to your visit. |

## NOTAS / NOTES

# Translation list 29

| | | |
|---|---|---|
| 1 | Estoy agotado. No me puedo mover. | I'm exhausted. I can't move. |
| 2 | Habríamos tardado más si no nos hubieras echado una mano. | It would've taken us longer if you hadn't given us a hand. |
| 3 | Se está revisando el primer borrador. | The first draft is being reviewed. |
| 4 | Se modificarán algunos puntos. | Some points will be revised. |
| 5 | Tiene que haber un malentendido. | There has to be a misunderstanding. |
| 6 | ¡Habérmelo dicho! | You should've told me! |
| 7 | Te habrías enfadado. | You would've gotten / got angry. |
| 8 | Habla directamente al micrófono. | Speak directly into the microphone. |
| 9 | Tengo dolor de garganta. | I have a sore throat. |
| 10 | Me duele tragar. | It hurts to swallow. |
| 11 | Deberías haber ido al médico antes. | You should've gone to the doctor sooner. |
| 12 | Estás perdiendo peso desde hace un año. | You've been losing weight for a year. |
| 13 | No mires atrás..., sigue remando. | Don't look back... keep rowing. |
| 14 | La moneda está enganchada en la ranura. | The coin's stuck in the slot. |
| 15 | Sácala con este destornillador. | Get it out with this screwdriver. |
| 16 | Si tuviera un cuchillo, podría sacarla. | If I had a knife, I could get it out. |

| | | |
|---|---|---|
| **17** | Estas máquinas me vuelven loco. | These machines drive me crazy / mad. |
| **18** | Ella vale su peso en oro. | She's worth her weight in gold. |
| **19** | ¿Crees que deberíamos hacer el esfuerzo? | Do you think we should make the effort? |
| **20** | No vale la pena. | It's not worth it. |
| **21** | Valdría la pena si nos pagaran. | It would be worth it if they paid us. |
| **22** | El profesor no se presentó. | The teacher didn't show up / turn up. |
| **23** | Deben de habérsele pegado las sábanas. | He must have overslept. |
| **24** | De otro modo no me lo explico. | Otherwise I can't figure it out. |
| **25** | Hemos llegado a un acuerdo consensuado. | We've reached a compromise. |

NOTAS / NOTES

# Translation list 30

| | | |
|---|---|---|
| 1 | Tengo un compromiso con aquella gente. | I have a commitment to those people. |
| 2 | Es una vergüenza nacional. | It's a national disgrace. |
| 3 | Las dos empresas se fusionaron. | The two companies merged. |
| 4 | Se tardó meses en negociar la fusión. | It took months to negotiate the merger. |
| 5 | Nuestro equipo de ventas constituye un activo valioso para la empresa. | Our sales team constitutes a valuable asset to the company. |
| 6 | El activo y pasivo deben ser iguales. | Assets and liabilities should be equal. |
| 7 | La contabilidad es la base del balance. | Accounting is the basis of the balance sheet. |
| 8 | Si este negocio fuera rentable, no tendríamos que despedir a nadie. | If this business were profitable, we wouldn't have to lay off people. |
| 9 | Ha habido despidos masivos en ese sector. | There have been massive layoffs in that industry. |
| 10 | Lo único que me interesa es conservar mi empleo. | The only thing I'm interested in is keeping my job. |
| 11 | ¿Cómo te ganas la vida? | How do you make a living? |
| 12 | ¿A qué te dedicas? | What do you do? |
| 13 | ¿Es así de sencillo? | Is it that simple? |
| 14 | Quiero pulir mi inglés. | I want to brush up on my English. |
| 15 | Se te olvidó poner el acento. | You forgot to place the accent. |
| 16 | Estoy ahorrando para comprar un coche. | I'm saving up to buy a car. |

| | | |
|---|---|---|
| **17** | ¿Qué hace que un hombre haga algo así? | What makes a man do something like that? |
| **18** | Tenía que haber estado desesperado. | He must've been desperate. |
| **19** | ¿Para qué servirá eso? | What good will that do? |
| **20** | Si no fueras tan crítico con él... | If you weren't so critical of him... |
| **21** | No hay tantos como antes. | There aren't as many as there used to be. |
| **22** | Cambio de marchas sin usar el embrague. | I change gears without using the clutch. |
| **23** | Para concluir la sesión, quisiera pediros un favor. | To wrap up the session, I'd like to ask you a favour. |
| **24** | Estas técnicas funcionan en determinadas situaciones. | These techniques work in certain situations. |
| **25** | Estas técnicas no son siempre fiables. | These techniques aren't always reliable. |

NOTAS / NOTES

# Translation booklet 8

NIVEL AVANZADO

# Translation list 1

| | | |
|---|---|---|
| 1 | Se me pusieron los pelos de punta. | My hair stood on end. |
| 2 | Estaba muerto de miedo. | I was scared to death. |
| 3 | Me puse a temblar. | I started shaking. |
| 4 | El profesor me calmó. | The teacher calmed me down. |
| 5 | El miedo es una sensación aterradora. | Fear is a terrifying sensation. |
| 6 | Se me fue el santo al cielo. | It completely slipped my mind. |
| 7 | Deja de meterte el dedo en la nariz, ¿quieres? | Stop picking your nose, will you? |
| 8 | Está tan lejos que apenas lo puedo divisar. | It's so far away that I can hardly make it out. |
| 9 | Casi nunca se debería hacer. | It should hardly ever be done. |
| 10 | Ese tipo es un pesado de narices. | That guy is a pain in the neck. |
| 11 | ¡Qué fastidio levantarse por la mañana! | What a drag it is getting up! |
| 12 | Ella tiene un don para los idiomas. | She has a gift for languages. |
| 13 | Es una niña superdotada. | She's a gifted child. |
| 14 | Tiene un coeficiente de inteligencia muy alto. | She has a very high I.Q. |
| 15 | Me estoy liando con tantos datos. | I'm getting mixed up with so much data. |
| 16 | Me estás liando. | You're getting me mixed up. |

| | | |
|---|---|---|
| 17 | ¿Qué tiene que ver esto con aquello? | What does this have to do with that? |
| 18 | Te codeas con gente importante. | You rub shoulders with important people. |
| 19 | Por mucho que trabajes no vas a ganar más dinero. | No matter how hard you work, you're not going to earn more money. |
| 20 | Por muy inteligente que seas... | No matter how intelligent you are... |
| 21 | Por muchas veces que vayas... | No matter how often you go... |
| 22 | Por muy rápido que conduzcas... | No matter how fast you drive... |
| 23 | Por mucho que le presiones... | No matter how hard you pressure him... |
| 24 | Por muchas vitaminas que tomes... | No matter how many vitamins you take... |
| 25 | Cancélalo. | Call it off. |

## NOTAS / NOTES

# Translation list 2

| | | |
|---|---|---|
| 1 | ¿Por qué aguantas ese comportamiento? | Why do you put up with that behaviour? |
| 2 | Dile que se ocupe de sus propios asuntos. | Tell him to mind his own business. |
| 3 | No es asunto suyo. | It's none of his business. |
| 4 | Está fisgoneando en tu vida privada. | He's prying into your private life. |
| 5 | Aléjate del vapor. | Get away from the steam. |
| 6 | Voy a apretarles las tuercas. | I'm going to turn up the heat on them. |
| 7 | Voy a hacerles sudar un poco. | I'm going to make them sweat a little. |
| 8 | No te asomes por la ventana. | Don't lean out the window. |
| 9 | No te apoyes en la pared. | Don't lean against the wall. |
| 10 | Estamos respirando el humo de ese tubo de escape. | We're breathing the fumes from that exhaust pipe. |
| 11 | Lávate los dientes y acuéstate. | Brush your teeth and go to bed. |
| 12 | No puedo evitar reírme delante de él. | I can't help laughing in front of him. |
| 13 | ¡Tiene una nariz tan grande! | He has such a big nose! |
| 14 | Hay algo en él que atrae a las mujeres. | There's something about him that attracts women. |
| 15 | Quizá sea la forma en que sonríe. | Maybe it's the way he smiles. |
| 16 | Tienes que reconocer que no es guapo. | You have to admit he's not handsome. |

| | | |
|---|---|---|
| 17 | Es feo solo por fuera. | He's only ugly on the outside. |
| 18 | Por dentro es una persona maravillosa. | On the inside he's a wonderful person. |
| 19 | Su voz me da escalofríos. | His voice gives me the creeps. |
| 20 | Me casaría con él si me lo pidiera. | I'd marry him if he asked me to. |
| 21 | Está demasiado ocupado haciéndose rico. | He's too busy getting rich. |
| 22 | Tiene un don que pocos hombres poseen. | He has a gift that few men possess. |
| 23 | Se siente su presencia cuando entra por la puerta. | His presence is felt when he comes in through the door. |
| 24 | Casi me desmayo cada vez que me mira. | I almost faint whenever he looks at me. |
| 25 | Es una lástima que esté casado. | It's too bad he's married. |

## NOTAS / NOTES

# Translation list 3

| | | |
|---|---|---|
| 1 | ¿Te importaría recoger tus zapatos? | Would you mind picking up your shoes? |
| 2 | La fecha de renovación se ha cambiado. | The renewal date has been changed. |
| 3 | Te estás saliendo por la tangente. | You're going off on a tangent. |
| 4 | Se habría publicado antes si no se hubiera inundado el almacén. | It would've been published sooner if the warehouse hadn't been flooded. |
| 5 | Llámame en cuanto sepas algo. | Call me as soon as you know something. |
| 6 | Lo siento..., lo hice sin querer. | I'm sorry... I didn't mean to do it. |
| 7 | ¿Te das cuenta de lo que me has hecho? | Do you realize what you've done to me? |
| 8 | ¿Cómo voy a salir de este lío? | How am I going to get out of this mess? |
| 9 | Están metidos en un atasco. | They're stuck in a traffic jam. |
| 10 | Si no hubieran quebrado, podríamos haber cobrado la cantidad. | If they hadn't gone bankrupt, we could've collected the amount. |
| 11 | Ya es demasiado tarde. | It's too late now. |
| 12 | ¿Qué hacemos ahora? | What shall we do now? |
| 13 | ¿Tiene alguien alguna sugerencia? | Does anyone have any suggestions? |
| 14 | Debisteis cobrarles antes. | You should've collected from them sooner. |
| 15 | No nos digas lo que debíamos hacer. | Don't tell us what we should've done. |
| 16 | Dinos lo que deberíamos hacer ahora. | Tell us what we should do now. |

| | | |
|---|---|---|
| 17 | ¿Cuál es nuestro saldo bancario? | What's our bank balance? |
| 18 | Tenemos suficiente para llegar a mayo. | We have enough to last us until May. |
| 19 | ¿Y si alargamos las condiciones de pago? | And if we lengthen the terms of payment? |
| 20 | No les gustará a nuestros proveedores. | Our suppliers won't like it. |
| 21 | Esto no es un concurso de popularidad. | This isn't a popularity contest. |
| 22 | Exigirán el pago parcial. | They'll demand partial payment. |
| 23 | Algunos dependen totalmente de nosotros. | Some of them depend entirely on us. |
| 24 | Son en su mayoría pequeños proveedores. | They're mostly small suppliers. |
| 25 | Los grandes pueden aguantar. | The big ones can hold out. |

NOTAS / NOTES

# Translation list 4

| | | |
|---|---|---|
| 1 | Los pequeños se hundirán. | The small ones will go under. |
| 2 | ¿Podemos prorrogar la línea de crédito? | Can we extend the credit line? |
| 3 | Ya estamos hasta el cuello de deudas. | We're already up to our neck in debt. |
| 4 | Esperad, se nos olvida algo. | Wait, we're forgetting something. |
| 5 | Tenemos una valiosa colección de cuadros aquí mismo en la oficina. | We have a valuable collection of paintings right here in the office. |
| 6 | ¿Estás sugiriendo que los vendamos? | Are you suggesting that we sell them? |
| 7 | ¿Qué más podemos hacer? | What else can we do? |
| 8 | No veo otra salida. | I don't see any other way out. |
| 9 | ¿Cuánto valen? | How much are they worth? |
| 10 | Recuerdo el valor de hace diez años. | I remember their value ten years ago. |
| 11 | Fueron tasados por un experto. | They were valued by an expert. |
| 12 | Entonces valían tres mil millones. | At that time they were worth 3 billion. |
| 13 | ¿Cuánto valdrían ahora? | How much would they be worth now? |
| 14 | Depende de cómo queramos venderlos. | It depends on how we want to sell them. |
| 15 | Si los subastamos, conseguiremos menos. | If we auction them, we'll get less. |
| 16 | Si contratamos a un agente, podemos conseguir un 15 por ciento más. | If we hire an agent, we can get 15 percent more. |

| | | |
|---|---|---|
| 17 | Se tardaría más, pero ganaríamos más. | It would take longer but we'd earn more. |
| 18 | ¿Cuánto crees que tardaríamos? | How long do you think it would take us? |
| 19 | Podríamos deshacernos de todos ellos en un año más o menos. | We could get rid of all of them in about a year. |
| 20 | Así podríamos saldar nuestras deudas. | That way we could settle our debts. |
| 21 | Incluso podríamos pactar una buena indemnización por despido para todos. | We could even negotiate good severance pay for everyone. |
| 22 | ¿Cuánto nos quedaría al final? | How much would we have left in the end? |
| 23 | Aún quedaría suficiente para prepararnos un paracaídas de oro. | There would still be enough left over to prepare ourselves a golden parachute. |
| 24 | ¿Qué quiere decir un paracaídas de oro? | What does a golden parachute mean? |
| 25 | Significa que podemos jubilarnos ahora y vivir felices y comer perdices. | It means we can retire now and live happily ever after. |

NOTAS / NOTES

# Translation list 5

| | | |
|---|---|---|
| 1 | Los escoceses tienen un acento extraño. | The Scottish have a strange accent. |
| 2 | Tienen fama de ser tacaños. | They're famous for being tight-fisted. |
| 3 | Si yo fuera zurdo, podría hacerlo. | If I were left-handed, I could do it. |
| 4 | Llevaos a esa gente de aquí. | Take those people away. |
| 5 | Deja que te releve. | Let me take over for you. |
| 6 | Esa gente es de mente muy estrecha. | Those people are very narrow-minded. |
| 7 | Primero, hacemos una previsión de ventas. | First we make a sales forecast. |
| 8 | Después, hacemos un plan de producción. | Then we make a production plan. |
| 9 | Con estos datos elaboramos el presupuesto de gastos. | With this data, we draw up the expense budget. |
| 10 | Los gastos generales se comparten. | Overhead expenses are shared. |
| 11 | Se asignan a cada departamento según el número de empleados. | They are allocated to each department according to the number of employees. |
| 12 | Algunos jefes de departamento se quejan de esta política. | Some department heads complain about this policy. |
| 13 | Sin embargo, es la forma más justa. | However, it's the fairest way. |
| 14 | Cada mes las ventas reales se comparan con las ventas estimadas. | Each month actual sales are compared to estimated sales. |
| 15 | ¿Y qué pasa si hay desviaciones? | And what happens if there are variances? |
| 16 | Localizamos las causas y tomamos medidas. | We pinpoint the causes and take action. |

| | | |
|---|---|---|
| 17 | Nuestros clientes son imprevisibles. | Our customers are unpredictable. |
| 18 | Hay muchos altibajos a lo largo del año. | There are a lot of ups and downs throughout the year. |
| 19 | Es un negocio estacional. | It's a seasonal business. |
| 20 | La temporada alta empieza ahora. | The high season is beginning now. |
| 21 | La situación de tesorería mejora en mayo. | The cash situation improves in May. |
| 22 | Los míos están al lado de los de ella. | Mine are next to hers. |
| 23 | El de ellos es diferente del nuestro. | Theirs is different from ours. |
| 24 | ¿De quién es el que está en el suelo? | Whose is the one (that's) on the floor? |
| 25 | Aquel antes era de él. | That one used to be his. |

## NOTAS / NOTES

# Translation list 6

| | | |
|---|---|---|
| 1 | Ya no es de él. | It's not his anymore. |
| 2 | Vine para que tú me ayudaras. | I came so that you could help me. |
| 3 | Trabajo para poder mantenerte. | I work so that I can support you. |
| 4 | Habla alto para que todos te oigan. | Speak loudly so that everyone can hear you. |
| 5 | Oí una extraña voz que me asustó. | I heard a strange voice that frightened me. |
| 6 | Miré atrás pero no vi nada. | I looked back but I didn't see anything. |
| 7 | Miré en todas partes. | I looked everywhere. |
| 8 | Por fin, me di cuenta de lo que era. | Finally, I realized what it was. |
| 9 | El teléfono estaba descolgado. | The telephone was off the hook. |
| 10 | Me acerqué (andando) al teléfono. | I walked up to the telephone. |
| 11 | No pude creer lo que oía. | I couldn't believe what I heard. |
| 12 | Fue una voz tan débil... | It was such a weak voice... |
| 13 | De repente me quedé helado. | Suddenly, I froze. |
| 14 | Era mi mujer quien me llamaba. | It was my wife who was calling me. |
| 15 | Mi mujer llevaba tres años muerta. | My wife had been dead for three years. |
| 16 | Colgué y casi me desmayé. | I hung up and almost fainted. |

| | | |
|---|---|---|
| 17 | Las llamadas seguían ocurriendo. | The calls kept coming. |
| 18 | Su voz parecía cada vez más cerca. | Her voice seemed closer and closer. |
| 19 | Ya no lo podía aguantar más. | I couldn't stand it any more. |
| 20 | Lentamente me estaba volviendo loco. | I was slowly going crazy. |
| 21 | Decidí por fin ir al cementerio. | I finally decided to go to the cemetery. |
| 22 | Me acerqué (andando) lentamente a la tumba de mi mujer. | I slowly walked up to my wife's grave. |
| 23 | Había habido una tormenta la noche anterior. | There had been a storm the night before. |
| 24 | Un poste telefónico había caído. | A telephone pole had fallen. |
| 25 | Uno de los cables había caído justo en la tumba de mi mujer. | One of the wires had fallen right on top of my wife's grave. |

## NOTAS / NOTES

# Translation list 7

| | | |
|---|---|---|
| 1 | No perdamos contacto con la realidad. | Let's not lose touch with reality. |
| 2 | No construyamos castillos en el aire. | Let's not build castles in the air. |
| 3 | Te pareces (físicamente) a tu padre. | You look like your father. |
| 4 | Te pareces (en tu personalidad) a tu padre. | You take after your father. |
| 5 | Ya aprenderás los secretos del oficio. | You'll learn the tricks of the trade. |
| 6 | Ya se debería haber enviado. | It should've already been sent. |
| 7 | ¿Quién tuvo la genial idea de hacer eso? | Who had the great idea to do that? |
| 8 | No fui yo. | It wasn't me. |
| 9 | La culpa fue de Pepe. | It was Pepe's fault. |
| 10 | No me eches la culpa a mí. | Don't blame me. |
| 11 | Siempre estás buscando a alguien a quien echarle la culpa. | You're always looking for someone to blame. |
| 12 | ¿En qué dirección se fueron? | Which way did they go? |
| 13 | Hola, Juan. ¿Qué tal estás? | Hello John. How are you doing? |
| 14 | ¿Qué tal van las cosas allí? | How are things going there? |
| 15 | No tan bien como había esperado. | Not as well as I'd expected. |
| 16 | ¿Te están dando mucha guerra? | Are they giving you a hard time? |

| | | |
|---|---|---|
| 17 | Al contrario, me tratan como un rey. | On the contrary; I'm treated like a king. |
| 18 | Entonces, ¿qué es lo que pasa? | Then what's the matter? |
| 19 | Es el clima; no me acostumbro. | It's the climate; I can't get used to it. |
| 20 | Te advertí que haría mucho frío. | I warned you that it would be very cold. |
| 21 | No sé cómo la gente puede vivir aquí. | I don't know how people can live here. |
| 22 | Anda, no es para tanto. | Come on; it's not *that* bad. |
| 23 | Menos mal que solo me queda una semana. | It's a good thing I only have a week left. |
| 24 | Si no, me volvería loco. | Otherwise I'd go crazy. |
| 25 | ¿Qué opinan del nuevo proyecto? | What do they think of the new project? |

## NOTAS / NOTES

# Translation list 8

| | | |
|---|---|---|
| 1 | Les gusta el diseño, pero dicen que es demasiado caro. | They like the design but they say it's too expensive. |
| 2 | Pero ese precio fue pactado hace meses. | But the price was agreed on months ago. |
| 3 | Ese precio se basó en un diseño más avanzado. | But that price was based on a more advanced design. |
| 4 | ¿Cómo que más avanzado? | What do you mean more advanced? |
| 5 | No hemos cambiado ni una sola coma. | We haven't changed a single comma. |
| 6 | Ellos parecen pensar que sí. | They seem to think so. |
| 7 | ¿Está Hans? | Is Hans there? |
| 8 | Que se ponga al teléfono. | Put him on the line. |
| 9 | Hola, Hans. Soy David. | Hello, Hans. This is David. |
| 10 | Juan me dice que no estáis de acuerdo con el precio. | John tells me you don't agree with the price. |
| 11 | Así es. Habéis hecho algunos cambios. | That's right. You've made some changes. |
| 12 | El diseño es idéntico al que acordamos. | The design is identical to the one we agreed on. |
| 13 | El diseño es igual; estoy de acuerdo. | The design is the same; I agree. |
| 14 | Pero ¿por qué cambiasteis de materiales? | But why did you change materials? |
| 15 | Los materiales son según lo especificado. | The materials are as specified. |
| 16 | Pero el proveedor es diferente. | But the supplier is different. |

| | | |
|---|---|---|
| 17 | ¿Qué más da? | What difference does it make? |
| 18 | Este proveedor no está certificado. | This supplier isn't certified. |
| 19 | ¿Qué quieres decir con "no certificado"? | What do you mean "not certified"? |
| 20 | Solo trabajamos con empresas certificadas por el BSI. | We only work with companies certified by the BSI. |
| 21 | No solo tenéis que estar certificados vosotros... | Not only do you have to be certified... |
| 22 | sino todos vuestros proveedores también. | but all your suppliers as well. |
| 23 | O sea, tenemos que renegociar. | In other words, we have to renegotiate. |
| 24 | No veo otra salida. | I don't see any other way out. |
| 25 | Tendré que someter esto al Consejo. | I'll have to submit this to the Board. |

NOTAS / NOTES

# Translation list 9

| | | |
|---|---|---|
| 1 | Hay una escasez de mano de obra cualificada en este país. | There's a shortage of skilled labour in this country. |
| 2 | No hay ni un solo ingeniero de caminos. | There's not a single civil engineer. |
| 3 | Deberíais haber previsto ese problema. | You should've foreseen that problem. |
| 4 | Mándame un fontanero y un electricista. | Send me a plumber and an electrician. |
| 5 | Tengo dos físicos nucleares aquí que no están haciendo nada. | I have two nuclear physicists here who are doing nothing. |
| 6 | Los voy a mandar a casa. | I'm going to send them home. |
| 7 | Pero hasta mayo vamos a cargarlos en tu cuenta. | But until May we're going to charge them to your account. |
| 8 | Entonces no me eches la bronca si me salgo del presupuesto. | Then don't get on my back if I go over budget. |
| 9 | Desde el principio fue idea tuya llevarlos allí. | It was your idea to take them there in the first place. |
| 10 | No nos pidas que paguemos tu falta de previsión. | Don't ask us to pay for your lack of foresight. |
| 11 | No soy perfecto..., lo reconozco. | I'm not perfect... I must admit. |
| 12 | ¿Necesitas a alguien más? | Do you need anyone else? |
| 13 | Mándame un químico y un experto en hormigón. | Send me a chemist and an expert in concrete. |
| 14 | Estamos en un callejón sin salida. | We're stuck in a dead-end. |
| 15 | Se me han agotado las ideas. | I've run out of ideas. |
| 16 | Atropellaron al cartero. | They ran over the postman. |

| | | |
|---|---|---|
| **17** | El pobre hombre sufrió lesiones graves. | The poor man suffered serious injuries. |
| **18** | Se fracturó varias costillas. | He had several broken ribs. |
| **19** | La ambulancia tardó una hora en llegar. | It took the ambulance an hour to arrive. |
| **20** | Una multitud de gente se congregó. | A crowd of people gathered. |
| **21** | El conductor estaba muerto de miedo. | The driver was scared to death. |
| **22** | Menos mal que estaba asegurado. | It's a good thing he was insured. |
| **23** | Abran el libro por la página 40. | Open the book to page 40. |
| **24** | Fíjense cómo empieza el quinto párrafo. | Look at how the fifth paragraph begins. |
| **25** | Es típico de la nueva ola de escritores. | It's typical of the new wave of writers. |

## NOTAS / NOTES

# Translation list 10

| | | |
|---|---|---|
| 1 | Las reglas clásicas se han quedado anticuadas. | They've thrown the classical rules out the window. |
| 2 | ¿Qué piensan ustedes? ¿Alguna opinión? | What do you think? Any opinions? |
| 3 | Cualquiera puede hacer cosas así. | Anybody can do things like that. |
| 4 | Me recuerda a la pintura abstracta. | It reminds me of abstract art. |
| 5 | ¿En qué sentido? | In what way? |
| 6 | Nadie le ve ni pies ni cabeza. | Nobody can make head or tail of it. |
| 7 | ¡Vaya cara que tienes hoy! | You look awful today! |
| 8 | No he pegado ojo en toda la noche. | I didn't sleep a wink last night. |
| 9 | Incorpórate y mantén la espalda recta. | Sit up and keep your back straight. |
| 10 | Tienes que causar una buena impresión. | You have to make a good impression. |
| 11 | Pareces viejo y agotado. | You look tired and worn out. |
| 12 | Te están empezando a salir canas. | You're starting to get gray / grey hair. |
| 13 | Antes estabas lleno de energía. | You used to be full of energy. |
| 14 | Antes eras más fuerte que un toro. | You used to be stronger than an ox. |
| 15 | No eres el mismo desde tu divorcio. | You're not the same since your divorce. |
| 16 | ¿Qué quieres que haga? | What do you want me to do? |

| | | |
|---|---|---|
| 17 | Sal y disfruta de la vida un poco. | Go out and enjoy life a little. |
| 18 | Todavía no estoy para ello. | I'm not up to it yet. |
| 19 | Pero tienes una larga vida por delante. | But you have a long life ahead of you. |
| 20 | Mi vida ya no es lo que era. | My life isn't what it used to be. |
| 21 | Vivir solo me deprime. | Living alone gets me down. |
| 22 | Me recuerdas a mi primo. | You remind me of my cousin. |
| 23 | Tuvo el mismo problema, pero lo resolvió. | He had the same problem but he solved it. |
| 24 | Se apuntó a un viaje colectivo a Japón. | He signed up for a package tour to Japan. |
| 25 | Conoció a una chica y se casó con ella. | He met a girl and married her. |

NOTAS / NOTES

# Translation list 11

| | | |
|---|---|---|
| 1 | ¿Qué tiene que ver mi coche con tu casa? | What does my car have to do with your house? |
| 2 | Hoy día la ropa no tiene que hacer juego. | Nowadays clothes don't have to match. |
| 3 | Me apuesto a que no sabes mi nombre. | I bet you don't know my name. |
| 4 | Se está haciendo cada vez más difícil. | It's getting harder and harder. |
| 5 | Tropecé con Juan en el metro. | I ran into John in the subway / underground. |
| 6 | Chocaron contra el muro. | They ran into the wall. |
| 7 | Fui corriendo detrás de ella. | I ran after her. |
| 8 | La alcancé en la esquina. | I caught up with her at the corner. |
| 9 | Tendremos éxito a la larga. | We'll succeed in the long run. |
| 10 | Nos quedamos sin gasolina. | We ran out of gasoline / petrol. |
| 11 | El señor Pérez tiene la palabra. | Mr Pérez has the floor. |
| 12 | Si tuviéramos que empezar de cero... | If we had to start from scratch... |
| 13 | Pensándolo bien, sí, quiero una cerveza. | On second thought, I do want a beer. |
| 14 | Me aseguraré de que se haga. | I'll see to it that it's done. |
| 15 | Lo tienes bien merecido. | It serves you right. |
| 16 | Solo veo un inconveniente. | I only see one drawback. |

| | | |
|---|---|---|
| 17 | En resumidas cuentas, estoy de acuerdo. | In short, I agree. |
| 18 | Cortaron la reunión antes de lo previsto. | They cut the meeting short. |
| 19 | ¿Quién dirige este cotarro? | Who's running this show? |
| 20 | Le gusta presumir de su coche nuevo. | He likes to show off his new car. |
| 21 | Si no lo hubieras lavado en agua caliente, no se habría encogido. | If you hadn't washed it in hot water, it wouldn't have shrunk. |
| 22 | Se encoge incluso en agua fría. | It shrinks even in cold water. |
| 23 | Métete por la primera calle lateral. | Turn down the first side street. |
| 24 | No hay un stop, pero tienes que ceder el paso. | There isn't a stop sign but you have to yield / give way. |
| 25 | Tengo los cables cruzados. | I've got my wires crossed. |

NOTAS / NOTES

# Translation list 12

| | | |
|---|---|---|
| 1 | No se te ocurra llamarle ahora. | You'd better not call him now. |
| 2 | ¿Cómo pretendes que le localice? | How do you expect me to locate him? |
| 3 | Tienes que usar métodos más sutiles. | You have to use more subtle ways. |
| 4 | Me dieron una lista de reivindicaciones. | They gave me a list of grievances. |
| 5 | Exigen más dinero y menos trabajo. | They demand more money and less work. |
| 6 | Cualquier subida salarial será supeditada a un aumento en la productividad. | Any wage increase will be tied to an increase in productivity. |
| 7 | Ojalá todo estuviera automatizado. | I wish everything were automated. |
| 8 | Las máquinas no se declaran en huelga. | Machines don't go on strike. |
| 9 | No se enferman cada dos por tres. | They don't get sick every other day. |
| 10 | Hacen lo que les dices sin rechistar. | They do what you tell them without saying a word. |
| 11 | Sería un sueño hecho realidad. | It would be a dream come true. |
| 12 | Desenchúfalo antes de repararlo. | Unplug it before repairing it. |
| 13 | Dan por sentado que estamos de acuerdo. | They take it for granted that we agree. |
| 14 | Déjame que te dé un consejo. | Let me give you a piece of advice. |
| 15 | Yo que tú no lo haría. | If I were you, I wouldn't do it. |
| 16 | ¡Vaya golpe de suerte! | What a stroke of luck! |

| | | |
|---|---|---|
| 17 | Quiero desearte mucha suerte. | I want to wish you the best of luck. |
| 18 | Probaré fortuna en esta profesión. | I'll try my luck in this profession. |
| 19 | Con un poco de suerte, puede que ganes. | With a little bit of luck, you may win. |
| 20 | Me complace anunciar que... | It pleases me to announce that... |
| 21 | Sírvase usted mismo. | Help yourself. |
| 22 | Es muy difícil de contentar. | He's very hard to please. |
| 23 | Estoy satisfecho con tu progreso. | I'm pleased with your progress. |
| 24 | ¿Hay algún motivo para continuar? | Is there any point in going on? |
| 25 | Quiere sumar puntos con el jefe. | He wants to score points with the boss. |

NOTAS / NOTES

# Translation list 13

| | | |
|---|---|---|
| 1 | Es inútil continuar. | It's pointless continuing. |
| 2 | ¿Qué te pasa ahora? | What's the matter with you now? |
| 3 | Te voy a cortar el cuello. | I'm going to cut your throat. |
| 4 | Te voy a retorcer el cuello. | I'm going to wring your neck. |
| 5 | Me estás haciendo la vida imposible. | You're making my life miserable. |
| 6 | Parece que me estás castigando. | It seems like you're punishing me. |
| 7 | ¿Estás ahí? Creí que se había cortado. | Are you there? I thought we got cut off. |
| 8 | Tenemos que recortar gastos. | We have to cut back on expenses. |
| 9 | Para abreviar, se divorciaron. | To cut a long story short, they got a divorce. |
| 10 | Eres una deshonra para la familia. | You're a disgrace to the family. |
| 11 | ¿Qué conclusión sacas de esto? | What conclusion do you draw from this? |
| 12 | ¿Has preparado ya el presupuesto? | Have you drawn up the budget yet? |
| 13 | A medida que adquieras experiencia, aprenderás a tratar con la gente. | As you gain experience, you'll learn how to deal with people. |
| 14 | Haremos eso solo como último recurso. | We'll do that only as a last resort. |
| 15 | Tuvimos que recurrir a financiación externa. | We had to resort to outside financing. |
| 16 | ¿Cómo puedes soportar esa clase de arte? | How can you stand that kind of art? |

| | | |
|---|---|---|
| 17 | Si lo sigues intentando, a la larga tendrás éxito. | If you keep trying, you'll eventually succeed. |
| 18 | Me cuesta trabajo respirar. | I have trouble breathing. |
| 19 | Cortará mejor si lo afilas. | It will cut better if you sharpen it. |
| 20 | Humedece el sello antes de pegarlo. | Moisten the stamp before sticking it on. |
| 21 | ¿A qué sabe? | What does it taste like? |
| 22 | No sé lo que es ser millonario. | I don't know what it's like to be a millionaire. |
| 23 | Es como cualquier otra cosa. | It's like anything else. |
| 24 | Daría lo que fuera por ser como tú. | I'd give anything to be like you. |
| 25 | Tengo problemas como todos los demás. | I have problems like everyone else. |

## NOTAS / NOTES

# Translation list 14

| | | |
|---|---|---|
| 1 | No tengo quien me planche la ropa. | I don't have anyone to iron my clothes. |
| 2 | Nadie agradece mi generosidad. | No one appreciates my generosity. |
| 3 | Por eso dejé de ayudar a la gente. | That's why I quit helping people. |
| 4 | Cuanto más les ayudas, menos agradecidos son. | The more you help them, the less grateful they are. |
| 5 | Cuanto más rápido vas, más pronto llegas. | The faster you go, the sooner you arrive. |
| 6 | Eso no está relacionado con mi campo. | That's not related to my field. |
| 7 | Puesto que se fueron hace una hora, no creo que los puedas alcanzar. | Since they left an hour ago, I don't think you can catch up with them. |
| 8 | Para ahora ya deberían estar en Soria. | By now they should already be in Soria. |
| 9 | Hablé sobre una gran variedad de temas. | I spoke on a wide range of subjects. |
| 10 | ¿Por qué no subes el suelo un poco? | Why don't you raise the floor a little? |
| 11 | También podríamos bajar el techo. | We could also lower the ceiling. |
| 12 | ¿Por qué no hacéis las dos cosas? | Why don't you do both? |
| 13 | Intentó levantarme el ánimo. | He tried to raise my spirits. |
| 14 | Esto suscita dudas acerca de su (de ellos) capacidad para hacer el trabajo. | This raises doubts about their ability to do the job. |
| 15 | Los árboles no te dejan ver el bosque. | You can't see the wood for the trees. |
| 16 | Pídemelo. | Ask me for it. |

| | | |
|---|---|---|
| 17 | Pruébatelo. | Try it on. |
| 18 | Ensaya tu discurso. | Rehearse your speech. |
| 19 | Los ensayos para el papel empiezan hoy. | The rehearsals for the role start today. |
| 20 | ¿Para qué son estas cosas? | What are these things for? |
| 21 | Realizaron pruebas de la nueva droga. | They performed tests on the new drug. |
| 22 | Respira profundamente. | Take a deep breath. |
| 23 | Llena los pulmones de aire. | Fill your lungs with air. |
| 24 | Mantén la respiración unos segundos. | Hold your breath for a few seconds. |
| 25 | ¡Te estás poniendo azul! | You're turning blue! |

## NOTAS / NOTES

# Translation list 15

| | | |
|---|---|---|
| 1 | Hagas lo que hagas, ten cuidado. | No matter what you do, be careful. |
| 2 | Crea un fichero para los datos. | Create a file for the data. |
| 3 | Tardarás un día en introducir los datos. | It'll take a day to enter the data. |
| 4 | La reunión se ha convocado para mañana. | The meeting has been called for tomorrow. |
| 5 | Estoy preparando el orden del día. | I'm preparing the agenda. |
| 6 | El Consejo se reúne cada dos meses. | The Board meets every two months. |
| 7 | ¿Cuánto tiempo suele durar la reunión? | How long does the meeting usually last? |
| 8 | Casi nunca sobrepasa las dos horas. | It hardly ever goes over two hours. |
| 9 | Es poco para una reunión de consejo. | That's short for a board meeting. |
| 10 | Así lo quiere el presidente. | That's how the chairman wants it. |
| 11 | Me habría gustado ver su cara. | I would've liked to see his face. |
| 12 | Realmente no estaba tan enfadado. | He really wasn't that angry. |
| 13 | Se tomó las noticias bastante bien. | He took the news pretty well. |
| 14 | Creí que iba a explotar. | I thought he was going to explode. |
| 15 | La empresa suspendió pagos. | The company suspended payments. |
| 16 | Apunta la cantidad en esta casilla. | Write down the amount in this box. |

| | | |
|---|---|---|
| 17 | Rellena estos dos espacios en blanco. | Fill in these two blanks. |
| 18 | Fírmalo en la esquina inferior derecha. | Sign it at the bottom right corner. |
| 19 | Suma las cantidades. | Add up the amounts. |
| 20 | Si hubiera habido un excedente de trigo, lo habríamos exportado. | If there had been a surplus of wheat, we would've exported it. |
| 21 | Una economía produce bienes y servicios. | An economy produces goods and services. |
| 22 | Los precios oscilan según la oferta y la demanda. | Prices fluctuate according to supply and demand. |
| 23 | Cuando la oferta excede a la demanda, los precios bajan. | When supply exceeds demand, prices fall. |
| 24 | En el caso contrario, suben. | In the opposite case they go up. |
| 25 | Muchos factores influyen en el PIB. | Many factors influence GDP. |

NOTAS / NOTES

# Translation list 16

| | | |
|---|---|---|
| 1 | ¿Qué significa PIB? | What does GDP mean? |
| 2 | Significa Producto Interior Bruto. | It means Gross Domestic Product. |
| 3 | Mide el tamaño y la salud de la economía. | It measures the size and health of the economy. |
| 4 | Buenos días, señor Pérez. Soy Pedro. | Good morning Mr Pérez. This is Pedro. |
| 5 | Le llamo de General Motors. | I'm calling you from General Motors. |
| 6 | Soy el nuevo director de compras. | I'm the new purchasing manager. |
| 7 | Le llamo acerca de un pequeño problema con su factura. | I'm calling you about a slight problem with your invoice. |
| 8 | Me refiero a la factura número 3030. | I'm referring to invoice number 3030. |
| 9 | La factura para piezas y mano de obra. | The invoice for parts and labour. |
| 10 | Al parecer hubo un malentendido. | Apparently there was a misunderstanding. |
| 11 | Teníamos entendido que no nos iba a cobrar por la mano de obra. | We understood that you weren't going to charge us for labour. |
| 12 | Eso puede ser, pero no en nuestro caso. | That may be, but not in our case. |
| 13 | En su carta del 3 de mayo se decía que la mano de obra sería libre de cargo. | Your letter of May 3rd stated that labour would be free of charge. |
| 14 | ¿Quiere que le mande una copia? | Would you like me to send you a copy? |
| 15 | Comprendo perfectamente su política. | I perfectly understand your policy. |
| 16 | El acuerdo está claro en este punto. | The agreement is clear on this point. |

| | | |
|---|---|---|
| **17** | Lleva dos meses en vigor. | It's been in force for two months. |
| **18** | No podemos cursar esta factura. | We can't process this invoice. |
| **19** | Lo siento, pero no podemos hacer nada. | I'm sorry but we can't do anything. |
| **20** | Le tengo que devolver la factura. | I have to return the invoice to you. |
| **21** | Expida una nueva sin la mano de obra. | Issue a new one without labour. |
| **22** | Le pagaremos cuando la recibamos. | We'll pay you when we receive it. |
| **23** | Cursaremos la factura sin demora. | We'll process the invoice without delay. |
| **24** | Es un placer hacer negocios con usted. | It's a pleasure doing business with you. |
| **25** | Sigamos en contacto. | Let's stay in touch. |

NOTAS / NOTES

# Translation list 17

| | | |
|---|---|---|
| 1 | No he hecho nada en absoluto. | I haven't done anything at all. |
| 2 | Alguien debería investigar ese asunto. | Someone should look into that matter. |
| 3 | A nadie parece importarle demasiado. | Nobody seems to care that much. |
| 4 | No lo dobles así. | Don't fold it like that. |
| 5 | ¡Aléjate del fuego! | Get away from the fire! |
| 6 | Se dio de baja de la clase. | She dropped out of the class. |
| 7 | Tienes que dar paso a esos coches. | You have to give way to those cars. |
| 8 | Este tipo de calendario resulta útil. | This kind of calendar comes in handy. |
| 9 | Llámalo de nuevo. | Call him back. |
| 10 | Averigua todo lo que puedas. | Find out everything you can. |
| 11 | Estoy esperándolo con mucha ilusión. | I'm looking forward to it. |
| 12 | Échale un vistazo y dime lo que opinas. | Look it over and tell me what you think. |
| 13 | Espera..., déjame coger un lápiz. | Hang on... let me get a pencil. |
| 14 | Os parecéis mucho (físicamente). | You look a lot alike. |
| 15 | Dimos por supuesto que lo sabías. | We took it for granted that you knew it. |
| 16 | No deberías burlarte de esa gente. | You shouldn't make fun of those people. |

| | | |
|---|---|---|
| 17 | Hay espacio para uno más. | There's room for one more. |
| 18 | Cálmate. | Calm down. |
| 19 | Puedes descartar esa posibilidad. | You can rule out that possibility. |
| 20 | Las cortinas prendieron fuego. | The curtains caught fire. |
| 21 | Nosotros rellenaremos esos recuadros. | We'll fill in those boxes. |
| 22 | ¿Podrías dar marcha atrás unos metros? | Could you back up a few meters / metres? |
| 23 | Si tengo una moneda, se la daré. (a él) | If I have a coin, I'll give it to him. |
| 24 | Si tuviera una moneda, se la daría. | If I had a coin, I'd give it to him. |
| 25 | Si hubiera tenido una moneda, se la habría dado. | If I'd had a coin, I would've given it to him. |

## NOTAS / NOTES

# Translation list 18

| | | |
|---|---|---|
| 1 | Mantén la espalda recta. | Keep your back straight. |
| 2 | Si puedo, lo haré. | If I can, I'll do it. |
| 3 | Si pudiera, lo haría. | If I could, I'd do it. |
| 4 | Si hubiera podido, lo habría hecho. | If I had been able, I would've done it. |
| 5 | Si sé la respuesta, te la diré. | If I know the answer, I'll tell you. |
| 6 | Si supiera la respuesta, te la diría. | If I knew the answer, I'd tell you. |
| 7 | Si hubiera sabido la respuesta, te la habría dicho. | If I'd known the answer, I would've told you. |
| 8 | Si hay tiempo, se hará. | If there's time, it will be done. |
| 9 | Si hubiera tiempo, se haría. | If there were time, it would be done. |
| 10 | Si hubiera habido tiempo, se habría hecho. | If there had been time, it would've been done. |
| 11 | ¿Ha habido incidentes últimamente? | Have there been any incidents lately? |
| 12 | Me cuesta trabajo entenderte. | I have trouble understanding you. |
| 13 | Cuanto más rápido vas, más pronto llegas. | The faster you go, the sooner you arrive. |
| 14 | No quiero entrar en detalles. | I don't want to go into detail. |
| 15 | Más vale que me digas todo. | You'd better tell me everything. |
| 16 | Apunta antes de disparar. | Aim before firing. |

| | | |
|---|---|---|
| **17** | Tu progreso no ha sido del todo bueno. | Your progress hasn't been all that good. |
| **18** | No puedes mantenerte con el grupo. | You can't keep up with the group. |
| **19** | Te estás quedando atrás. | You're falling behind. |
| **20** | Pronto serás un lastre para el grupo. | Soon you'll be a drag on the group. |
| **21** | Te voy a sacar del grupo. | I'm going to take you out of the group. |
| **22** | Lo estoy haciendo por tu propio bien. | I'm doing it for your own good. |
| **23** | Si hubieras hecho un mayor esfuerzo, no habríamos llegado a esto. | If you'd made a greater effort, we wouldn't have come to this. |
| **24** | Pero puesto que no hiciste un esfuerzo, no tenemos más remedio. | But since you didn't make an effort, we have no choice. |
| **25** | Deberías haber estudiado más. | You should've studied more. |

## NOTAS / NOTES

# Translation list 19

| | | |
|---|---|---|
| 1 | No queda nada por hacer. | There's nothing left to do. |
| 2 | Me voy. | I'm leaving. |
| 3 | Ya no aguanto esto. | I can't stand this anymore. |
| 4 | Eres libre de hacer lo que quieras. | You're free to do whatever you want. |
| 5 | Puedes hacer lo que te dé la gana. | You can do whatever you feel like. |
| 6 | Nadie te está reteniendo aquí. | Nobody's keeping you here. |
| 7 | ¿A quién le gusta este sitio? | Who likes this place? |
| 8 | ¿Qué le gusta a Juan? | What does John like? |
| 9 | ¿Cuáles son tus prioridades? | What are your priorities? |
| 10 | Para ser eficaz, debes fijar prioridades. | To be effective, you must set priorities. |
| 11 | ¿Te importaría regarme las plantas? | Would you mind watering my plants? |
| 12 | Voy a estar fuera durante tres semanas. | I'm going to be away for three weeks. |
| 13 | Pasaré por tu oficina para dejarte la llave. | I'll drop by your office to leave you the key. |
| 14 | ¿Estarás allí sobre las seis? | Will you be there around six? |
| 15 | ¿Cuándo estarás de vuelta? | When will you be back? |
| 16 | Que te lo pases muy bien. | Have a good time. |

| | | |
|---|---|---|
| 17 | No hagas nada que yo no haría. | Don't do anything I wouldn't do. |
| 18 | Mándame una postal. | Send me a postcard. |
| 19 | Esto podría haber sido peor. | This could've been worse. |
| 20 | Menos mal que nos enteramos de ello a tiempo. | It's a good thing we learned about it in time. |
| 21 | Podríamos haber sufrido pérdidas. | We could've suffered losses. |
| 22 | No quiero que esto vuelva a ocurrir. | I don't want this to happen again. |
| 23 | Hemos estado estudiando tu propuesta. | We've been studying your proposal. |
| 24 | ¿Cómo piensas medir el éxito de la campaña? | How do you plan to measure the success of the campaign? |
| 25 | ¿Quién va a llevar a cabo la encuesta? | Who's going to carry out the survey? |

## NOTAS / NOTES

# Translation list 20

| | | |
|---|---|---|
| 1 | ¿Cuánto tardarán? | How long will it take them? |
| 2 | ¿Cuánto nos cobrarán? | How much will they charge us? |
| 3 | ¿Cuándo lanzaremos la campaña de prensa? | When will we launch the press campaign? |
| 4 | ¿Vamos a hacer una campaña de buzoneo? | Are we going to do a mailing campaign? |
| 5 | ¿Cuántas cartas se van a mandar? | How many letters are going to be sent? |
| 6 | ¿Estamos dentro del presupuesto? | Are we in budget? |
| 7 | ¿Qué más vamos a hacer? | What else are we going to do? |
| 8 | ¿No sería mejor subcontratarlo? | Wouldn't it be better to subcontract it? |
| 9 | Son con mucho los más capaces. | They're by far the most capable. |
| 10 | Quiero un estudio en profundidad. | I want an in-depth study. |
| 11 | En cuanto a él, puedes hacer lo que quieras. | As for him, you can do whatever you want. |
| 12 | Se comporta como si fuera el jefe. | He behaves as if he were the boss. |
| 13 | Están al tanto de todo. | They're aware of everything. |
| 14 | No hay duda al respecto. | There's no doubt about it. |
| 15 | Salí con las manos vacías. | I came out empty-handed. |
| 16 | Tienes que dar ejemplo. | You have to set an example. |

| | | |
|---|---|---|
| 17 | Hasta cierto punto estoy de acuerdo. | To a certain extent I agree. |
| 18 | Que yo sepa, nada ha cambiado. | As far as I know, nothing has changed. |
| 19 | En lo que a mí se refiere, te puedes ir. | As far as I'm concerned, you can leave. |
| 20 | Hasta ahora todo ha ido bien. | So far everything has gone well. |
| 21 | Nací a principios de los cincuenta. | I was born in the early fifties. |
| 22 | Me casé a finales de los setenta. | I got married in the late seventies. |
| 23 | Nos mudamos a mediados de los sesenta. | We moved in the mid-sixties. |
| 24 | Soy partidario de ir en coche. | I'm in favour of going by car. |
| 25 | Han ocurrido bastantes cosas desde entonces. | Quite a few things have happened since then. |

## NOTAS / NOTES

# Translation list 21

| | | |
|---|---|---|
| 1 | Cruzaron la meta en primer lugar. | They crossed the finish line in first place. |
| 2 | Estamos ganándoles terreno. | We're gaining ground on them. |
| 3 | Les estamos alcanzando. | We're catching up with them. |
| 4 | Se ajusta como un guante. | It fits like a glove. |
| 5 | Tengo que tratarles con guante de seda. | I have to treat them with a velvet glove. |
| 6 | Por el amor de Dios, ¿qué has hecho? | For God's sake, what have you done? |
| 7 | Me voy para siempre. | I'm leaving for good. |
| 8 | No te guardo rencor. | I don't hold a grudge against you. |
| 9 | Nos asaltaron a punta de pistola. | They held us up at gunpoint. |
| 10 | No quiero rizar el rizo. | I don't want to split hairs. |
| 11 | Nos dejaron salir con ventaja. | They gave us a head start. |
| 12 | Hazlo de esta forma por si acaso. | Do it this way just in case. |
| 13 | Hablaron detenidamente sobre el asunto. | They spoke at length about the matter. |
| 14 | A la larga todo saldrá bien. | In the long run, everything will turn out fine. |
| 15 | Lo último que necesitamos aquí es un bocazas como él. | The last thing we need here is a loudmouth like him. |
| 16 | Él se enamoró locamente de ella. | He fell madly in love with her. |

| | | |
|---|---|---|
| 17 | Tienes suerte de tener un marido como él. | You're lucky to have a husband like him. |
| 18 | Este negocio existe para ganar dinero. | This business exists to make money. |
| 19 | No importa cómo. | It doesn't matter how. |
| 20 | Tenemos tres productos en el mercado. | We have three products on the market. |
| 21 | Mientras tanto, puedes revisar esto. | In the meantime you can check this. |
| 22 | ¡Qué follón! | What a mess! |
| 23 | Siempre estoy de buen humor. | I'm always in a good mood. |
| 24 | Duermo la siesta todas las tardes. | I take a nap every afternoon. |
| 25 | Nunca mantienes tus promesas. | You never keep your promises. |

## NOTAS / NOTES

# Translation list 22

| | | |
|---|---|---|
| 1 | Quiero convocar una reunión especial. | I want to call a special meeting. |
| 2 | Quiero que hagas una presentación. | I want you to make a presentation. |
| 3 | Quiero que prepares algo sobre la calidad total. | I want you to prepare something about total quality. |
| 4 | ¿Prefieres usar transparencias o diapositivas? | Do you prefer to use overheads or slides? |
| 5 | Los jefes de departamento asistirán. | The department heads will attend. |
| 6 | ¿Cuánto tardarás en prepararlo? | How long will it take you to prepare it? |
| 7 | ¿Qué ha sido ese ruido? | What was that noise? |
| 8 | Yo no he oído nada. | I didn't hear anything. |
| 9 | Viene de la cocina. | It's coming from the kitchen. |
| 10 | Suena como si algo estuviera hirviendo. | It sounds as if something were boiling. |
| 11 | Te dije que no bajaras el volumen. | I told you not to turn down the volume. |
| 12 | Súbelo un poco. | Turn it up a little. |
| 13 | Hay un montón de papeles sobre mi mesa. | There's a stack of paper on my desk. |
| 14 | Han subido los costes laborales. | Labour costs have gone up. |
| 15 | Descansemos unos minutos a la sombra. | Let's rest for a few minutes in the shade. |
| 16 | Nos quedan aún 3 kilómetros. | We still have 3 kilometres left. |

| | | |
|---|---|---|
| 17 | Voy a hacer el resto del camino andando. | I'm going to walk the rest of the way. |
| 18 | Apenas puedo mantenerme de pie. | I can hardly stay on my feet. |
| 19 | ¿Me ayudas a levantarme? | Can you help me get up? |
| 20 | Se nos está acabando el tiempo. | Our time is running out. |
| 21 | No te preocupes; nos sobra tiempo. | Don't worry; we have plenty of time. |
| 22 | Mi hijo por fin se ha graduado. | My son has finally graduated. |
| 23 | Ha tardado 10 años. | It's taken him 10 years. |
| 24 | Ha sido una lucha constante año tras año. | It's been a constant struggle year after year. |
| 25 | Pero ha valido la pena. | But it's been worth it. |

NOTAS / NOTES

# Translation list 23

| | | |
|---|---|---|
| 1 | Prepárate para una sorpresa. | Prepare yourself for a surprise. |
| 2 | La compañía te va a ascender. | The company is going to promote you. |
| 3 | A partir de mañana, vas a ser una persona importante. | Starting tomorrow, you're going to be an important person. |
| 4 | Comerás en el comedor ejecutivo. | You'll eat in the executive dining room. |
| 5 | Viajarás en primera clase. | You'll travel first class. |
| 6 | Tendrás un coche de la compañía. | You'll have a company car. |
| 7 | Te darán una cuenta de gastos. | They'll give you an expense account. |
| 8 | Tu foto aparecerá en la prensa. | Your picture will appear in the press. |
| 9 | Dos departamentos dependerán de ti. | Two departments will report to you. |
| 10 | Serás la mano derecha del presidente. | You'll be the chairman's right-hand man. |
| 11 | Tu despacho estará en la planta superior. | Your office will be on the top floor. |
| 12 | Tendrás un cuarto de baño privado. | You'll have a private bathroom. |
| 13 | Tu despacho será tres veces mayor que este. | Your office will be three times bigger than this one. |
| 14 | Tendrás una moqueta de lana. | You'll have a wool carpet. |
| 15 | Tu ventana dará al río. | Your window will overlook the river. |
| 16 | Verás el aeropuerto a lo lejos. | You'll see the airport in the distance. |

| | | |
|---|---|---|
| 17 | Podrás ver el ir y venir de los aviones. | You'll see the planes coming and going. |
| 18 | ¿Y sabes qué más? | And do you know what else? |
| 19 | Paquita será tu secretaria. | Paquita will be your secretary. |
| 20 | No quiero que sea mi secretaria. | I don't want her to be my secretary. |
| 21 | Es muy mandona y dominante. | She's very bossy and domineering. |
| 22 | Me pone nervioso. | She makes me nervous. |
| 23 | Y, además, se queja todo el tiempo. | And besides, she complains all the time. |
| 24 | Más vale que te acostumbres a ella. | You'd better get used to her. |
| 25 | Fue por decisión del presidente. | It was the chairman's decision. |

NOTAS / NOTES

# Translation list 24

| | | |
|---|---|---|
| 1 | Tómalo o déjalo. | Take it or leave it. |
| 2 | Ayudarás a elaborar su agenda. | You'll help to draw up his agenda. |
| 3 | Asistirás a las reuniones del consejo. | You'll attend the board meetings. |
| 4 | No me atrevería a hacer algo así. | I wouldn't dare do something like that. |
| 5 | Déjame que lo intente una vez más. | Let me try one more time. |
| 6 | No te decepcionaré. | I won't let you down. |
| 7 | Puedes contar conmigo. | You can count on me. |
| 8 | Nos vamos a salir del presupuesto. | We're going to run over budget. |
| 9 | Firma encima de la línea discontinua. | Sign on the dotted line. |
| 10 | El que sea verdad o no es otra cuestión. | Whether it's true or not is another matter. |
| 11 | Estén de acuerdo con nosotros o no, vamos a seguir adelante. | Whether they agree with us or not, we're going to go ahead. |
| 12 | Cuando sonríes, pareces diez años más joven. | When you smile you look ten years younger. |
| 13 | ¿Por qué siempre te pones tan serio? | Why do you always look so serious? |
| 14 | ¿Por qué abandonaste tu país? | Why did you leave your country? |
| 15 | Hubo una serie de huelgas que desestabilizaron la economía. | There was a series of strikes that destabilised the economy. |
| 16 | Se convocaron elecciones anticipadas. | Early elections were called. |

| | | |
|---|---|---|
| 17 | Nadie ganó una mayoría. | Nobody won a majority. |
| 18 | Hubo luchas internas en cada partido. | There was political in-fighting in every party. |
| 19 | Los militares se hicieron con el poder. | The military took power. |
| 20 | Decidieron abolir los partidos. | They decided to abolish the parties. |
| 21 | Me metieron en la cárcel. | They put me in jail. |
| 22 | A los dos años hubo una amnistía general. | Two years later, there was a general amnesty. |
| 23 | Compré un billete de avión y aquí estoy. | I bought a plane ticket and here I am. |
| 24 | Ahora tengo que empezar de cero. | Now I have to start from scratch. |
| 25 | Menos mal que no perdí mis ahorros. | It's a good thing I didn't lose my savings. |

NOTAS / NOTES

# Translation list 25

| | | |
|---|---|---|
| 1 | Estamos al borde del precipicio. | We're on the edge of the cliff. |
| 2 | Estoy al borde de un ataque de nervios. | I'm on the verge of a nervous breakdown. |
| 3 | Ha llegado el momento de hacer algo. | The time has come to do something. |
| 4 | Tengo un alto concepto de él. | I have a high regard for him. |
| 5 | Siempre parece saber lo que hace. | He always seems to know what he's doing. |
| 6 | Tiene un sexto sentido como las mujeres. | He has a sixth sense like women. |
| 7 | Las mujeres no tienen seis sentidos. | Women don't have six senses. |
| 8 | Tienen mucha más intuición que nosotros. | They have much more intuition than we do. |
| 9 | ¿Cómo vas a encuadernar esos papeles? | How are you going to bind those papers? |
| 10 | De la forma habitual. | In the usual way. |
| 11 | ¿Cómo se hace aquí? | How is it done here? |
| 12 | Se hace mediante un proceso térmico. | It's done by means of a heat process. |
| 13 | ¿Cómo has dado conmigo? | How did you find me? |
| 14 | Busqué tu nombre en la guía telefónica. | I looked up your name in the phone book. |
| 15 | No te has afeitado hoy. | You didn't shave today. |
| 16 | Tengo intención de dejarme barba. | I'm planning to grow a beard. |

| | | |
|---|---|---|
| 17 | Pero estás bien como estás. | But you're fine the way you are. |
| 18 | Hemos adelantado la reunión. | We've brought the meeting forward. |
| 19 | No creo que lo hicieran. | I don't think they did it. |
| 20 | No podrían haberlo hecho. | They couldn't have done it. |
| 21 | Estuvieron conmigo toda la noche. | They were with me all night. |
| 22 | Es imposible que lo hicieran. | It's impossible for them to have done it. |
| 23 | Me hubiera gustado estar contigo. | I would've liked to be with you. |
| 24 | Habría dado lo que fuera por estar allí. | I would've given anything to have been there. |
| 25 | Entonces, había una chica que me gustaba. | At that time, there was a girl I liked. |

## NOTAS / NOTES

# Translation list 26

| | | |
|---|---|---|
| 1 | Se sentaba delante de mí en clase. | She sat in front of me in class. |
| 2 | Era la chica más hermosa que jamás había visto. | She was the most beautiful girl I'd ever seen. |
| 3 | No podía dejar de mirarla. | I couldn't take my eyes off her. |
| 4 | Menos mal que se sentaba delante de mí. | It's a good thing she sat in front of me. |
| 5 | No se daba cuenta de que la miraba. | She didn't realize I was looking at her. |
| 6 | Quería pedirle que saliera conmigo. | I wanted to ask her to go out with me. |
| 7 | Tardé dos meses en reunir el suficiente valor. | It took me two months to work up enough courage. |
| 8 | La paré en el pasillo y se lo pedí. | I stopped her in the hall and asked her. |
| 9 | Parecía sorprendida, pero aceptó. | She seemed surprised but she accepted. |
| 10 | El viernes la recogí en su casa. | On Friday, I picked her up at her house. |
| 11 | Había reservado una mesa en el mejor restaurante de la ciudad. | I had reserved a table in the best restaurant in town. |
| 12 | Fue una cena maravillosa. | It was a wonderful dinner. |
| 13 | Antes del postre fui al servicio. | Before the dessert, I went to the men's room. |
| 14 | De vuelta a la mesa, la chica se estaba riendo. | Back at the table, the girl was laughing. |
| 15 | Me dijo que mi cremallera estaba bajada. | She told me my zipper / fly was open. |
| 16 | La subí muy discretamente. | I closed it very discreetly. |

| | | |
|---|---|---|
| 17 | No me di cuenta de algo importante. | I didn't realize something important. |
| 18 | El mantel se había enganchado en mi cremallera. | The table cloth had got stuck in my zipper / fly. |
| 19 | Imagínate lo que pasó después. | Imagine what happened then. |
| 20 | Me levanté de la mesa para irme. | I got up from the table to leave. |
| 21 | Di unos pasos entre las mesas. | I took some steps between the tables. |
| 22 | Me llevé el mantel conmigo sin darme cuenta. | I took the table cloth with me without realizing. |
| 23 | Todos los platos cayeron al suelo. | All the plates fell on the floor. |
| 24 | Toda la gente me miraba. | All the people were looking at me. |
| 25 | Me casé con la chica cinco años más tarde. | I married the girl five years later. |

## NOTAS / NOTES

# Translation list 27

| | | |
|---|---|---|
| 1 | Un hombre entró en un callejón. | A man walked into an alley. |
| 2 | Era de noche. | It was night-time. |
| 3 | Se acercó (andando) a tres hombres. | He walked up to three men. |
| 4 | Les enseñó algo que llevaba en una caja. | He showed them something he was carrying in a box. |
| 5 | Los tres miraron en la caja. | The three looked into the box. |
| 6 | ¿Qué es lo que buscaban? | What were they looking for? |
| 7 | Buscaban un brazo. | They were looking for an arm. |
| 8 | ¿Por qué me cuentas historias como esa? | Why do you tell me stories like that? |
| 9 | Creía que te gustaban. | I thought you liked them. |
| 10 | Me ponen los pelos de punta. | They make my hair stand on end. |
| 11 | Hablemos de cosas más agradables. | Let's talk about nicer things. |
| 12 | Pero primero termina el relato. | But first finish the story. |
| 13 | Para resumirlo, se trataba de un médico. | To sum it up, it was about a doctor. |
| 14 | El que llevaba la caja era médico. | The one carrying the box was a doctor. |
| 15 | Dos días antes se había cortado el brazo. | Two days before he had cut off his arm. |
| 16 | Fue a enseñárselo a los tres hombres. | He went to show it to the three men. |

| | | |
|---|---|---|
| 17 | Así cumplía una promesa. | In that way he fulfilled a promise. |
| 18 | Los cuatro hombres se conocían. | The four men knew each other. |
| 19 | Se conocieron en un barco que se hundió. | They met on a ship that sank. |
| 20 | Fueron los únicos supervivientes. | They were the only survivors. |
| 21 | Lograron llegar a una isla desierta. | They managed to reach a desert island. |
| 22 | No había comida en la isla. | There wasn't any food on the island. |
| 23 | Sabían que morirían de hambre si no... | They knew that they would starve to death if they didn't... |
| 24 | Ya puedes dejar de contar la historia. | You can stop telling the story now. |
| 25 | Ya me imagino lo que pasó. | I can already imagine what happened. |

NOTAS / NOTES

# Translation list 28

| | | |
|---|---|---|
| 1 | Entonces pasemos a otro tema. | Then let's go on to another subject. |
| 2 | Quiero enseñarte a manejar esta máquina. | I want to show you how to operate this machine. |
| 3 | ¿Por qué no lo hiciste? | Why didn't you do it? |
| 4 | Me dijiste que lo ibas a hacer. | You told me you were going to do it. |
| 5 | Lo habría hecho yo si hubiera sabido que no lo ibas a hacer. | I would've done it if I'd known you weren't going to do it. |
| 6 | ¿Quién te dijo que lo hicieras? | Who told you to do it? |
| 7 | ¿A quién enseñaste la foto? | Who did you show the picture to? |
| 8 | Lo harás mañana, ¿verdad? | You'll do it tomorrow, won't you? |
| 9 | Lo harías por mí, ¿verdad? | You'd do it for me, wouldn't you? |
| 10 | Lo has hecho muchas veces, ¿verdad? | You've done it many times, haven't you? |
| 11 | Lo vas a hacer más tarde, ¿verdad? | You're going to do it later, aren't you? |
| 12 | Puedes hacerlo, ¿no? | You can do it, can't you? |
| 13 | Lo haces a menudo, ¿no? | You do it often, don't you? |
| 14 | Quiero alargar el cable. | I want to lengthen the cable. |
| 15 | Tenemos que levantar la moral aquí. | We have to lift the morale here. |
| 16 | No sé lo que me pasa. | I don't know what the matter with me is. |

| | | |
|---|---|---|
| 17 | Antes no tardaba nada en hacer estas listas. | It used to take me no time to do these lists. |
| 18 | Ahora es como mover una montaña. | Now it's like moving a mountain. |
| 19 | Se me ha agotado la imaginación. | I've run out of imagination. |
| 20 | Ya no me siento inspirado. | I don't feel inspired anymore. |
| 21 | Quizá debiera dedicarme a otra cosa. | Maybe I should devote myself to something else. |
| 22 | Mi cerebro no parece funcionar como antes. | My brain doesn't seem to work like it used to. |
| 23 | Me está costando trabajo terminar este libro. | I'm having trouble finishing this book. |
| 24 | Y todavía me quedan dos listas más. | And I still have two more lists left. |
| 25 | Menos mal que este es mi último libro. | It's a good thing this is my last book. |

## NOTAS / NOTES

# Translation list 29

| | | |
|---|---|---|
| 1 | He oído todo lo que has dicho. | I heard everything you said. |
| 2 | Bueno, ¿y qué? | Well, so what? |
| 3 | No deberías decir cosas así. | You shouldn't say things like that. |
| 4 | ¿Qué van a pensar tus alumnos? | What are your students going to think? |
| 5 | Vas a perder su confianza. | You're going to lose their trust. |
| 6 | Estás cansado, pero no estás acabado. | You're tired but you're not finished. |
| 7 | Te quedan muchos libros por hacer. | You have a lot of books left to do. |
| 8 | Vas a hacer uno sobre marketing. | You're going to do one about marketing. |
| 9 | Tienes que hacer uno sobre contabilidad. | You have to do one about accounting. |
| 10 | Tienes que grabarlos en un estudio. | You have to record them in a studio. |
| 11 | Gracias por las palabras bonitas. | Thanks for the nice words. |
| 12 | Ojalá fuera verdad todo eso. | I wish all that were true. |
| 13 | Me encantaría hacer más libros. | I'd love to do more books. |
| 14 | Nada me agradaría más. | Nothing would please me more. |
| 15 | Pero ya no soy la sombra de lo que fui. | But I'm a shadow of my former self. |
| 16 | Antes no había nada que me frenara. | There used to be nothing to stop me. |

| | | |
|---|---|---|
| 17 | Me he vuelto mucho más cauto. | I've become much more cautious. |
| 18 | Ahora la vida parece más difícil. | Now life seems more difficult. |
| 19 | Todo parece cuesta arriba. | Everything seems uphill. |
| 20 | Me estoy empezando a cansar. | I'm starting to get tired. |
| 21 | Estás pasando por una mala racha. | You're going through a bad period / patch. |
| 22 | Estás en la crisis de los cuarenta. | You're in a mid-life crisis. |
| 23 | Ya saldrás de ella. | You'll come out of it. |
| 24 | La vida tiene sus altibajos. | Life has its ups and downs. |
| 25 | No olvides tus dos dichos favoritos. | Don't forget your two favorite / favourite sayings. |

NOTAS / NOTES

# Translation list 30

| | | |
|---|---|---|
| 1 | Querer es poder. | Where there's a will, there's a way. |
| 2 | ¿Y cuál es el segundo? | And what's the second? |
| 3 | No puede traducirse al español. | It can't be translated into Spanish. |
| 4 | Puesto que pareces estar de buen humor, échame una mano. | Since you seem to be in a good mood, give me a hand. |
| 5 | ¿Qué quieres que haga? | What do you want me to do? |
| 6 | Quiero que me termines esta lista. | I want you to finish this list for me. |
| 7 | ¿Cuántas frases te quedan? | How many sentences do you have left? |
| 8 | Me quedan bastantes. | I have quite a few left. |
| 9 | ¿Por qué no das algunos consejos? | Why don't you give some advice? |
| 10 | La gente está harta de mis consejos. | People are sick of my advice. |
| 11 | ¿Quién soy yo para dar consejos de todos modos? | Who am I to give advice anyway? |
| 12 | Tus consejos valen su peso en oro. | Your advice is worth its weight in gold. |
| 13 | No soy tan presumido. | I'm not *that* conceited. |
| 14 | Este es el octavo libro de la serie. | This is the eighth book in the series. |
| 15 | No es más difícil que el libro siete. | It's no more difficult than book seven. |
| 16 | Estos libros contienen toda la mecánica del idioma que vas a necesitar. | These books contain all the mechanics of the language you're going to need. |

| | | |
|---|---|---|
| 17 | Si estás haciendo esta lista, significa que tienes un nivel bastante alto. | If you're doing this list, it means you have a fairly high level. |
| 18 | Dedica tu tiempo a leer novelas. | Devote your time to reading novels. |
| 19 | Usa el inglés siempre que puedas. | Use English whenever you can. |
| 20 | Las clases de inglés no te ayudarán. | English classes won't help you. |
| 21 | La solución final solo puede venir de ti. | The final solution can only come from you. |
| 22 | No esperes que otros te resuelvan los problemas. | Don't expect others to solve your problems for you. |
| 23 | El inglés es como todo lo demás. | English is like everything else. |
| 24 | Un profesor solo te puede llevar hasta la mitad del puente. | A teacher can only take you halfway across the bridge. |
| 25 | Tienes que transitar el resto del camino tú solo. | You have to go the rest of the way by yourself. |

NOTAS / NOTES